高等院校经济学管理学精品规划教材

新编公共关系学

(第四版)

曾琳智　编著

上海财经大学出版社

图书在版编目(CIP)数据

新编公共关系学/曾琳智编著.—4 版.—上海：上海财经大学出版社,2022.12
（高等院校经济学管理学精品规划教材）
ISBN 978-7-5642-3731-8/F·3731

Ⅰ.①新… Ⅱ.①曾… Ⅲ.①公共关系学-高等学校-教材 Ⅳ.①C912.3

中国版本图书馆 CIP 数据核字(2021)第 019943 号

□ 责任编辑　刘光本
□ 责编电邮　lgb55@126.com
□ 责编电话　021-65904890
□ 封面设计　张克瑶

新编公共关系学
（第四版）

曾琳智　编著

上海财经大学出版社出版发行
（上海市中山北一路 369 号　邮编 200083）
网　　址:http://www.sufep.com
电子邮箱:webmaster@sufep.com
全国新华书店经销
上海景条印刷有限公司印刷装订
2022 年 12 月第 4 版　2022 年 12 月第 1 次印刷

787mm×1092mm　1/16　17 印张　341 千字
印数:22 801—25 800　定价:59.00 元

序

近年来,随着"一带一路"构想的推出,中国的大国形象赢得了世界瞩目。新形势下,如何推进公共外交和人文交流,促进中国与世界的相互认知,推动中国同世界的良性互动,是中华民族伟大复兴的重要课题。中国未来的发展要赢得世界共鸣,如何运用公共关系学理论进行对话适逢其时。蔓延全球的新冠疫情亦让我们看到,人类需要更好地进行沟通,克服彼此偏见,弥合文化差异,携手共克时艰。

现代公共关系的发展历史证明,公共关系作为一门学科、一种职业,在现代管理中起着越来越重要的作用。而这种作用的发挥者是从事公共关系研究和实践的专家、学者和管理者。曾琳智老师就是公关研究者中的佼佼者。《新编公共关系学》(第四版)是曾琳智老师在前三版的基础上修订、补充完成的。第四版教材在全球命运共同体的时代大背景下,对于现代公共关系在理念层面坚守公共利益,引领公共精神,倡导共享共治;在操作层面,坚持双向沟通,重视倾听与对话,注重平衡协调等进行了深入的阐述。毋庸置疑,这些新增的内容具有更大的现实意义和创新价值。

曾琳智老师原来是研究外国文学的,在音乐上也有一定造诣,曾为一些电视剧和明星创作音乐,并在一些音乐平台发表其原创音乐专辑《最美的年华》。攻读博士期间在上海外国语大学从事国际关系学研究。作为她的博士生导师,我见证了她上下求索、极为认真的学术探索过程。之后她又在复旦大学新闻学院博士后流动站跟随孟建教授进行跨文化传播研究。这种跨学科背景结合了其学术专长,开拓了公共关系学视野,使她在从事公关教育和公关研究时形成了自己独特的风格——细腻、细致、细巧、细密,在文字表达上亦具有文学的底蕴与艺术的灵性。

总体而论,这是一本很好的教材。希望读者在给予本书关心、关注的同时,也能提出宝贵意见。

上海外国语大学教授、博士生导师

吴友富

2022 年 12 月

前 言

世界可能从来没有像今天这样相互交融、渴望沟通,世界也从来没有像今天这样需要运用公共关系来促进交融、加强沟通。近年来,人与自然的冲突、不同民族之间的冲突、国家之间的冲突频出不穷。2020年突如其来的新冠疫情席卷全球,影响巨大,警醒人类需要更好地审视自我,重视危机管理,重视如何与公众进行有效沟通、如何进行互联网舆论风险管理、如何与自然环境和谐相处。

随着全球化和中国社会主义市场经济的建立和不断完善,我国公共关系学有了长足的发展。政府公关意识日渐成熟,无论是执政理念、应对突发事件还是国家形象对外传播都有了很大的改善。企业作为公关主体,对公关认知度普遍加强,大多设立了公共关系部门或品牌管理中心,一批有影响力的民族品牌在国际市场崭露头角,面临跨文化经营的考验。即使是不以营利为目的的非营利及非政府组织也日益重视公众形象。公共关系行业的迅猛发展、全球形势的风云变幻、媒介发展的日新月异,对公共关系理论的进一步深化和完善提出了更高的要求。本书从2006年初版至今,16年4易其稿,笔者将自己多年来从事公共关系教学、学术研究及实务工作的心得编著成书,得到了众多读者的支持与厚爱,在此深表谢意。《新编公共关系学》(第四版)在以下几个方面力图改进:

第一,理论的完善。新版增加了对公共关系共同体、对话、沟通等理念的探讨,并延展了对组织形象管理、社会责任议题、数字时代公共关系传播等问题的思考。公共关系宣传、说服至系统开放、双向均衡范式的变化,是一个对话观念和范式逐步崛起的道路。当今时代,通过对话与沟通,才能更好地发展共同体中人与人的关系、人与自然的共生关系,才能以共同体力量应对风险和危机,创建社会福祉。在组织形象管理问题上,新版除了对"CIS战略"(Corporate Identity System,即企业识别系统)中普遍提及的理念识别系统(Mind Identity,简称MI)、行为识别系统(Behavior Identity,简称BI)、视觉识别系统(Visual Identity,简称VI)要素进行探讨,亦提出了听觉识别(Auditory Identity,简称AI)等要素的创建。新版对如何创建听觉识别体系以及注意要素进行了比较深入的探讨,并提出不仅是听觉,未来在嗅觉、触觉等方面的识别研究大有作为。组织只有不断挖掘新的注意点,才能创造出独特的公众形象与核心价值,避免在同质化的时代被淹没。近年来,国际冲突、企业危机等频频发生,利益的撕裂很多时候是缘于信任的崩塌。其实,无论是国家、企业还是其他组织,除了注重利益互惠,也需要重视社会责任,注重意义共享,才能谋求共同发展。组织对社会、环境、伦理等社会责任议题的关注,既可以促进公共利益,亦可为组织积累良好的声誉与信任资本。只有兼济天下情怀的组织,方能成为一个伟大的组织。著名学者麦克卢汉曾说"媒介即讯息",几乎每次重大科技突破都会深刻改变媒介形态和舆论生态。近年来,从大数据到机器人写稿,从手机直播到短视频,从虚拟现实到增强现实,从区块链到5G通信,技术迭代给媒体形态变化提供了无限想象力,给公共关系传播亦提供了无限可能的挑战与契机。新版对数字时代的公关传播进行了一些讨论,希望与读者共同探究。

第二,案例的更新。对案例的深入分析和研究,在国内外许多应用性学科已被证明是一种行之有效的学习方法,可以使我们对问题与操作细节进行更深入的分析与研究,从而更好地掌握相关理论。新版保留了少量经典案例,更新了90%以上的案例,力求选取更适合现代社会文化背景与时代特征的案例来进行说明,以使案例既具有典型性和代表性,又具有时效性与现代性;在叙述体例上,打破从前只堆积案例不做评析或者只重评析而不给读者思考空间的偏颇,力图把两者结合起来。一方面,尽量详细叙述案例的主要内容,让读者对事情发展的全过程有清晰的了解;另一方面,在案例分析上,我们通过把几个或多个案例放在一起比较讨论,使思路相近、使用手段相似、侧重点不同的案例能相互印证,或者把思路不同、使用手段不同、后果不同的案例进行比较,让读者可以更清晰地明白问题所在,便于拓展思路,从而总结出公共关系学规律性的理论。新版力图通过案例与理论的结合,给读者提供较为完整、系统的公共关系观念与图景。

第三,结构的精炼。新版分为公共关系历史、公共关系理论构建、公共关系实务三个部分,共十章。第一部分是公关历史,主要对东西方公关思想渊源、代表人物的理论范式等进行梳理,呈现中外古今的公关发展史纲;第二部分是理论构建,主要通过对公共关系概念、主体、客体、媒介等要素的详细阐述,对公共关系的工作程序(调查、策划、执行、评估)的具体运行,引出对公共关系对话、共同体、认同等理论的建构;第三部分是实务,主要关注各项具体的活动,对赞助、新闻发布会、庆典、展览、礼仪等进行深入分析,并另辟危机传播管理一章进行详细分析。十章并未平均用墨,而是重在对公共关系发展范式、沟通与对话、传播媒介等内容的分析,以使重点突出。

现代公共关系在理念层面坚守公共利益,引领公共精神,倡导共享共治;在操作层面,坚持双向沟通,重视倾听与对话,注重平衡协调。公共关系学中的共同体、对话沟通、诚信等相关专业理念,对于如何培养"人"与"器"结合的人才十分重要。理解公共关系精髓,不仅能帮助青年一代以胸怀天下的大格局参与中华民族伟大复兴的建设之中,成为真正有情怀、有担当的"人",而且可以通过鼓励大学生参与政府、企业、社会的实践活动,增强其公共关系沟通意识,掌握"器"的运用,从而更好地参与国家治理和社会创新发展。希望本书能为大学生运用公共关系理念服务国家发展、谋求个人幸福提供一定的帮助。

在媒介融合、数据聚合、万物互联的时代,大公关的视野给我们展现了未来公关业更广阔的空间、更丰富的内涵和更多彩的景观。诚如中国公关界领头人郭惠民教授所说："创造未来远比预测未来更重要,唯有创新的中国公关,才能真正与新时代的改革开放同行,并助力实现中华民族伟大复兴的中国梦。"

曾琳智
2022 年 12 月

目 录

第一章 导论 ... 1
- 第一节 公共关系与公共关系学 ... 1
- 第二节 公共关系与相关概念辨析 ... 5
- 第三节 公共关系的职能与作用 ... 8
- 思考题 ... 11

第二章 公共关系的历史、伦理及发展 ... 12
- 第一节 公共关系的历史 ... 12
- 第二节 公共关系的伦理 ... 21
- 第三节 中国公共关系的发展 ... 25
- 思考题 ... 30

第三章 公共关系主体 ... 31
- 第一节 社会组织的分类及公关 ... 31
- 第二节 组织形象管理战略：CIS战略 ... 51
- 第三节 组织可持续发展战略：CSR战略 ... 67
- 思考题 ... 77

第四章 公共关系客体 ... 78
- 第一节 公众的概念及分类 ... 78
- 第二节 各类公众关系 ... 81
- 第三节 公众心理分析 ... 108
- 思考题 ... 119

第五章　公共关系的传播管理 ... 120
第一节　公共关系传播类型 ... 120
第二节　传统传播媒介 ... 125
第三节　新媒体传播媒介 ... 128
第四节　公共关系的传播影响因素 ... 135
第五节　数字时代的公关传播思考 ... 139
思考题 ... 142

第六章　公共关系工作程序 ... 143
第一节　公共关系的调查 ... 143
第二节　公共关系的策划 ... 154
第三节　公关方案的实施 ... 164
第四节　公关效果的评估 ... 171
思考题 ... 180

第七章　公共关系实务 ... 181
第一节　赞助活动 ... 181
第二节　新闻发布会 ... 189
第三节　庆典活动 ... 196
第四节　展览会 ... 204
思考题 ... 208

第八章　危机传播管理 ... 209
第一节　危机的特点与类型 ... 209
第二节　危机传播管理的程序 ... 211
第三节　危机传播管理的原则 ... 215
思考题 ... 224

第九章　公共关系礼仪 ... 225
第一节　日常交往礼仪 ... 225

第二节　涉外交往礼仪 ………………………………………………… 233
　　　思考题 …………………………………………………………………… 237

第十章　公共关系机构与人员 ……………………………………………… 238
　　第一节　公共关系机构的设置 ………………………………………… 238
　　第二节　公共关系人员的素质要求与考核 …………………………… 248
　　　思考题 …………………………………………………………………… 255

参考资料 …………………………………………………………………………… 256

后记 ………………………………………………………………………………… 259

第一章

导　论

接触一门新的学科，必须了解和掌握其最基本的理论，才能把握该学科的本质特征，从而运用于实践。本章概要地介绍了中外学者对公共关系概念进行的种种界定，并与其他相似概念进行辨析，以分析其本质特征，阐述其基本职能与作用。

第一节　公共关系与公共关系学

"公共关系"一词，是从英文 Public Relations 翻译过来的。Public 通常有两种译法：其一是作为形容词——公开的、公共的；其二是作为名词——公众。翻译成"公共"一词实际上包含了这两种含义。公共关系概念的界定，是公共关系学研究中首先面临的一大难题。由于公共关系是一门新兴学科，它与其他学科不仅在理论上相互交叉，且在操作技能上相互渗透，因此人们对公共关系的认识众说纷纭。

美国历史学家罗伯特·黑尔布鲁尼(Robert Heilbroner)曾描述："公关业是一个拥有10万兄弟姐妹的群体，把这些人共同联系在一起的是职业，但共同的难处是其中没有任何两个人对该职业能做出一致的解释。"[①]他一语道破了公关研究的尴尬境地，但这并不表示对这门学科的研究毫无意义。相反，近年来，公共关系理论与实践在全球范围内迅猛发展，使这门学科变得越来越重要。本章综合国内外对公共关系的经典定义进行梳理，希望对其有一个较全面而科学的认识。

---

① ［美］弗雷泽 P. 西泰尔著：《公共关系实务》（第 8 版），机械工业出版社 2009 年版，第 7 页。

一、公共关系的种种定义及其内涵

(一)管理说

1975年,在美国斯坦福大学哈罗(Rex. F. Harlow)博士的倡议下,美国公关研究和教育基金会发起了历史上规模最大的一次寻求公关通用定义的运动,共有65位公关领域的专家参与了这项研究。他们对472个公关定义进行具体分析,最后提出了以下定义:"公共关系是一项特殊的管理职能。它帮助组织建立并保持与公众之间的交流、理解、认可与合作;它参与处理各种问题与事件;它帮助管理部门了解民意,并对之做出反应;它确定并强调企业为公众利益服务的责任;它作为社会趋势的监视者,帮助企业进行预警,保持与社会变动同步;它使用有效的传播技能和合乎伦理道德的沟通技巧作为基本工具。"[1]

美国《公共关系新闻》杂志认为:"公共关系是一种管理职能,它评估公众态度,检验个人或组织的政策、活动是否与公众利益相一致,并负责设计与执行旨在争取公众理解与认可的行动计划。"[2]

卡特里普、森特和布鲁姆在他们的著作《有效公共关系》中认为:"公共关系是一种管理职能,它确定、建立和维持一个组织与决定成败的各类公众之间的互益关系。"[3]

中国社会科学院新闻研究所明安香在其《公共关系学概论》中认为:"公共关系是以管理社会信息为主要内容的现代管理科学和管理职能。"[4]

管理说的特点是强调公共关系的战略地位,认为公共关系应该进入组织的权力结构中心和管理高层,参与组织决策。

(二)传播说

传播说的代表人物为英国学者富兰克林·杰弗金斯(Frank Jefkins)教授。他认为:"公共关系就是一个组织为了达到与它的公众之间相互了解的确定目标,而有计划地采用一切向内和向外的传播方式的总和。"[5]

《大英百科全书》认为:"公共关系是旨在传播关于个人、公司、政府机构或者其他组织的信息,以改善公众对他们态度的一种政策和活动。"[6]

---

[1] Rex. F. Harlow, Building a Public Relations Definition, *Public Relations Review 2*, No. 4(winter 1976):36.
[2] 《当代新学科手册·续编》,上海人民出版社1986年版,第29页。
[3] [美]Scott M. Cutlip, Allen H. Center, Glen M. Broom, *Effective Public Relations*,华夏出版社(英文版)1998年版,第3—6页。
[4] 熊伟平编著《公共关系学》(第二版),高等教育出版社2011年版,第4页。
[5] Frank Jefkins, *Public Relations Techiques*, 2 nd(ed), Butterworth Heinemann, 1994, P. 7.
[6] 居延安著:《公共关系学》(第四版),复旦大学出版社2010年版,第5页。

国内学者居延安在其《公共关系学》中做了这样的界定:"公共关系是一个社会组织或公众人物,在一定职业伦理范围的指导下,为谋取有关公众的理解和合作而从事的一种交流、沟通、劝说活动。"[1]

传播说的特点是强调公共关系的宣传与劝服功能,重视信息沟通和心理劝服过程。

(三)关系说

关系说的代表人物为美国普林斯顿大学的希尔滋(H. L. Chils)。他认为:"公共关系是我们所从事的各种活动、所发生的各种关系的通称,这些活动与关系都是公众性的,并且都有社会意义。"[2]

日本公共关系专家田中宽次郎亦认为:公共关系就是良好的公共关系状态,亦即与社会保持良好的关系的技术。以企业的经营而言,若不能与外界社会保持良好的关系,就不可能持续经营下去。

关系说注重对公众关系的维系,认为公共关系的核心是"关系",重视公众的作用。

人们对公共关系的不同理解,其实从不同角度描述了公共关系的内在属性,揭示了其基本内涵。正如中国人民大学胡百精教授所说:"管理说、传播说、关系说是经典定义普遍关照、等而观之的公关理念。它们之间并无轻重、优劣之分,而且三者并不在一个分类尺度之上:管理以职能切入,关系以结构切入,传播则以手段切入。"[3]

当代公关学术领军人物——美国马里兰大学教授詹姆斯·格鲁尼格(James E. Grunig)在其代表作《卓越公共关系与传播管理》中认为:"**公共关系是一个组织与其公众之间的传播管理,其目的是建立一种与这些公众互相信任的关系**"这一概念在定义公共关系是一项管理活动的同时,也突出了传播在公共关系中的重要地位,把公共关系定义为对传播的管理。他认为:"公共关系比传播技巧更为广泛,比媒介关系、宣传等专项公共关系项目更为广泛,它指的是一个组织与其内外部公众——那些影响到组织达成目标的能力的群体之间的总体传播行为的规划、实施和评估。"[4]更确切地说:"公共关系应该对不同的战略公众的传播活动进行管理。这些活动包括与媒介、消费者、投资者、政府、社区等公众的传播沟通。公共关系也应该对组织内的传播沟通培训进行管理,以帮助管理者懂得如何更好地相互交流和与下层员工进行沟通……但是,必须意识到我们可以管理过程,但无法管理这些过程的结果。我们对传播进行管理,期待这种平衡的传播沟通会使组织管

---

[1] 居延安著:《公共关系学》(第四版),复旦大学出版社 2010 年版,第 10 页。
[2] H. L. Childs. An introduction to public opinion. New York:Holt,Rinehart and Winston,1984:6.
[3] 胡百精:《公共关系学》,中国人民大学出版社 2008 年版,第 30 页。
[4] [美]詹姆斯·格鲁尼格等著,卫五名译:《卓越公共关系与传播管理》,北京大学出版社. 2008 年版,第 4 页。詹姆斯·格鲁尼格教授从事公共关系教学研究 30 多年,曾获美国公关教育和研究奖,是美国公关协会一年一度颁发的"杰出公关教育家奖"得主之一,为当今美国公关学术界的代表人物。

理层有更好的决策,更多的公众能赞同这些决策,双方会有长期的良好关系,组织获得很好的信誉。"[1]

这一概念得到了学界的普遍认同,本书沿用这一经典定义。这本著作的另一个重要价值是提供了卓越公共关系的世界观。作者认为一个人的世界观和信仰决定了他对公共关系的认识,公共关系必须加入伦理的思考,强调世界观在公共关系研究中的作用。他认为卓越公共关系的世界观"从内部准则看应该是符合逻辑的、有凝聚力的、统一的和具有秩序的;从外部看,它应该能有效地解决组织和人类的问题;最后,它应该是合乎伦理的,即能够帮助组织构建关心,甚至爱护社会上受其影响的个人或群体的关系机制……而卓越公共关系应该是双向对等的、理想型的、批判性的和管理型的。"[2]

二、公共关系学的学科性质与研究内容

(一)公共关系学的学科性质

对于公共关系学的性质,犹如对于公共关系的定义一样,学术界至今尚无统一的看法。目前国内比较流行的观点有三种:

(1)公共关系具有管理职能,公共关系学是管理学的一部分;

(2)公共关系实质上是一种传播活动,公共关系学属于传播学的范畴;

(3)公共关系是一种社会关系,公共关系学是社会学或组织行为学的分支学科。

这三种观点各有侧重,分别强调了公共关系的管理职能、传播手段以及社会组织的主体行为,都具有一定的合理性。但公共关系学并不是依赖于某个独立学科的附属品,也不是各门学科的大杂烩,它有自身特定的研究对象、研究内容、范畴和学科体系。因此,公共关系学是研究公共关系性质、状况及其基本运行规律和一般方法的综合性独立学科,是公共关系实践活动的反映和理论总结。

(二)公共关系学的研究内容

任何一门学科都有其特殊的研究对象,公共关系学的研究对象是公共关系活动现象及其内在规律。同其他应用性学科一样,公共关系学研究包括公共关系史、公共关系理论和公共关系业务三大块。

1. 公共关系史

公共关系史主要研究中外早期的公共关系思想和活动、公共关系产生与发展的历史

---

[1] 郭惠民、廖为建、格鲁尼格:《关于公共关系学若干基本问题的国际对话》,载于《国际关系学院学报》2000年第1期。

[2] [美]詹姆斯·格鲁尼格等著,卫五名译:《卓越公共关系与传播管理》,北京大学出版社2008年版,第33页。

条件、现代公共关系的诞生与发展等。

2. 公共关系理论

公共关系理论研究包括宏观和微观两个方面。宏观部分主要考察公共关系在现代社会中的地位和作用以及存在的问题及发展趋势。微观部分主要对公共关系的基本原理和三个构成要素进行综合分析。基本原理主要研究公共关系的基本概念和内涵、公共关系的基本职能和原则等。三个构成要素是社会组织、公众和传播管理活动。

3. 公共关系业务

公共关系业务主要研究公共关系的工作程序、公共关系实务以及公共关系从业人员。公共关系的工作程序包括公共关系目标的确定、公共关系的调查研究、公共关系的策划实施以及公共关系的效果评估。实务方面包括研究赞助活动与社会公益活动、新闻发布会、庆典活动、展览会以及危机管理的技巧。对公共关系从业人员的素质培养也是公共关系业务的一个重要组成部分，包括对从业人员公关意识和职业道德的培养。

第二节 公共关系与相关概念辨析

作为一门边缘学科，公共关系难免与其他学科有交叉，在应用中容易与人际关系、宣传、广告、市场营销等混淆。对这些概念加以辨析，有助于我们加深对公共关系本质特征的认识。

一、公共关系与人际关系

人际关系是依赖某种媒介通过个体交往而形成的人与人之间的关系，亦即私人关系（Private Relation），如因血缘关系而形成的父母与子女的关系、以职业为纽带而形成的上下级关系和同事关系等。人际关系与公共关系是两个既有联系又有区别的不同概念。

公共关系离不开人际交往方式，从微观上看，社会组织与公众都是由个人组成的，所以公共关系活动常常体现为人与人之间的交往，良好的人际关系有助于组织内部与外部环境的和谐与改善。但两者毕竟是两个不同的概念，它们的区别在于：

第一，目的不同。公共关系要解决的是组织面临的各种社会关系，以建立和谐的发展环境，使组织在公众中树立良好的形象。人际关系的目的是为了处理好个人与周围人之间的关系，建立和谐的发展环境，保证个人事业和生活的顺利进行。

第二，沟通方法不同。公共关系尽管需要人际沟通手段，但主要运用大众传播和群体传播方式，如借助电视、网络等媒体，或通过记者招待会、展览会等活动来与公众进行交流，扩大组织的社会影响；而人际交往方式与规模往往简单得多，一般通过面对面的交流，或者借助电话、书信等私人方式进行交流。

第三，基础不同。公共关系的双方是建立在一定的利益基础上的，其实质是协调组织与公众之间的利益关系；人际交往的活动双方是以一定的血缘、地缘、业缘、事缘联系在一起的，他们之间可能存在利益关系，也可能不存在利益关系。

二、公共关系与宣传

宣传（Propaganda）是社会组织通过大众传播工具将社会组织的观念传播出去，用于影响或控制他人的信仰、态度或行为的一种系统的劝说活动。从根本上说，公共关系与宣传都是信息传播活动。从活动形式、使用工具来看，它们都需要运用新闻媒介开展新闻报道，印发宣传性的简报、杂志，或者通过演讲等影响公众。正因为两者具有如此密切的关系，人们常误认为公共关系就是宣传，其实两者是有着本质区别的。

第一，工作内容不同。公共关系涉及的内容比宣传要广阔，它涉及监测环境、协助沟通、参与决策、评估形象等各种公关活动，宣传的内容可以是国家的方针、政策、社会道德、伦理、法制，亦可以是企业的制度、文化、产品等方面的内容。宣传是公共关系中常见的活动，但并不是唯一的活动。

第二，传播方式不同。一般来说，宣传是由权威部门进行的，对公众进行劝说带有某种强制性，希望以此改变或控制公众的思想、态度和行为，侧重于单向灌输式传播。而公共关系传播是非强制性的，它既注重及时、准确地向公众传播社会组织的有关信息，又注重社会公众的信息反馈，强调彼此间的双向信息交流。

第三，传播原则不同。为了能够引起公众的重视，一般的宣传既可以实事求是地传递信息，亦可以对信息进行夸张、渲染和歪曲，或"报喜不报忧"。而公共关系活动要求尊重事实、说真话，以真诚的态度去赢得公众的理解与支持。

三、公共关系与广告

广义的广告（Advertisement）概念为"广而告之"，即向广大公众告知某种事物；狭义的广告概念则是指以营利为目的的经济广告（或称商业广告），是为了推销产品或服务，借助各种媒介开展的宣传活动。通常情况下，人们提到的广告大多是指狭义广告，即商业广告。公共关系活动也需要做广告，我们称为公关广告（又称声誉广告），是一种旨在增进公众对组织的全面了解，提高组织的知名度和美誉度，从而获得公众信任和支持的广告。它包括信誉广告、观念广告、祝贺广告、致歉广告、谢意广告、倡议广告等。由于它与商业广告一样都要推销某种观念、商品或服务等，所以不少人容易将两者混淆，其实两者在广告目的、广告费用和适用主体等方面是不同的。

第一，广告目的不同。商业广告的营利目的是极为明确的，它通过直接宣传产品的特点或性能等，诱发消费者的购买动机，从而促进产品或服务的销售；而公关广告则不直接宣传产品，更注重组织形象的传播与塑造，唤起人们对组织的注意、信赖与好感，创造有利于组织发展的良好社会环境和氛围。形象地说，商品广告是要"公众买我"，公关广告是要"公众爱我"。

第二，广告费用不同。商业广告通常因其"利己"特性，需要在制作广告或播放广告的渠道上支付一笔费用；而公关广告则大多因其"利他性"或者"无功利性"特点而无须付费。比如一些组织参与的慈善公益活动，因具有新闻价值而直接以新闻报道的方式出现，无须支付广告费，且传播效果更好，更受公众信赖。

第三，适用主体不同。商业广告着重推销产品和服务，主要适用于现代工商企业等营利性组织；而公关广告则着重协调与公众的关系，树立社会组织的良好形象，因而适用于现代社会的一切组织，如政府、非营利及非政府组织等。

四、公共关系与市场营销

市场营销（Marketing）是引导商品或劳务从生产者到消费者所实施的一切活动。许多企业将公共关系运用于市场营销活动之中，目的是通过公共关系活动为市场营销创造一个和谐的环境，为整个市场营销战略的实施开辟道路。如果把市场营销的核心内容"4P"——产品（Product）、价格（Price）、渠道（Place）、促销（Promotion）——比作企业市场营销管理的硬件，那么公共关系则是企业市场营销管理的软件。一方面，它通过塑造企业的形象，使消费者建立对企业的信任以及对其产品的信心，成为企业的忠实顾客；另一方面，通过成功的市场营销销售的产品，能让消费者熟知产品并产生信任，从而建立起良好的企业形象，推动公共关系活动的顺利进行。从这一点来看，两者是相辅相成的。由于公共关系学改变了市场营销的传统观念和传统手法，并为之提供了研究市场及其消费者的技术与方法，这样就使不少人把公共关系视为一种"无形的推销术"，与市场营销混为一谈。其实，公共关系与市场营销是两个既有独立内涵和特性，又具有密切联系的不同概念。

第一，适用范围不同。公共关系的适用范围比市场营销的适用范围广得多。市场营销是企业独有的经济活动，而公共关系则适用于包括企业在内的一切社会组织。在企业中，市场营销只是企业经营管理的一个方面，而公共关系则贯穿于企业管理的全方位、全过程。市场营销的对象主要是消费者，而公共关系的公众除消费者外，还有政府、社区、媒体人员等。

第二，追求目标不同。市场营销以推广产品为目标，是一种纯粹的商业性行为，较多考虑的是实现企业的经济利益。而公共关系注重推广整个组织形象，以实现社会整体效益为目标。

第三，工作内容不同。市场营销工作围绕"4P"展开，而公共关系工作的主要内容则包括搜集信息、调查研究、策动传播、评估分析等,比营销复杂得多。针对传统市场营销的"4P"理论,整合营销提出了"4C"理论,即消费者的欲望和需求(Consumer Wants and Needs)、消费者获取满足的成本(Cost)、消费者购买的便利性(Convenience)以及企业与消费者的有效沟通(Communications)。以消费者为中心的整合营销理论无疑更具有公共关系意识,但公共关系毕竟取代不了科学的管理,不能代替企业分销渠道网络,更不能弥补产品本身的缺陷。

第三节　公共关系的职能与作用

对公共关系职能与作用的探讨不仅有助于我们了解公共关系的重要性,加深理论上的进一步认识,更有助于公共关系实践活动的顺利开展。

一、采集信息,监测环境

信息的掌握对于组织的运行是至关重要的。离开了信息,组织就如同被隔绝于世,只能走向困顿与死亡。所以,组织必须充分采集与掌握一系列相关信息,才能正确决策,在激烈的市场竞争中立足。

(一)从微观上来看,主要是采集组织形象信息

组织形象是社会公众对组织综合认识后形成的一种总体评价,是组织知名度和美誉度的延伸。这是组织的无形资产,是获得社会公众理解和支持的最重要的内在条件。社会组织在公众心目中的形象如何,直接影响其自身的发展,甚至决定组织的兴衰存亡。公关人员采集的组织形象信息应该是综合的、全方位的。

一方面,采集公众对组织机构和组织产品的看法和评价的信息,比如机构的管理水平、工作能力、道德修养、服务态度等综合素质,以及公众对产品(或服务)的价格、性能、质量、用途等评价;另一方面,采集目标公众信息,比如不同性别公众的需求,不同年龄公众的爱好及偏好的沟通方式等。

(二)从宏观上来看,主要是采集社会环境信息

社会环境是指与组织有关系的各类公众和各类社会条件的综合。组织需要采集的社会环境信息包括以下几个方面:

(1)与本组织有关的政治、经济、技术、社会文化等方面发展变化的信息;
(2)与本组织有关的政府机构、法律部门的方针、政策的制定和实施情况;
(3)了解新闻媒介的传播效果和舆论指向等信息;

(4)与组织有关的各类公众信息,比如竞争对手的信息、合作伙伴的信息、社区环境信息等。

通过公关人员对各类信息资源的采集、处理与反馈,不仅可以对社会组织所处的环境进行监测,而且可以对组织的发展进行预测。打个不很恰当的比喻,社会组织就像是一棵植物,栽培人(即公关人员)不仅需要了解培植其生长的土壤环境(内部环境),也要了解影响其生长的气候环境(外部环境),才能采取多种有效手段来更好地呵护它,使它健康成长。社会组织的生存与发展,在很大程度上要受其所处环境的影响与制约。对环境进行监测与预测,无疑对组织目标的实现具有重要意义。

二、传播信息,树立形象

中国有句古话:"好酒不怕巷子深。"这种思想已经不适合现代社会激烈的竞争,社会组织不仅要准确地采集各方面信息,还要利用各种传播手段将本组织的情况、观念、意图,真实而准确、及时而有效地传播给公众,才能增进与公众的沟通,保持与公众和谐良好的关系,从而树立组织的良好形象。

社会组织向公众传播的最主要信息是组织的理念。理念是属于精神层面的。任何一个组织的存在都需要理念的维系。它包括组织的使命和目标、经营哲学、组织精神和行为准则。组织的理念又体现在两个方面:

(1)动态方面:组织的内部信息,如领导的素质、管理模式、设备、组织的历史、组织的技术、资金实力等内容,其目的是让公众全面了解本组织的经营宗旨;还包括对外的活动方式,如公共关系网络的建立、市场的开拓等。

(2)静态方面:产品服务信息,如产品的质量、价格、标志、性能、包装、款式、特点等,这些信息的传播既方便顾客选择,又可争取潜在顾客。

除此之外,公开组织在各类社会活动中的获奖情况,公布有关专家或权威性公众对组织的评价,都有利于争取公众对组织的信任与支持。信息传播是公共关系的一项职能,也是一门艺术。公关人员在传播过程中既要注重传播媒介的特点与选择,又要注重公众的心理特征,还要考虑文化背景等因素,以达到最好的传播效果。

三、咨询建议,参与决策

咨询决策,即公共关系人员向决策层和管理部门提供有关公共关系方面的信息和意见,作为该组织决策的依据。这一职能可说是公共关系管理职能最高层次的体现。

(一)对本组织方针、政策和行动提供咨询建议

公关人员应仔细分析此项决策会给社会带来哪些积极效果,会使公众得到哪些利益,

更要分析可能给公众带来的不良后果,积极与组织管理层进行沟通,并制定合乎组织发展目标的最佳方案。

(二)对提升组织形象提供咨询意见

公关人员应时刻关注公众对社会组织的舆论评价,征询各类公众对组织的意见,并随时反馈给组织,向其提供改进方案。尤其是公共关系人员应对组织的战略发展制定科学的实施方案,以供决策者参考。

(三)为组织提供公众心理预测

由于社会环境变化迅速,公众心理状态也处于发展变化之中,公共关系人员应经常进行公众心理预测,并及时向领导提供咨询,作为决策依据。

(四)为组织提供社会环境变动趋势的预测

社会环境主要是指政府的政策、法规、竞争对手的战略变化、社会风气、自然灾害等。这些变化有时是公开的,有时是隐晦的;有时是突然的,有时是渐进的。公关人员应随时注意环境中的每一个变化,对发展趋势做出分析预测。某种程度上,他们应该是组织早期预警雷达负责人,通过对不同声音的研究和思考,向决策层诠释这些信号,并提醒管理层应当注意而又容易忽略的漏洞。

长期以来,公共关系部门在企业管理中处于"仅供参考"的地位,并没有决策权和话语权。如今随着竞争的加剧,公关的内在价值逐步显现,越来越多的企业开始把公关放到战略的层面,让公关在决策上发挥更大的作用,帮助企业更好地建立和运用品牌声誉资产。

四、协调沟通,调节应变

社会组织处于一个巨大的关系网络中,如果组织不能维持与公众的正常联系并妥善处理好与各类公众的关系,将无法实现组织的既定目标。因此,公共关系必须充当组织与公众利益协调的润滑剂和平衡杆。

(一)协调沟通内部关系

公关人员一方面应经常向领导反映群众的意见和要求,使领导制定切实改进工作的措施并付诸实施;另一方面,积极做好上情下达的工作,向员工宣讲组织的目标和方针政策,传达领导层的意见和决定等,消除可能产生的误会。组织公关部门的工作与市场营销、法律顾问、人力资源开发等部门的工作有时会相互融合并有交叉之处,有时也会发生冲突。公关部门应积极与各个部门协调,以有效地发挥各自的作用。

(二)协调沟通外部关系

这些外部关系包括政府关系、新闻界关系、消费者关系、社区关系、竞争对手关系等。公关人员要经常把组织的决策、计划执行情况告诉公众,并根据公众的反馈信息来调整自己的行为,使组织与外部公众之间建立起一种互相了解、互相信赖的关系。当双方关系处于和谐的时候,沟通的重点主要通过不断传播组织业绩来保持和强化公众对组织的良好印象;当双方关系处于不明状态时,沟通的方式主要用善意的态度来表达自己的主张,竭力使对方消除紧张或戒备等逆向性心理因素,为双方的信息交流创造正常的、平衡的心理条件。当双方关系处于不和状态时,沟通的基点首先应该是解剖组织自身,反省自己的责任,然后才是客观地分析关系状态,并提出改进关系状态的具体意见和措施。公共关系的调节作用不仅表现在尽量避免各种摩擦的产生,而且表现在摩擦发生后最大限度地减少摩擦给组织带来的危害,起到行政调节、法律调节等刚性调节所不能达到的沟通效果。

必须注意的是,公共关系不是为了消除危机而进行的临时、防御性的活动。有效的公关应以一种持续不断的努力来赢得公众的理解与信任。在构建和谐社会的时代背景下,公共关系应以公众利益为本,以协调沟通为发展关键,以和谐为公关的永恒主题,推动公关事业的蓬勃发展。

思考题

1. 如何科学地理解公共关系的含义?
2. 公关人员应注重采集哪些信息?
3. 公共关系对于构建和谐社会有何意义?

第二章

公共关系的历史、伦理及发展

公共关系是人类社会进步的必然产物。作为一种客观存在的社会关系和一种思想与活动方式,它有其久远的历史。作为一门学科的公共关系学却是近代市场经济、民主政治和传播技术等发展的结果,至今约百年历史,是一门新兴的学科。我们追溯公共关系的源流,把握国内外公共关系的现状,剖析其形成、发展的诸多社会历史条件,分析其伦理思想,对全面、准确地把握公共关系的理论与实践有着重要的意义。

第一节 公共关系的历史

公共关系作为一种客观存在的社会关系和社会现象是有着悠久历史的。当时的公共关系活动多数零星而片面,但不可否认,这些早期的公共关系思想与活动为其作为一门学科的出现和发展奠定了坚实而必要的基础。

一、早期的公共关系思想与活动

(一)国外早期的公共关系思想与活动

国外利用各种艺术形式、宣传工具、演讲和人际交往等手段去影响公众的观点和行为,可以追溯到人类文明的初期。古代的埃及、巴比伦和波斯等国家都曾动用大量的金钱和人力去雕刻塑像、金字塔和书写赞美诗,用精湛的艺术去宣传自己的英勇业绩,树立统治者的声誉。这种试图控制舆论的意图可看作早期公共关系的萌芽。

古希腊罗马时代存在着大量的公共关系活动和思想。古罗马的独裁统治者儒略·恺撒是一位精通沟通的技术者。公元前59年,他在当执政官时设置了官方公告牌,即《每日记闻》。其形式是在一块涂有石膏的特制木板上,逐日写上元老院国民会议的简要记录、官吏使节、军队调动、宗教仪式以及其他事项,放在公共场所供人们观看。把国家大事公之于众,满足了公众的心理需求,争取了平民对他的支持。为登上独裁者宝座,他带兵远征高卢和英伦三岛。在作战过程中,他把军队的作战情况写成报告送往罗马,始终引导罗马境内的舆论宣传,成为人们关注的中心。后来又将战事写成《高卢战记》一书,大肆宣传自己的丰功伟绩,深得民心,终于在公元前46年登上宝座。《高卢战记》也因此被现代公共关系学界誉为"一流的公关著作"。

亚里士多德对公共关系理论有一定的贡献。他所著的《修辞学》详细论述了修辞的艺术,即如何运用语言来争取和影响听众的思想与行为。他认为,良好的修辞具有三个要素:品格、情感和逻辑。这三个要素至今仍是解释和解决公共关系领域大多数问题的重要依据,被认为是最早的公共关系理论著作。

在西方,公共关系还被用来为宗教服务。早期基督教的广泛流传在很大程度上依靠了传播的技术和活动。11世纪末,教皇乌尔班二世以异教徒占据耶路撒冷为由,别有用心地在教徒中进行煽动宣传,呼吁夺回圣地,导致了一场历时近200年的史称"十字军东征"的战争。又如马丁·路德为创立基督教新教,于1517年发表《九十五条论纲》,抨击教皇出售"赎罪券"来搜刮民脂民膏的丑行。为了有效地争取教徒,他多次发表演说,并将《圣经》译成德文,进而得到了信徒的拥护,推动了当时的宗教改革运动。

从上述外国早期公共关系思想和活动中我们可以看到,人类早期的公关活动已开始注重舆论与宣传,但大多带有明显的自发性和盲目性,且主要发生在政治领域,带有强烈的政治色彩和伦理色彩。

(二)中国早期的公共关系思想与活动

中国悠久的历史文化是蕴藏着深刻而丰富的公共关系思想与活动的。早在西周末年,有人针对周厉王施政酷虐而带来的怨声载道、民情鼎沸的情况,提出了"防民之口,甚于防川"的观点,强调民众舆论与政权的稳固相关。春秋战国时期,诸子百家从各自学派立场出发,就如何处理人文关系进行了论述:老子提倡"鸡犬之声相闻,民至老死不相往来"的小国寡民思想;墨子主张"兼爱""非攻"的与人为善的交往原则;兵家认为"攻城为下,攻心为上"的原则;法家以"性恶论"为其理论依据,向帝王宣扬"法""术""权""势"的治民之道等。当时在这方面更为系统、成熟的认识,首推以孔子、孟子为代表的儒家。

孔子的中心学说是"仁"。他认为"仁"是调和人与人之间关系的最高道德原则。他主张"己所不欲,勿施于人""民无信不立"等思想,对中国人的思想观念影响很深,也被现代社会公共关系所接受。

孟子最著名的莫过于他提出的"君轻民重"的观点,表明他对民众的重视。他认为:"桀纣之失天下也,失其民也;失其民者,失其心也。"他指出民心向背直接关系到政权的安危。孟子对舆论传播也很注重,认为"仁言不如仁声之入人心也,善政不如善教之得民也"。唐代魏徵与李世民论及人民与帝王关系时所说的"水可载舟,亦可覆舟",便是孟子"君轻民重"思想的发展。

中国古代早期公共关系实践活动也很多。比如商鞅在秦国变法时,为取信于民,在都城咸阳城门立柱一根,张贴告示,谓扛走者可得奖赏若干,然后兑现,从而树立了法令的权威。又如秦末刘邦攻入咸阳时,与关中父老"约法三章",云"杀人者死,伤人及盗抵罪",既宣传了自己的政治主张,又赢得了民心。在我国古代,军队或政权占领一城一池后,其首要大事往往是及时张贴"安民告示",不外乎向老百姓公开宣传其政策、法令,以安定民心,建立稳定的新政权。

二、现代公共关系的诞生与发展

19世纪中期,公共关系开始由原始向现代、由朦胧向清晰、由零星向系统、由感性向理性的历史性改变。到20世纪初,现代意义上的公共关系在美国出现。基于对公关历史的考察,也为了更好地研究公关历史各个时期的特点,1984年当代公关理论界翘楚格鲁尼格和亨特总结了公关史上四种典型模式:新闻代理(Press Agency),即20世纪以前"公众该死"的公关模式;公共信息(Public Information),即艾维·李在1900—1930年主导的"公众应知晓"公关模式;双向不均衡(Two-way Asymmetrical),即伯内斯的"双行道"模式,强调双向沟通,却坚持强者对弱者不平等的支配;双向均衡(Two-way Symmetrical)模式,即格鲁尼格坚持的"卓越公关"模式,主张组织与公众双向沟通、权力均衡。

(一)新闻代理模式

新闻代理模式也称"新闻炒作",即雇用新闻代理人,利用大众媒介进行新闻宣传,制造轰动效应,吸引公众关注,扩大影响,以推进个人或组织利益。菲尼斯·巴纳姆(Phineas T. Barnum)将这一模式发挥到了极致,因此许多公关史学家把这个时期称为巴纳姆时期。这种公关形态也是特定历史条件的产物。19世纪中叶,由于印刷技术的进步,报纸变得廉价,吸引了大量的读者,使原本为上层社会阅读的报纸成了大众化的通俗报纸。便士报运动的开展,为那些急于宣传自己、为自己制造舆论的组织提供了场所。随着发行量的增加,广告费也迅速上升。为省钱,有些企业雇人制造煽动性新闻来扩大自己的影响,而报纸为迎合大众口味也愿意接受此类文章,两相结合,就出现了一种现象——报刊宣传活动。

菲尼斯·巴纳姆是这一模式的典型代表,他遵循的第一信条是"凡宣传皆好事"。他给他的马戏明星起了不少简洁、响亮的名字,以易于作为报纸的新闻标题。他遵循的第二信条是"公众要被愚弄"。他是马戏团的老板,曾制造过这样一个舆论:马戏团里有个叫海斯的黑奴在100年前曾经养育过美国第一任总统乔治·华盛顿。报刊发表这一消息后,引起了轰动。巴纳姆又顺势以各种不同的笔名给报纸寄去"读者来信",人为地制造一场讨论。在海斯死后,医生对她的尸体进行解剖,结果表明海斯不过80岁左右,并非像巴纳姆所说的160多岁。对此,巴纳姆厚颜无耻地表示"震惊",说自己上当了。那些欲一睹海斯芳容的好奇者掏出的高额门票收入,却实实在在进了他的腰包。虽然他的宣传策略受到许多人的道德质疑,但他天马行空的想象力和出人意料的宣传方式却使其名垂千古,并被视为现代公共关系职业的先驱。他擅长制造噱头,利用媒体,同时强调一定要确保你的生意能满足客户的需求。他信奉"每个人的职业应在使自己获利的同时,对他人也有所裨益;否则,你的所作所为只是虚荣与愚蠢。"①这实际上确立了现代公共关系的一项基本原则——利益互惠。对于这样一个善于"愚弄公众"的人是否值得尊重,众说纷纭。然而,众人的争议却更好地帮助巴纳姆实现了其理想:"我宁愿被嘲笑,也不愿被遗忘。"②

这一时期的报刊宣传活动被认为只要能获取免费版面就可以不择手段地制造新闻、欺骗公众,也被称为"公众受愚弄时期""反公共关系时期"。综观整个19世纪,研究者认为"新闻代理人在美国人的生活中扮演着重要角色,但他们要么通过歪曲事实来愚弄媒体,要么通过隐瞒事实以妨碍报道"。尽管不少学者从伦理和道德的角度对这一模式进行了批判,却无法否认其有效性,而它在宣传策略和艺术方面依然给今天的公关发展提供了重要的借鉴。

(二)公共信息模式

公共信息模式是指组织尽量公布真实信息,重视公众在公关传播中的重要作用。记者出身的艾维·李(Ivy Lee)是公共信息模式的代表人物。③ 19世纪下半叶,美国开始从自由竞争走向垄断。到20世纪初,美国约有60%的经济命脉为数百个巨头所掌握。他们为获得巨额利润,不遗余力地榨取工人的剩余价值,拒绝新闻媒介的过问,对丑闻不是胡编乱造就是守口如瓶,使其与工人阶级和一些小企业之间的矛盾激化,暴发了以揭露工商企业的丑闻和阴暗面为主题的新闻揭丑运动,史称"扒粪运动"(Muckraking Move-

---

① Joe Vital, There's a Customer Born Every Minute, John Wiley & Sons, Inc. 2006, P. 11.
② 有兴趣的读者可以参看[美]乔·瓦伊塔尔(Joe Vitale)著,胡百精等译:《每一分钟诞生一位顾客》,中国传媒大学出版社2014年版。书中对巴纳姆这位公关之父的经历和其宣传理念、广告策略等进行了详细的阐述,展现了这位公关开山鼻祖丰富而热烈的性情。
③ 有兴趣的读者可以参看[美]雷·埃尔顿·赫伯特(Ray Eldon Hiebert)著,胡百精等译:《取悦公众》,中国传媒大学出版社2014年版。此书对于艾维·李的经历进行了详细的阐述,有兴趣的读者可以参看此书以更好地了解这位倡导说真话的公关之父在公关领域的作为,并了解美国公关发展史。

ment)。"扒粪运动"对大企业和政府的曝光,点燃了大众的愤怒,来自底层大众的抗争运动风起云涌,劳资冲突层出不穷,整个资本主义体系岌岌可危。艾维·李在这种社会巨变中应运而生。

1903年前后,在纽约干了几年记者的他决意创办一家新闻社,充当发布新闻的报纸和发生新闻的大亨之间的中介,扮演居间者的角色,促进利益集团、媒体和公众之间的沟通,尽可能维系他们之间的理解、共识和信任。艾维·李认为:"人民才是当今时代的统治者。人民群众取代了君王,获得了神圣的权利。人民登基为王。"[①]他试图告诫那些保守的企业和金融寡头,公关意味着组织与公众的实质联系,倘若不顺应变化,终将成为时代的弃儿。他的公共关系思想核心就是"说真话"。他认为,一家企业或公司唯有将真情实况告诉公众,才能赢得良好声誉,一旦披露的真情对组织不利的话,就应该调整公司或组织的行为,而不是极力掩盖真相。

1903年,他在纽约开办了世界上第一家宣传顾问事务所,标志着现代公共关系的诞生。他的宣传顾问事务所进行的业务是专门为企业或其他社会组织机构提供传播和宣传服务,协助他们与公众和新闻界之间建立和维持一种良好关系。他反复向其客户灌输如下信条:凡是有益于公众的事业,必将有益于企业和组织。

他亦在实践中践行自己的公关理念,为洛克菲勒家族处理拉德洛事件便是一次极为成功的公关实践。1913年9月,科罗拉多州南部矿区的9 000多名矿工举行罢工,向洛克菲勒家族控股的科罗拉多煤钢公司提出了包括改善工资、劳动时间、安全境况和工会地位等条件。数月之中,罢工者与企业雇用的警卫之间频发暴力事件。1914年4月20日一次意外的枪声使冲突演变为激战,11名妇女和儿童失去性命,随后几天双方共有几十人伤亡。总统威尔逊派遣联邦军队进驻矿区,才平息混乱。自此,各大报纸对洛克菲勒家族群起攻之,斥责其不择手段的罪恶。许多人向小洛克菲勒献策,建议他购买整个广告版面抵消浪潮,或者办一份自己的新闻报纸为自己辩护。

当小洛克菲勒找到艾维·李时,李表达了自己的看法:"刊登广告是最不明智的做法,不应该花哪怕一分钱,企图以任何方式直接或间接地影响媒体的立场。换言之,不应采取任何不正当的手段,必须确保绝对的坦诚。"他策划了一系列以"为工业自由而斗争"为主题的新闻简报,争取广泛的媒体报道和公共讨论,激发工人的崇高情怀,消除积怨。在他的建议下,小洛克菲勒在事件发生后探访矿场营地,与矿工们交谈,深入工人家里,接见工人的妻子和孩子,并与大家一起跳舞。这次"底层之旅"随后成为公关发展史上的里程碑。他还建议其多从事社会公益事业,改变在公众心目中的不良形象。除此之外,他还注意影响有影响力的人,这些被他称为意见领袖(Leaders of Opinion)的名人能够吸引、影响记

[①] Ivy Ledbetter Lee: *Human Nature and the Railroads*. Phiadelphia(E. S. Nash & Co. ,1915),P. 8.

者,进而影响大众的认知和态度。他把自己的新闻简报发给众议员、参议员、市长、大学校长、银行家、牧师等,以主导新闻舆论。围绕此事的新闻报道随后有效地扭转了公众对洛克菲勒家族的印象。艾维·李因此声名大噪,美国铁路公司、美国电话电报公司等企业纷纷聘请他担任公共关系代理人。

研究者把艾维·李的公关理念和实践逻辑做了以下归纳:

一是在"说"的层面,企业和公共机构要讲真话,主动、公开告知公众事实,从而消除误解与偏见;

二是在"做"的层面,企业和公共机构要信守自身与公众之间的互惠原则:"凡有利于公众的,才有利于组织";

三是在德性上,前述两项原则皆倚重于企业和公共机构的坦诚;社会关系和发展问题越是复杂,越是要仰仗简单、纯粹的道德"钥匙"开启"时代之门";

四是在手段上,现代公关主要通过与媒体打交道来影响公众,企业和公共机构所追求的宣传价值必须适应、符合新闻价值;

五是从效果上看,一旦媒体、公众掌握足够的事实和真相,就会做出理性的判断,企业和公共机构也因此获得同情、理解和真正的自由。[①]

艾维·李的公共关系事务在社会上产生了很大的影响,促成公共关系正式成为一门职业。其公共关系思想和公共关系实践为世人所瞩目,被誉为"现代公共关系之父",这一时代也被称为"公众被告知时代"。艾维·李虽然有丰富的公共关系实践经验,却没有提出系统而科学的公共关系理论。真正为公共关系奠定理论基础、使现代公共关系科学化的,是另一现代公共关系的先驱、美国著名的公共关系顾问爱德华·伯内斯。

(三)双向不均衡模式

双向不均衡模式是指通过告知和说服,整合公众态度和行为,协调社会关系,塑造社会认同。说服虽然也尝试建立组织与公众之间的"双行道",承认公众的力量和价值,但仍怀疑公众的自治能力,坚持强者对弱者不平等的支配。爱德华·伯内斯(Edward Bernays)便是双向非对称模式的代表。他从一开始就主张公关应该致力于组织与公众的彼此理解和相互调整,后来明确将公关定义为组织与公众之间的"双行道"(Two-way Street)。

伯内斯公共关系思想的一个重要组成部分是他提出的"投公众所好"的主张。他认为一个企业或组织在决策之前,应首先了解公众爱好什么、对企业或组织有什么要求或期

[①] 雷·埃尔顿·赫伯特(Ray Eldon Hiebert)著,胡百精等译:《取悦公众》,中国传媒大学出版社2014年版,第12页。

望,迎合公众的心理需求,引起公众的共鸣。当然,最重要的还不是如何取悦公众,而是要知道如何影响公众。人性、偏见和欲望始终是伯内斯考量一切公共关系的出发点,而重视精神分析与他是著名的奥地利心理学家弗洛伊德的外甥密切相关。他在其《宣传》一书中曾引用精神分析的观点,认为:"人们的思想和行为是出于对被压制欲望的补偿性替代。我们对一件事情的欲望,并非因其内在价值和用处,而是由于我们无意识地在其中看到了另一些事情的象征,或者从中看到了我们羞于承认的另一种欲望。"[1]他认为经验丰富的公关实践者应该对公众思想保持敏感并且具有超强的理解力,能洞察个体思想和行动背后的潜在社会动因。他 1928 年为美国烟草大亨希尔打开女性烟草市场的公关实践,淋漓尽致地体现了其公关才能。

第一阶段,他通过铺天盖地的媒体报道和持续渗透的专家证言,鼓动女性减肥、瘦腰,并试图改变女性的日常生活路线图:"正确的餐后食品,应该是水果、咖啡和一支香烟",力图把抽烟当成一种潮流进行理念灌输。

第二阶段,他决定用香烟点燃 20 世纪 20 年代的美国女权运动。1929 年 3 月 31 日,一些时尚女性在纽约第五大道叼着香烟招摇过市,发起了一场以女性自由、平等、解放为主题的复活节大游行。在美国历史上,这是女性第一次在公开场合如此亮相,媒体广泛报道了此次游行,认为"香烟如同自由火炬,摧毁了性别禁忌……击溃了对女性的所有歧视"。这一事件亦被视为女权运动的标志性事件。这一年,希尔烟草公司增加了 3 200 万美元的销售收入。

第三个阶段是解决一个具体问题。希尔烟草公司的香烟是绿色包装,而那个时代的女性喜欢大红的衣服。伯内斯认为如果不想更换烟包的颜色,那就改变时装的流行色。1934 年,伯内斯发起了一场声势浩大的"绿色运动"。378 家媒体、301 家百货公司、145 家女性俱乐部、49 位摄影师和插画家以及 157 位家具制造商、家居设计师、服装设计师等加入了这场运动。运动的高潮是美国众多领域的杰出女性参与了盛大的慈善"绿色舞会",代表着希望、胜利、丰足与和平的绿色在那一年成为流行色。[2] 这次活动让伯内斯备受关注,也备受质疑。因为烟草危害人尽皆知,策动女性吸烟并不符合其倡导的公关伦理,伯内斯也因此深陷道德漩涡。

伯内斯还曾受雇于美国福特汽车公司,任公司的公关部经理,为该公司筹划并实施了一系列旨在发展公众的福利及社会服务计划,大大提高了该公司在公众及社会中的影响。

---

[1] Larry,Tye(1998),*The Father of Spin: Edward L. Bernays & The Birth of Public Relations*,NY,Crown Publishers Inc,P. 97.

[2] [美]爱德华·L. 伯内斯(Edward L. Bernays)著,胡百精等译:《舆论的结晶》,中国传媒大学出版社 2014 年版,第 16—17 页。此书对公共关系范畴和功能、舆论制造、传播技巧和方法以及公关道德进行了讨论,有兴趣的读者可以参看此书,以更好地了解伯内斯的公关理论和思想。

第一次世界大战期间，伯内斯参加了"美国公共信息委员会"，其具体工作是向国外的新闻界提供有关美国参战情况的背景及解释性材料。战后，伯内斯主要从事公共关系的理论研究及教学。1923年，他撰写了世界上第一部公共关系著作《舆论的结晶》(Crystallizing Public Opinion)，并且第一个在纽约大学讲授公共关系课程。在《舆论的结晶》前言中，他明确提出，卓越的公关实践不仅在于如何说，更在于如何做出能够赢得公众支持的行为，这意味着公关的方法源自组织与公众的利益互惠和价值契合。1952年他编纂了《公共关系学》教材，从理论上对20世纪美国的公共关系实践进行了概括和总结。他为公共关系提供了最初的哲学、理论基础和准则，将原来从属于新闻界的公共关系分离出来，为其成为一门独立而系统的学科奠定了理论基础，具有里程碑的意义。自此，公共关系才作为一门学科蓬勃发展。

（四）双向均衡模式

格鲁尼格等提出的"双向均衡模式"与美国另一名公关权威斯科特·卡特李普（Scott Cutlip）提出的"双向开放系统模式"（也译为"双向对称模式"）是一脉相承的。卡特李普、阿伦·森特、格伦·布鲁姆著的《有效公共关系》被业界奉为公关"圣经"。在此书中，他们提出了"双向开放系统"的公共关系模式，并把系统论、生态学和管理学应用于公关研究，成为现代公共关系的重要标志。

"双向开放模式"是指一方面将社会组织的想法和信息向公众进行传播和解释；另一方面，又要把公众的想法和信息向组织反馈，目的是使两者间建立相互沟通与对称和谐的关系。运用这一开放模式，首要的是对环境进行有目的的监测，以便发现和预测那些对组织有影响的信息，也促使组织的目标兼顾组织和公众双方的利益。

卡特里普等人的贡献在于开创性地把系统论的理念引入公关理论之中，认为组织和公众之间相互依存，公关要坚守规则，要维系组织与公众之间的良性互动，并且密切注意那些对组织有影响的公众反馈。在这个"双向对称系统"中，信息并不是单向的，而是双向并且一直流动的。"稳定不断地输出新闻稿和其他传统的被动公共关系反应是典型的封闭系统意识的体现。"因此，他曾把公关比喻为预警变化的"雷达"，扫描变化的广度和深度。

格鲁尼格在此基础上提出双向均衡模式，一方面仍然强调组织的开放性，追求而非控制信息的自由流通，强调组织与公众相互依赖的观点；另一方面更强调平等、互信与尊重，强调公关核心价值理念，并将自身的理论逐渐修正为卓越公关理论（Excellence in Public Relation）。格鲁尼格认为，卓越公关首先意味着对传统公关世界观的改造。他明确了公关的根本使命是承认多元主义的意见表达，坚持公共利益至上，担负责任。在格鲁尼格看来，面对高涨的公众权力，唯有参与、协商和合作才是组织发展的现实出路。所以，当务之急是建立以合作为核心的公关价值观。"合作之义理应导入组织的伦理体系,让组织的战略、决策、规范和行动框架皆以合作为主旨。"[①]格鲁尼格的公关理论既得到了众多学者的追捧,亦饱受完美主义、理想主义的质疑。

三、现代公共关系产生与发展的社会历史条件

任何一门学科的产生都不是偶然的,都有其深刻的社会历史根源。公共关系也同样遵循这一规律。现代公共关系的产生与商品经济的发达、民主政治的形成、大众传播技术的发展都有着密切联系。

(一)商品经济:公共关系产生的经济根源

在经济落后的封建社会也出现了公共关系的雏形,但毕竟是极为零星而不系统的,因为其经济形态最根本的特点是自给自足的自然经济,人们终日封闭在狭小的范围内,过着"鸡犬之声相闻,老死不相往来"的生活,公共关系既无产生的基础,也无发展的必要。

而商品经济是以交换为目的的经济形式。生产一旦以交换为目的,就必须扩大商品市场的领域。随着商品经济的日益发展,企业之间的资金、劳力和资源等的角逐日益激烈,企业只有通过各种有效手段去占有、巩固、发展市场,才能维持自身的生存和发展。商品经济的高度发展使商品的供给大大地丰富起来,消费水平也不断提高,开始从满足基本需要转向满足高层次的需要。因此,商品生产者如何赢得消费者信任,如何使双方互相沟通和了解就变得更加迫切。而社会分工的深化使这样一种互相联系与合作的关系,必须通过现代公共关系的经营管理方法来维持。因此,商品经济的高度发达是公共关系发展的经济根源。

(二)民主政治:公共关系发展的政治保证

专制独裁、等级森严是封建社会最显著的特征。以血缘关系为基础的封建宗法关系中,老百姓只是任人宰割的"草民",谈不上与统治者建立一种平等互利的关系。在这种自上而下的专制统治下,公共关系无从谈起。

民主政治是凭借公共权力和平地管理冲突、建立秩序并实现平等、自由、人民主权等价值观念的方式和过程。它赋予人民选举的权力,被选举者必须更好地倾听民意,并根据民意制定和调整内外政策,通过各种传播媒介与公众进行沟通,争取公众的信任和支持。民主政治为公共关系发展提供了政治土壤。

---

① J. E. Grunig, Collectivism, Collaboration, and Societal Corporatism as Core Professional Values in Public Relations. *Journal of Public Relations Research*, 12(1), P. 28.

(三)传播技术:公共关系发展的技术支持

封建社会落后的交通条件和传播手段使人们相互之间缺乏交往和沟通,公共关系缺乏技术手段。随着经济的发展、科技的进步、传播媒介的多样化和现代化,尤其是新媒介的出现,使信息传播量更大,传递速度更快,影响范围更大,为社会组织更全面、更准确、更迅速地向公众传播信息、建立相互之间的沟通渠道提供了技术上的支持。正如国内公关专家张雷教授所说的那样:"每一次媒介的革命,都会引发整个社会公共关系的革命性变化。"[①]

第二节　公共关系的伦理

公共关系的伦理问题可以说是一个元理论的哲学问题,它关乎公共关系的世界观和方法论,关乎公关从业人员的职业操守。对公共关系伦理,学术界目前并没有统一的定义。一般来说,公共关系伦理,是指处理公共关系过程中利益各方相互关系的准则。所有职业都会遇到职业规范和伦理问题,但似乎没有哪一种职业遭遇的伦理危机的严重程度超过公共关系。公共关系自产生之日起,便不断面临身份认同危机(Identity Crisis)的伦理困境,不断有人质疑其操纵公众、欺骗社会、破坏民主等。具有讽刺意味的是,公共关系尽力为其他组织塑造形象的同时,却始终未能为自己正名。

一、公共关系的伦理发展

纵观公共关系发展的历史,无论是巴纳姆的"公众要受愚弄"时代、艾维·李的"说真话"时代、伯内斯的"投公众所好"时代,还是卡特里普的"双向开放"时代,抑或格鲁尼格提出的"双向均衡、尊重公益"时代,都是在组织利益和公共利益之间不断进行权衡,在"义"与"利"之间不断摇摆,进而寻求公共关系伦理角色的过程。

如前所述,现代公共关系创始人巴纳姆信奉"凡宣传皆好事"。当时,美国确立了资产阶级民主制度,社会诸领域处于全面扩张和建设之中。高出生率、移民潮和席卷全国的西进运动,为经济腾飞储备了更多的人口、土地和资源。巴纳姆应运而生在这样一个充满创造力的时代。传记作者瓦伊塔尔对巴纳姆的策略进行过整理分类,将其命名为"十大黄金法则",这些法则大致确立了现代公共关系的基本框架:每一分钟创造一位顾客;制造噱头,俘获关注;提供物超所值的服务;相信媒体的力量;持续地投放广告;善用人际网络;创造性地巧妙协商,尊重每一位雇员和表演者;善有善报;相信文字的力量;相信演讲的力

[①] 张雷著:《公共关系学派》,浙江大学出版社2013年版,第7页。

量。这些法则贯穿于他每一个经典案例中,亦成为现代营销、广告、公关各领域常用的手段。① 他因为全面尝试现代公关的种种策略(新闻报道、制造事件、公共演讲、游说精英等),在被称为"营销天才""广告之王"的同时,亦面临着欺骗大众、操纵舆论的伦理指责。最有名的一段公案是有人指责巴纳姆骄横粗鄙地说过:"每一分钟产生一个笨蛋",亦即只要他宣传一下,就能忽悠人们对他的产品和服务趋之若鹜。尽管他一直使用"娱乐""取悦""善意的谎言"等字眼来淡化自己的操纵意图,人们还是把巴纳姆时代称为"公众该死""公众要受愚弄"的时代。

美国在城市化、工业化进程中,繁华背后的危机逐渐显现:经济垄断、阶层分化、贪腐盛行、环境破坏、道德沦丧、信仰凋零。新闻媒体发起了声势浩大的"扒粪运动",底层大众的抗争运动风起云涌,罢工和流血冲突使整个美国资本主义体系岌岌可危。而记者出身的艾维·李在社会巨变中脱颖而出。1906 年,他向新闻界发表了著名的《原则宣言》,明确阐述了其公共关系的活动宗旨。他说:"我们的责任,是代表企业单位及公众组织,就公众关心并与公众利益相关的问题,向新闻界和公众提供迅速而真实的消息。"② 他还呼吁企业不要唯利是图,应实现企业人性化,并倡导公共关系工作进入企业最高管理层。这种革命性的观念使他开创的公共关系事业和先前的新闻代理人实践分道扬镳。

"'原则宣言'基本呈现了现代公关童年期的职业信条和道德理想:一是危机当头,对统治集团——企业和政府等公共机构而言,沟通比镇压、对抗更具有建设性、进步价值和民主精神;二是沟通——在当时主要是公共宣传,必须以诚实、及时、准确、坦率为原则;三是从价值层面看,凡有利于公共利益和公众价值的事情才在根本上有利于统治集团自身。"③ 以当时的流行观念来看,艾维·李成功地帮助企业和公共机构从新教伦理转向了社会伦理,使 19 世纪的自由放任竞争和垄断力量不得不被 20 世纪合作的力量所替代。虽然他极力扮演协调者、沟通者和顾问者角色,促进人与人的相互理解,但因为他始终受雇于财团等强者一方而面临操纵舆论与大众的质疑,四次在法庭上接受沃尔什委员会的质询。庭审结果证实,艾维·李做到了让他的客户讲真话,成功地劝阻了他的客户收买媒体,引导他的客户亲自表达、坦诚表达、完整表达。这一结果也让人们对公关行业建立了初步的信任。

第一次世界大战之后,美国经济进入"黄金十年",公关实践和理论获得长足发展。爱德华·伯内斯是公关史上又一位里程碑式的人物,他不仅策划、操办了许多经典公关活

---

① [美]乔·瓦伊塔尔(Joe Vitale)著,胡百精等译:《每一分钟诞生一位顾客》,中国传媒大学出版社 2014 年版,第 6 页。
② 转引自雷·埃尔顿·赫伯特(Ray Eldon Hiebert)著,胡百精等译:《取悦公众》,中国传媒大学出版社 2014 年版,第 6 页。
③ 参看胡百精、杨奕:《现代公共关系伦理史纲》,《现代传播》2013 年第 1 期(总第 198 期)。

动,而且出版了第一部公关理论著作《舆论的结晶》,同时在纽约大学开设公关课程。爱德华当时为香烟公司策划的公关活动获得了社会极大的关注,但也备受争议。因为伯内斯曾将公关的道德原则明确表述为"既要合法又要合德"。他提出,即使"客户的案子在法庭中是正当的,但在更高级别的舆论法庭中却是有问题的,公关顾问亦有必要拒绝接受这样的客户"。[①] 卡特里普认为,伯内斯倡导的"不唯客户马首是瞻,亦对整个社会负责"的道德原则,"尽管在今日已属陈词滥调,而在公关行业兴盛之初却是革命性的主张"。[②] 因为烟草危害人尽皆知,策动女性吸烟并不符合其倡导的公关伦理,伯内斯也因此深陷道德漩涡。但不管怎样,他在20世纪20年代就提出公共关系应该致力于组织与公众的彼此理解和相互调整,秉持共同的善意(Common Good Will)已属相当难得,尤其是他将公关理念介入社会发展,认为公关应当"塑造公共良心"。这是一个高尚的理想工作,意义在于纠正社会的不公正与不平等,并为建设一个更好的社会而奋斗。[③]

博雅公关创始人夏博新(Harold Burson)在回忆20世纪中后期公关界的社会责任理念时提道:"没有企业能始终处事如君子,常以最高的道德标准要求自己,也没有企业是罪孽深重、一直背负社会的指责。""有时企业一边履行社会责任而同时又一边伤害社会利益,公关的价值在于帮助企业响应社会变革,培育并维持社会责任感。"[④]

从20世纪50年代开始,卡特里普等人将公关理论立足于系统开放的宏观讨论,认为维系组织与公众之间的良性互动,并使组织与环境相互映照并做出调整,才能建立彼此相互沟通与对称和谐的关系。对于"双向非均衡模式",当代公关大师格鲁尼格认为其学说在权力关系上仍是一方支配另一方,并非是一种真正的平等对话。在《卓越公共关系与传播管理》中,他提到公共关系理想的社会角色是:"公共关系服务于公共利益,在组织与其公众间增进相互的理解,对社会上存在的议题展开公开的讨论,并促进组织与其公众间的对话与交流。"[⑤]他明确提出:"公共关系的基本前提是:公共关系伦理在本质上不是一个有关告知真相、互相拉拢客户、接受宴请或贿赂、搞内部交易等是对还是错的问题。

事实上,公共关系伦理从本质上是有关建立和维持组织间沟通系统的问题,并对这些问题和其他一些实质性的伦理性诉求进行质询、讨论和证实。其基本道德责任是:(1)建立和维持组织与所有受组织行为影响的公众之间沟通关系的道德责任。(2)改善这些沟通关系的道德责任,也就是说,使其更具有对话与交流的氛围。更精确和更具体的意义是,要为角色认同、角色分类和角色转变努力,使组织和公众对于沟通所扮演的角色的理

[①] Bernays, E. L. (1961), *Crystallizing Public Opinion*, NY, Liveright, P. 216.
[②] Cultlip, S. M. (1994), *The Unseen Power : Public Relations*, a History, NJ, Lawrence Erlbanum, P. 177.
[③] Edward L. Bernays, *The Outlook for Public Relations*, Public Relations Quarterly, 1966(10), pp. 34-38.
[④] 夏博新先生在第十八届世界公共关系大会欢迎晚宴上的致辞, 2008年11月13日, 中国北京。
[⑤] [美]詹姆斯·格鲁尼格等著, 卫五名译:《卓越公共关系与传播管理》, 北京大学出版社2008年版, 第54页。

解和认同及其评价标准能不断朝积极的方向发展。① 他认为历史上那些新闻代理、公共信息、双向不对等的模式都是不对等的公共关系模式,而这种不对等的世界观把公共关系界定为组织利益运用沟通工具对公众加以操纵,只会把组织引向无效果的状况,影响组织的长远利益。当然,不对等的公关模式也可以是合乎伦理规范的。比如为香烟做推广,公关人员所做的工作并非是做应声虫,鼓吹香烟的好处,而是创造烟草企业、烟民和反烟草群体之间的对话平台。只要所有各方参与决策过程并接受由共同的选择而产生的对彼此的影响,那么这种公关模式就是合乎伦理规范的。从这里来看,格鲁尼格对公共关系角色的定位是创造平等对话,是一种居间者的角色。

二、公共关系伦理思考

公共关系在伦理方面至少需要考虑四个问题:第一是公众的利益;第二是组织的自身利益;第三是公关行业标准;第四是公关从业者自身的价值观。在现实世界里,这四个维度的考虑通常会产生冲突,让公关伦理的选择变得艰难。而做出伦理选择的过程往往是一个兼顾多方面考虑的复杂过程。国内外研究者对公关伦理的思考,有助于我们为公关事业的发展提供宝贵的理论和实践借鉴。

美国公共关系学会(Public Relations Society of America,PRSA)和国际商务交流学会(International Association of Business Communicators,IABC)曾试图探索公关伦理标准以及专业公关实践规范,帮助社会更好地理解公共关系的角色。他们将行业核心价值观概括为:倡导、诚实、专业化、独立、忠诚、公正,并提出了六项原则:保障信息自由流通、公平竞争、促进信息披露、保守客户秘密、避免利益冲突和繁荣公关职业。1959 年协会设立了审判委员会,1963 年组建了申诉委员会,以审查、处罚违反职业伦理的会员。

国际商务交流学会认为有三个原则是极为重要的:第一是要合法,第二是合乎伦理道德,第三是要与文化价值和信仰相符。② 公关学者香农·博文(Shannon A. Bowen)在对格鲁尼格的卓越公关理论及其体现的社群主义基础上提出了公关行业的伦理标准:公关实践应当基于人们的普遍理性(Rationality)和道德律令(The Categorical Imperative);公关决策必须充分自治(The Law of Autonomy),免于不恰当规则和雇主私利的牵绊,在道德决策的灰色地带(Grey Areas)更应自律;人非手段而是目的,公关业者要顾念人的尊严和对人的尊重(Dignity and Respect);公关业者要承担对利益相关者的义务(Duty),并始终抱持道德上的善意(The Moral Good Will)。③

---

① [美]詹姆斯·格鲁尼格等著,卫五名译:《卓越公共关系与传播管理》,北京大学出版社 2008 年版,第 61 页。
② Dennis L. Wilcox Glen T. Cameron, *Public Relations Strategies and Tactics*, P. 77.
③ Shannon A. Bowen, Expansion of Ethics as the Tenth Generic Principle of Public Relations Excellence: A Kantian Theory and Model for Managing Ethical issues, *Journal of Public Relations Research*, 16(1), pp. 71—75.

国内学者胡百精认为:"有道德的公关或者说公关的伦理标准,应当至少满足如下条件:有利于信息传播,即对话而非对抗(相信沟通的力量)、讲真话;有利于互蒙其惠,即相互适应、平等互惠;有利于建立信任,即坚守专业准则,担当社会责任;有利于分享意义,即遵从公共道德,奉行'绝对律令'。基于信息和利益两个范畴可制定公关伦理实践的行动纲领,由信任和意义两个范畴出发则可确立公关道德追求的价值方向。这实际上为对话取向的公关道德伦理提供了'事实—价值'整体建构的伦理框架。"[1] 他认为征服不是公关的理想,在诸多可以让人类生活变得更美好的手段中,公关的理想是建立人与人之间的对话,以达成更多共识,创造更多利益,增进人类精神。熊卫平认为公关伦理规范的具体结构可以表述为:以真实为底线,以信誉为核心追求,以责任和信任为两大基本规范,以义务、公正、平等、保密为重要道德范畴。[2] 陈先红认为中国境内的公共关系伦理主要表现为四种:新闻伦理、劝服伦理、社会责任伦理和决策伦理。她认为,社群主义对公共善的倡导、对公共生活的参与都是我们进行公共关系实践的出发点和归宿。[3] 她还开创性地提出了建立"阳光公关"的理论构想,提出了公共关系从业者必须遵循的价值观和行为准则,以及社会组织在公共关系实践活动中必须坚持的传播理念和策略。

当然,任何要求公关人员具有伦理信仰而不设立惩戒机制的规则,或许只能闪现理想主义的光芒,如同美丽的泡沫,一戳就破。

第三节　中国公共关系的发展

公共关系作为一种客观存在,早在人类社会产生的同时就已出现,但由于当时社会历史条件的限制,处于一种盲目的原始状态。直到19世纪末、20世纪初,随着西方政治、经济、技术、思想等方面的成熟,才使公共关系这门学科呈现出发展的趋势,公共关系的发源地——美国开始真正出现具有公共关系性质的专业公司,而孕育成一门科学则是在第二次世界大战之后。

公共关系的思想演变在经历了菲尼斯·巴纳姆、艾维·李和爱德华·伯内斯三个时期后,从20世纪30年代开始向全世界延伸,并随着改革开放于20世纪80年代进入中国大陆。公共关系自进入我国就受到人们普遍的关注和重视,但也面临很多问题。我们必须在系统掌握和借鉴国外公关理论与研究成果的基础上,从中国的具体情况出发,大力发展中国的公关事业。

---

[1] 胡百精、杨奕:《现代公共关系伦理史纲》,载于《现代传播》2013年第1期(总第198期)。
[2] 熊卫平编著:《公共关系学》(第二版),高等教育出版社2011年版,第56—59页。
[3] 陈先红:《中国公共关系伦理的理论流派与实践类型》,载于《国际新闻界》2009年11月。

一、中国公共关系的发展历史

(一)20世纪80年代

自燕京大学新闻系在1934年从美国引入实用宣传与公共关系、舆论与宣传课程开始,公共关系这一领域开始了在中国的探索。20世纪80年代,随着改革开放的深入,北京、上海、广州等地逐渐开始设立公关部,出现了现代公关的萌芽。1984年,广州白云山制药厂组建了第一个国有企业公关部,被认为是"中国公共关系史上具有里程碑意义的事件"。中国社科院新闻研究所成立了国内第一个公关研究课题组;《经济日报》发表了其课题组负责人明安香调研白云山制药厂时写下的通讯——《如虎添翼——记广州白云山制药厂的公共关系工作》,并配发了社论《认真研究社会主义公共关系》,这是中国官方媒体首次郑重其事地对公关进行报道。1985年,美国最大的国际性公关公司之一——伟达公关公司在北京设立办事处。1985年8月,美国博雅公关公司与新华社合作,中国第一家专业公关公司——中国环球公关公司由此诞生。1985年,中山大学在广州成立了我国第一个设在高等院校的公关研究会;1986年,上海成立了我国第一个公关协会;1987年,中国公关协会在北京成立。其后,各大学纷纷设立公关课程,公关的教材、著作相继出版。1986年,中国掀起了一场带有全民性质的"公关热"。

公共关系学在国内的传播中,几位西方学者的代表性思想起了重大的作用,包括"现代公关之父"——巴纳姆、艾维李和伯内斯;而对中国当代公关学界影响最大者,当属格鲁尼格。国内学界最熟悉的"双向均衡"理论,即"在组织与公众的互动中,应坚持沟通的双向性和权力的均衡性"就是格鲁尼格所提出的。而他的情境理论、公关四模式论、卓越公关理论也在全世界得到了广泛传播。

(二)20世纪90年代

20世纪90年代公共关系发展的重点在于构建中国特色公关理论体系。1989年电视连续剧《公关小姐》热播后,"公关热"达到了一个顶峰,此后则急转直下。职业形象危机成了新兴的中国公关所遭遇的诸多困境之一,在道德、社会需求、核心价值、政治认同和身份合法性危机下,公关界陷入集体焦虑。

面对"公关"这件舶来品,国内学者开始反观传统文化,探讨公关与传统文化的关系,为公关在国内的发展增加合法性。部分学者注重于顺应主流思想的发展,试图确立中国公共关系发展的指导思想。中国公关协会召集了多届"全国公关理论研讨会",在会议上确定了中国公关的"七大特色",将"中国公关"表述为:"社会组织通过沟通信息、协调利益、化解矛盾,理顺和改善人际、社际和国际的各方面关系,调动一切积极因素,为社会主义的两个文明建设服务。"还有一部分学者则抓住了"建设市场经济体制"这一宏观背景，希望在中国独有的社会主义市场经济环境下形成一套合法、有效的论述，以促进公关市场的发育和成熟。他们认为，在努力摆脱"公关小姐"的阴影后，中国公关应提升专业化、市场化水平，立足的重点应当是如何构建中国公关的专业标准和市场理性。

(三)21世纪以来

从西方公关行业百余年的发展进路看，公关的使命和职能可以归结为五个方面：一是告知和解释，重在信息传播和形象塑造；二是关系协调，重在促进合作和利益互惠；三是游说精英，重在议题管理和构建话语同盟；四是危机管理，重在转危为安、化危为机；五是担当社会责任，重在增益价值认同和公共精神。这与2000年后的中国社会语境和公共议程正相契合。[1] 风险社会的宏观背景下，市场经济和消费文化日益繁荣，新媒体改变了官民对话、民商对话的观念和规则，全球化使公共外交成为日常性的政治、经贸和跨文化交往事务。这些，都亟须政府公关发挥它的职能和作用。

2003年，突如其来的"非典"疫情暴发后，国务院新闻办召开新闻发布会公开事实，并由此全面启动新闻发布体系建设，推动建立了全国性的新闻发布制度。2007年8月，全国人大通过了《中华人民共和国突发公共事件应对法》。2008年5月，《中华人民共和国政府信息公开条例》正式施行。与法制建设相对应，政府部门成立了宣传处、新闻办公室或更高级别的宣传局、新闻司。除了政府公关外，跨国公关公司和本土公关公司皆拓展了风险沟通和危机公关职能。在教育界，中国人民大学、清华大学、复旦大学和北京大学等高校的新闻传播、公共管理等学科开设了危机公关课程，推出了一批较有影响力的专著和教材，并创办了危机管理领域的研究机构。

处理危机的同时，公共关系逐渐被应用于市场经济体系，成为企业塑造形象、维护管理、打造价值、创造盈利不可或缺的一种方式。随着信息时代的来临，新媒体更是以爆炸式的速度来到公众的视野，既给传统的公关行业带来了新的契机，也是对其转型的不小挑战：新媒体的传播方式为公关打开了全新的视野，但随之而来的道德危机却时刻挑战着公众和行业的底线。如何在新媒体时代谋求发展，成为中国公关的新课题。

2008年北京奥运会的成功举办，堪称中国公关史上的一个重要节点。在经济贸易全球化的大浪潮下，中国必须以更加开放的姿态"引进来、走出去"，这就需要政府公关在其中起画龙点睛的作用。从举国悲痛的"5.12汶川地震"，到轰动全国的"三鹿奶粉事件"，再到新冠疫情危机管理，无一不是对中国政府公关的巨大挑战。在这种情况下，中国政府不负众望，

---

[1] 读者可参看胡百精著《中国公共关系史》(中国传媒大学出版社2014年版)，对中国公关发展史进行更深入的了解。

以其透明、坦率、坚强的公关立场塑造了一个奋起、勃发的大国形象。自此,中国公关跨入一个崭新的时代。

二、中国公共关系的发展趋势

(一)公关理论

中国公共关系究竟要走向何处,首先要考虑世界范围内的公关理论发展趋势,即整体性的公关学术范式创新。1999年,我国台湾学者黄懿慧教授撰文介绍西方公共关系理论学派时,曾将其区分为三类:管理学派、语艺/批判学派、整合营销传播学派。我国台湾另一位学者张依依将公关理论发展按历史线索分为三个十年:第一个十年,说服的年代(1975—1985年);第二个十年,管理的年代(1986—1995年);第三个十年,关系/语艺的年代(1996—2006年)。事实上,从20世纪80年代开始,中国学者就在逐步进行"公关理论中国化"的探索。1986年11月,中国第一本公关专著《塑造形象的艺术——公关学概论》出版;同年12月,王乐夫、廖为建等人的公关专著问世;1988年,中国第一份公关专业报纸——浙江省公关协会主办的《公关报》在杭州创刊,向全国发行;1991年,中国国际公关协会成立,促进了中国公共关系的国际化,并召开了数次会议,深入探讨和研究中国特色的社会主义公共关系理论。

第二次世界大战后,"人文社会科学范式创新存在由内容转向形式、由时间转向空间两种趋势。前者使结构、关系研究在人文社科领域占据了主导地位,在公关领域表现为修辞流派、关系流派的兴起;后者使'生态''系统''共同体''多元协商''对话理性'等成为人文社科领域的关键词,并酝酿了诸如生态主义、社群主义、对话主义、协商民主等思潮,反映在公关领域便是传播、管理、关系以及修辞诸流派的对话转向。"[1]中国公关研究虽然起步较晚,但发展速度却较为迅猛。遗憾的是,公关研究理论仍以主要的西方公共关系理论为主,探讨主题重复,理论体系构建力道不足。

从过去三十年理论建设的基本经验看,现今的中国公共关系需要着力做好以下两点:

一是立足于中国社会发展的宏观主体,以建设性的眼光构建基于复杂的世界形势下的公关体系,同时牢牢抓住理论基础,在理论运用于实际的同时实现实务的反思与提升。

二是实现跨学科的拓展与拓宽,从公共关系涉面宽广的特点,促进更多学科的深入与融合,全方位拓宽我国公共关系的领域,从而实现中国公共关系的理论创新。

(二)公关实践

立足于逐渐全球化的国际格局,政府公关对于中国政治经济的发展起着越来越重要

---

[1] 胡百精:《中国公共关系30年的理论建设与思想遗产》,载于《国际新闻界》,2014年第2期。

的作用。要在国际关系中站稳脚跟,就必须打破中华人民共和国成立初期孤立无援的状态,积极建立与其他国家的合作关系,以平等的身份对话、共赢。从 2003 年的非典到 2008 年的北京奥运会,中国政府公关正在实现从消极防御到积极应对的转变;"毒奶粉"事件暴发后,中国政府第一时间做出反应,以其积极、坦率的处理方式逐渐展现出一个大国公关的沉稳姿态,开始向平等对话阶段迈进。2010 年 10 月,在新中国庆祝 61 岁华诞之际,世界收到一份来自中国的邀请——国家形象宣传片,中国全面进入政府公关时代。2020 年全球面临新冠疫情危机,考验着各国应对风险的公关能力。

在步入这样一个新阶段后,中国需要思考的,是接下来的路该怎么走,如何建立一个更稳固、更强大的国际关系网。国内媒体应当积极承担起第一时间发言、表态的任务,掌握事件的话语权;而国家也应对媒体给予相当的重视,在加大投入的同时,应当努力提升我国媒体的跨文化传播能力。只有对其他国家充分了解,才能更好地实现我国文化理念的传播。面对国外媒体,必须摒弃故步自封的敌视心态,以统筹全局的战略眼光建立关系。对国外媒体感兴趣的议题,我们需要做好积极的准备,着力建设中国国家形象传播议题库,在制定如何回应西方媒体关注的议题的同时,做好自身核心价值体系的构建与输出,打造良好的国际形象。

(三)公关教育

从 1985 年开始,公关学开始列入我国大学课程。

1985 年 9 月,深圳大学首先设立公关专科。此后,北京大学、复旦大学、中山大学等百余所大学开设了公关课程。1994 年,中山大学创办了我国第一个本科专业,同时在行政管理的硕士点招收公关方向的研究生。如今,我国公共关系本科教育主要设有 13 门课程,包括 6 门学科基础课:公共政策学、传播学概论、社会学概论、西方经济学、政治学原理、管理学原理,以及 7 门专业主干课:公共关系学原理、公关语言与写作、公关调研与评估、公关战略与策划、公关案例研究、组织形象管理、危机管理。2013 年全国设置公共关系学本科专业的高校有 18 所,其中"211 高校"(含"985 高校")8 所,按其设置时间先后,包括中山大学、中国传媒大学、东华大学、上海外国语大学、海南大学、南昌大学、华东师范大学、西南大学;招收公关专业硕士研究生的高校有 4 所,分别是中山大学、华东师范大学、西南大学、暨南大学;设置公关方向招收硕士研究生的高校有 8 所,招收公关方向博士研究生的高校有 4 所。除了上述公共关系学本科专业教育、研究生层次公共关系教育外,还有公共关系本科方向教育、公共关系学第二学士学位教育、公共关系专科专业教育、公共关系辅修专业教育、高等教育自学考试公共关系专业专科本科段教育、公共关系课程教育、公共关系专题培训(面向公务员和企事业管理人员)、公共关系职业培训(面向公共关系从业人员和潜在从业人员)等多种公共关系教育类型。①

公共关系具有很强的跨学科性,因其在各个行业的广泛应用,具有不同知识结构、较强沟通意识与活动能力的公共关系学专业毕业生普遍就业率较高。但是,我国公共关系行业发展存在着一、二、三线城市的差异,经济发达的沿海地区高校成为开设公共关系学本科专业的主要阵地,其中上海是我国公共关系学历教育的重镇,有东华大学、上海师范大学、上海外国语大学、上海第二工业大学、华东师范大学 5 所高校设置公共关系学本科专业。除了地区发展不均衡外,公关专业师资队伍缺口依然较大,具有公共关系专业知识的博士学历教师比例不高。同时,公关教育界人士向大众媒体撰文介绍公关知识、介绍公关教育严重不足,使大众对"公关"概念存在一定误解,这应当是公关教育界需要正视并作为主要力量参与矫正的问题。

公共关系理论是一门吸纳了社会科学、人文科学甚至自然科学的交叉性、边缘性学科,本身具有整合的特征。它既是一门科学,亦是一门艺术。卓越公共关系既要遵循"理"之逻辑,亦要遵循"人"之情感,更要讲究"德"之道理。

思考题

1. 现代公共关系的诞生与发展经历了哪几个时期?各有何特点?
2. 公共关系是不是必须说真话?
3. 公共关系在我国的发展状况如何?
4. 公共关系与国家软实力有何关系?

---

① 杨晨:《2013 公关教育观察报告》,《国际公关》2014 年第 2 期。

第三章

公共关系主体

公共关系活动中有三个必不可少的要素：公关主体、公关客体和沟通手段。这三者浑然一体、密不可分。为了研究的需要，这里将三者分别进行探讨，以求更清楚地了解各个要素的特点和作用。

公关主体处于公共关系的核心地位，其经营理念和行为对公共关系的形成和发展起着至关重要的作用。它包括三个层次：社会组织、公共关系机构和公共关系从业人员（简称公关人员）。社会组织是人们有计划、有组织地建立起来的一种社会机构，它有领导、有目标，成员间又有明确的分工和职责范围，还有一整套工作制度，如工厂、公司、学校、党派、政府等。公共关系机构是实现公共关系目标的专业性职能机构，如组织内设的公关部门或独立于组织之外的专业咨询公司。公关人员是指从事公共关系工作的职业人员。

第一节 社会组织的分类及公关

社会组织是公共关系的主体，是公共关系的发起者、组织者和实施者，在公共关系活动中起着主导作用。不同的社会组织在性质、发展目标和活动内容等方面有着各自不同的特点，这也决定了它们的公共关系活动对象、内容和方式方法上存在一些差异。本节探讨不同社会组织的不同特点、不同对象，以及如何有针对性地开展公共关系活动。

一、企业公关

企业是公共关系技术运用最广泛、最深入的领域。它是一个独立运作的经济实体，必须依靠盈利来维持自己的生存和发展。因此，对市场的依赖决定着企业必须争取公众的信任与支持,开展一系列的公关活动,引导消费,开拓市场。企业公关实质上是企业针对其战略发展目标和文化内核,对内外各层次的系统进行信息整合的过程,是企业经营管理系统工程中的重要组成部分。企业公关主要表现在两个方面:

(一)创建和谐的员工关系

企业内部员工是企业财富的创造者,是一切公关工作的起点,是最重要的内部公众关系,在企业公共关系中占有至关重要的地位。员工素质、精神面貌、团结程度的好坏,都将关系到企业的命运。作为企业的员工,每天都要同许多顾客打交道,可以说,他们的一言一行都代表着企业的形象,其良好的服务态度、精湛的技术等都将为企业树立良好的形象和信誉。可见,员工在维持企业生存、促进企业发展、树立企业形象等方面有着举足轻重的作用,它是企业"外求发展"的重要支柱。因此,企业首先必须协调好员工关系,创造和谐融洽的人事环境,培养员工对本企业的归属感和认同感,才能使企业具有向心力和凝聚力。

1. 重视员工的物质需求

员工的物质需求,主要包括工资收入、福利待遇等物质利益。工资收入既体现了组织对员工的认可程度,又是员工基本生活的一个保障,所以企业对此必须重视。首先在工作时间上要得到保障,其次要设法通过各种途径和方法,使员工的收入不断有所增加。除此之外,企业对员工的物质奖励还可通过福利待遇来实现。福利待遇是员工物质利益中的重要组成部分,一个企业的效益如何、员工的物质水平如何,主要体现在福利待遇上,它包含员工的住宿、医疗、子女入托上学、伙食、员工工作环境等。这些问题解决得好,员工便没有后顾之忧,从而更积极地工作。另外,企业还可提供员工多种能力培训的机会,一方面提高员工的素质,另一方面开发员工的潜力。

2. 重视员工的精神与情感需求

合理的经济报酬是调动员工工作积极性必不可少的条件,但是光有这一点是不够的。因为人是社会的人,他还具有精神和情感方面的需求。所以企业要了解员工,承认和尊重员工的个人价值,让员工分享信息和参与决策,在企业领导与基层群众间建立正规联系渠道。信息分享,是唤起员工主人翁意识和肯定其地位的一个重要手段。有些企业专门开辟了"企业信息栏",将企业的动态和信息公之于众,使员工能够及时了解企业的经营状况、政策及发展方向,并进而产生一种归属感和向心力。让员工参与决策,重视员工合理化建议,体现了一个企业的民主氛围,它使员工站在企业的立场上看问题,是对员工个人价值的肯定。

另外,尊重员工情感需求也是非常重要的。某年末,上海国泰电影院的领导把员工包括离退休人员及其家属都请到电影院来参加一个茶话会,会上放映了有关这些离退休人员和在职员工生活、工作的纪录片。每个人尤其是离退休职工非常感动。原因很简单,这些人一辈子干的活就是放电影给别人看,从未感受到自己上银幕是什么滋味,今天他们有机会在电影院里,在给人家放了一辈子电影的电影院里,看到银幕上的自己,不禁老泪纵横。人都有被尊重的心理需要,这些离退休职工感到电影院没有忘记他们这辈子的辛劳,这比给他们一大笔钱更让人感动,同样也使在职职工感到振奋,集体凝聚力大增。

(二)创建独特的企业文化

企业文化或称组织文化(Corporate Culture 或 Organizational Culture),是一个组织由价值观、信念、仪式、符号、处事方式等组成的特有的文化形象。企业的文化内涵是支撑品牌的核心力量,文化是"道",它贯穿企业发展始终又潜行于企业各个细节和制度中,它是无形的,却比有形之物更有力量。企业文化作为企业价值理念的一种体现,为企业的发展壮大,适应激烈的市场竞争起着越来越重要的作用。毋庸讳言,中国制造虽然遍布全球,中国企业虽然也在积极创立自己的品牌,但真正具有国际意义的品牌却凤毛麟角。其中很重要的原因就是因为中国企业未能针对自己的发展目标,创建属于自己的文化内核;未能将公共关系作为一项系统工程,贯穿于企业管理的始终;未能发挥公共关系的传播功能,推广自己的文化品牌形象。其实,企业若想获得长远的发展,可以从建立企业价值观体系、贯彻企业文化精神、创建企业识别系统、承担企业社会责任四方面来创建自己独特的文化:

1. 建立企业价值观体系

企业价值观是一种以企业为主体的价值取向,它是企业全体或多数员工共同认可的价值观念,是在企业长期的生产经营管理活动中沉积和形成的一种群体意识。价值观在企业文化体系中居于核心地位。有什么样的企业价值观就会有什么样的企业文化,同时也就会有什么样的企业行为。我们可以从企业自身所处的地位、环境、行业发展前景以及其经营状况着手,通过大量的调研分析,结合管理者对企业发展的考量,确认企业的愿景。然后提炼并确立企业普遍认同并体现企业特性的、适合企业长期发展的价值体系,包括企业战略目标和经营理念。如联想集团在完成收购 IBM 全球 PC 业务之后,面临一系列跨文化融合的问题。其核心价值观从以前的"服务客户、精准求实、诚信共享、创业创新"变成了"成就客户、创业创新、诚信正直、多元共赢",从"成就"二字可以看出联想的客户导向,"正直"二字强调了企业的社会责任感,而"多元共赢"则体现了联想的全球视野,倡导多元文化的互相理解与交融。

2. 贯彻企业文化精神

企业价值观建立之后,不能只是停留在口号、标语层次,而是应当贯彻执行。首先,可以将企业精神体现在企业的规章制度中,使员工的行为能够体现企业精神的要求,如员工行为规范、服务行为规范、危机管理规范、人际关系规范等。其次,为了让员工切实参与到企业文化传播中,可建立畅通而多样化的途径,如内部网络、报刊、论坛、宣传阵地等。一方面对员工进行教育和培训,另一方面可以进行内部工作交流和情感沟通。再次,可利用企业庆典、展览或各类会议等时机,推广企业精神,使企业价值观内化为企业和企业人的行为和习惯。如联想曾运用其独特的体验式集体学习的方式,将联想文化融入所有联想人的血液之中,为联想基业打下了坚实的基础。

企业文化不仅要在企业内部认真贯彻,还要在对外传播中有力地执行。这就需要企业坦诚地面对公众,将企业所倡导的理念实实在在体现在产品质量和服务质量上,而不是一纸空文。尤其是在面临危机时,企业应当更加重视公众利益,塑造自己勇于承担责任的公众形象。

关于创建企业识别系统、承担社会责任这两点将在下一节进行详述。

案例

聚焦阿里巴巴成长之路:企业文化居功至伟[①]

如今已经越来越难定义阿里巴巴了。

1999年,它还只是一家由18个人初创的电子商务公司,而今成长为横跨电商、金融、无线通信等多种业态的"产业生态圈",旗下坐拥十余家子公司,其眼中最重要的资源——"阿里人"(员工)已经扩容到103 699人。

与此同时,阿里作为行业"搅局者"和"颠覆者"的形象愈加鲜明,其"开放、创新"的文化标签也日益深入人心。可以说,正是这样的企业文化,才使阿里能够跨业态掀起一场革命;甚至可以说,处于如此庞杂的产业生态中,这样的企业文化与管理就是公司的生命。

在阿里巴巴人力资源副总裁卢洋看来,互联网产业是"只有第一、没有第二"的产业,"不能吃老本"。在这种情况下,"自下而上的草根创新才能使企业保持持续的活力,背后需要的是开放、透明、能够让员工保持充分自主性的文化"。

不过知易行难,很多企业文化更多地被困于文本规章之中,长期束之高阁,如何使其成为行之有效的管理工具?企业在超常规的高速发展过程中,如何保证企业文化的向心力?文化管理需要企业哪些制度和体制上的匹配?

---

① http://www.ce.cn/cysc/tech/07hlw/guonei/201402/23/t20140223_2354069.shtml;《中国经营报》,2014年2月23日。

文化为王:主张开放与分享

2013年9月10日,阿里巴巴宣布成立网络通信事业部,由"旺信"和"来往"组成。9月23日,对外推出新一代即时通信软件"来往",成为其成立网络通信事业部后第一次亮相。

台前精彩亮相,幕后还有一段鲜为人知的故事。据卢洋回忆,无线业务团队刚刚成立时只有20个人。在这种情况下,要提升到事业部,仅靠外部招聘是不现实的,因此,当时的策略就是从各个子公司快速抽调。仅仅一个星期的时间,100个人就从各个业务部门集结完毕,而且充分尊重了业务主管以及员工的个人意愿。

"如果整个公司的文化是纯业绩导向的话,那么'山头主义'的事情就很容易发生,每个部门都只考虑部门利益得失,那么成熟业务对新业务的自发支持是很难实现的。"卢洋说,正是基于阿里巴巴的文化土壤,新兴业务才能迅速开展,否则集团业务越复杂,内部协同性就越难以实现。

文化建设一直是阿里巴巴发展的重中之重。2001年,强调"简单、激情、开放"等价值观的"独孤九剑"在阿里内部被奉为圭臬;2003年,阿里巴巴更是"争议性"地把价值观纳入绩效考核体系中,且占到50%的权重,有时候甚至更高。在"996"(早9点上班,晚9点下班,一周工作6天)高压工作状态引起舆论关注后,阿里越来越强调"认真生活、快乐工作"的企业价值观。阿里人力资源副总裁卢洋曾表示:"阿里的招聘史上曾多次出现由于价值观冲突而把一些精英人才拒之门外的情况,因为如果跟我们价值观不相吻合,一个人能力越大,进来之后对组织的破坏力也就越大"。

其实,阿里巴巴的文化很简单,与互联网的基因一致,就是开放、分享。在卢洋看来,这种企业文化不仅能应对由于业务持续庞杂可能引发的"大组织病",而且能保证一些有利于公司发展的先进制度得以真正实施。

为了激发员工工作的自主性,优化体系内的人力资源流转,阿里巴巴对转岗制度做了调整:以前是部门主管点头之后员工才可以转换工作,如今只要接收方同意,原部门主管就要无条件放行。

"这个制度并不难想到,但是真正在企业内部实施就很困难。如果不是企业文化中的包容精神能被各个主管真正接纳,那么制度很容易就会妥协于现实业务发展的需求。"卢洋说。

也正因此,在瞬息万变的互联网环境下,在多个行业掀起变革的阿里巴巴能持之以恒的就是企业文化。据卢洋透露,阿里巴巴正在构建面向未来的企业形态,这将完全有别于现有的组织模式,而得以有效运转的关键还在于开放和分享的企业文化。"这是永远不会变的,其他的都是方式、方法、战术层面的东西,后者是需要不断创新的,但是文化的根是固定的。"

即使是毒草,也让它长在阳光下

不过,"强大"的企业文化如何才能摆脱被束之高阁的尴尬,成为有效的管理工具？阿里巴巴的策略是"虚事做实",也就是通过各种形式设置、各种程序动作使员工能看得见、感受得到、理解得了。

"阿里味儿"就是阿里巴巴强化企业文化的一个阵地。事实上,许多公司不乏这样的设置,但阿里巴巴的这个内网却有不一样的味道。在这上面,员工可以直言部门主管的待遇不公,可以质疑公司的某项政策规定,甚至是集团高管走马上任也会被反对"围攻"。用阿里一位员工的话来说,可以讨论任何事情而无论层级,发表任何观点而不论对错；即便是高管的观点,也经常被员工"减芝麻"("减芝麻"表示不同意)。

形成这样的氛围听上去并不难。"就是让员工相信他可以这样做,其实大家看的就是高管的言行和回应。"卢洋说。

这样的例子随时随处可见。在阿里的历史上,一位被高管辞退的员工发帖历数前者的不公正,帖子发布后引发了大量同事"一面倒"的声援。随后该高管及时回应,说明原因和意见,也获得了跟帖支持。最终在两方意见"针锋相对"的情况下,由 CEO 陆兆禧出面,把 HR 的负责人、当事员工和主管叫到一起公开讨论,而且现场情况同步直播给所有员工。

"一切管理上的问题,包括管理者的不成熟、员工的不理解,都没有什么不可以说的。"卢洋说,阿里坚持的原则是:"即使是毒草,也要让它长在阳光下。"正是在这种潜移默化的培养中,每位员工都能以一个平等、客观的姿态参与工作的讨论和执行。

在阿里的另外一项安排中,项目推进以"共创会"的形式进行。"可能老板本身就有想法了,但还是要先把问题抛出来,让大家共同参与,经过几轮之后形成的结论,有可能跟老板的最初设想相同,也有可能优于最初的想法。"上述员工介绍说,"这样带来的好处是,由于是大家共同参与得出的结果,因此员工对项目的理解,包括项目未来的执行上都会更顺利"。

也正是这些做法使阿里开放、透明的企业文化被员工真正地接纳和吸收,有效地激发了员工的创新能力。"这些设置在其他公司也可能存在,能否做实才是关键。"卢洋说。

价值观的量化就是"做实"的有效路径,阿里广为人知的"六脉神剑"很简单,即客户第一、拥抱变化、团队合作、诚信、激情、敬业,但每一项都有具体的解释和详细的内容,而且与绩效考核一一对应。比如"激情"一项就定义为"乐观向上,永不放弃",这包括5个方面:喜欢自己的工作,认同阿里巴巴的企业文化；热爱阿里巴巴,顾全大局,不计较个人得失；以积极乐观的心态面对日常工作,碰到困难和挫折的时候永不放弃,不断自我激励,努力提升业绩;始终以乐观主义的精神和必胜的信念,影响并带动同事和团队;不断设定更高的目标,今天的最好表现是明天的最低要求。前述员工介绍:"1分的激情是什么样的,6分的激情是什么样的,这些都有具体细则。在做绩效考核的时候,员工就要依次举出自己的工作案例来跟考官说明。"

尽管有了丰富的延展和充分的考虑,但是工作中的复杂性不是有限的文本所能涵盖的。卢洋也表示:"价值观就算设置量化的指标,但毕竟不是纯科学的。但确实通过这种方式做实了,所以管理者和员工会投入时间和精力围绕价值观去做更多的事情。"阿里的管理者会定期跟员工做工作复盘,届时可以针对价值观的具体细则"有章可循",沟通中往往会发现双方对某一方面的认知是不同的,而这才是阿里认为最重要的。"实际上是促进了双方的有效沟通,在观点碰撞和意见互换中使大家对价值观的理解更加透彻,借此做实企业文化,真正的学问在这里。"卢洋解释说。

类似的方式不胜枚举,但在卢洋看来都不是最重要的:"工具也好,方法也好,都是解决问题战术层面的问题,真正要去找的话不难;真正决定性的是出发点,有了这个前提,就算今时今日没有好的办法,尝试没有成功,但最终也会找到。"

收放自如:管理不是一种控制

对于阿里而言,一切规章和制度的出发点是"调动每一个人的积极性和创造性,使员工的能量能最大化地释放出来"。

不过另一个问题随之而来,解放员工是否跟管理是天然相悖的?"管理不能想象成一种控制,那是工业文明时代的思维,因为标准化流程的情况下强调的是管理效率。但是,互联网时代技术革新层出不穷,这个时候就要最大化地激发员工的自主性。"卢洋表示,在当前的产业环境下,人力管理应该彻底转换思路,才能形成全体员工的集思广益,避免单纯"顶层智慧"所带来的创新"瓶颈"。

阿里充分满足了员工的施展空间和创新冲动,"赛马"就是一个很好的例子。员工只要有好的想法和创意,就可以提交到阿里的项目委员会,经过审批后,员工可以放手去做,集团会为其配备人手、资金,甚至还有期权。阿里很多好的项目都是通过"赛马"成立的。在阿里的历史上,就有刚刚转正的员工提交的项目脱颖而出,之后扩容成五六十人的团队,闯入该领域全国第一梯队。阿里不仅鼓励员工的自由创作,而且给予极大的耐心和包容,这样的政策并没有职位大小、高低之分。

"放任"的结果往往带来意想不到的惊喜,有些案例甚至让阿里内部员工也难以置信。比如刚刚入职的一位员工"不务正业",耗时8个月痴迷于与自身业务关联不大的技术难题,部门主管也欣然接受。而这对于双方来说都是一种"冒险":员工毫无突破,主管难辞其咎。但最终,员工的技术方案被纳入全球性的技术标准。

"对于员工的培养不是简单依赖于一个完整的培训体系,后者是必要的,阿里也一直在做各种类型的培训。"卢洋认为,这些培训只是企业员工培养的基本动作,而更关键的在于员工自主性的培养。"我们整个制度是鼓励创新,而且是容错的。给员工一定的空间,实战中的磨炼对其成长是最有帮助的。员工在这个过程中享受到成就感,也享受到成长的快乐。"这使阿里文化中强调的"快乐工作"成为可能,不仅是小的制度安排,在整个晋升体制上,阿里也同样奉行"自由"原则。比如阿里员工的晋升并不是由主管决定,而是结合一年的工作情况由自己来判断、决定。如果认为自己到了晋升的某一个层次和水平就提交晋升申请,由各个部门的资深同事进行考核,员工做述职报告,评委来投票决定。

不过,自由而活跃的"分子"如何纳入整个组织的有机体中?员工自主性如何与企业的需求相匹配?这就需要给"自由"加一个前提。比如,晋升请求是自己提出的,但判断的标准是透明公开、具体而微的;转岗是没有主管限制的,但也存在一些硬性条件:首先是在现有部门至少待够一年,其次是绩效考核达到一定水平。"这样就避免员工因为逃避而转岗,保证真正优秀的人才流动起来。"卢洋说。

HR(Human Management,人力资源)坐镇:2/3 出自业务部门

正如接受采访的阿里员工所强调的,阿里巴巴的文化管理之所以成功,是一系列的制度共同作用完成的,而在这个体系中,HR 扮演着极为重要的角色。可以说,阿里巴巴的 HR 是其文化管理的操盘手。

不同于很多公司关于 HR 的定位,后者基本上是帮助业务部门完成简历筛选,其角色更多是偏功能性、辅助性的,而在阿里,HR 属于一个战略性的部门,其角色定位简单地概括为四点:HR 跟业务在一起,能够成为业务的伙伴,能够推广文化,促进沟通。

要达到这样的预期,HR 必须熟悉和了解部门业务和员工的需求,因此,阿里的 HR 团队构成也很多元化:500 多人中的 2/3 来自技术、产品、运营等各个业务部门,只有少数是专业的 HR 出身。

这样的 HR 能把阿里的"家事"料理得细致周密,小到日常文娱,大到晋升庆祝,HR 都能体贴入微地考虑到员工的需求。阿里每年的"家书"计划会给所有员工的家属寄去一份个性化定制的期刊,详细介绍该员工一年的工作情况。在阿里设定的"一年香,三年醇,五年陈"的员工成长轨迹中,部门也会在关键成长时期第一时间为员工送上鼓励,比如到第五年的时候,HR 会提前发邮件提醒部门主管,后者会像庆祝生日一样为员工做准备。

"人性化管理"之外,阿里的 HR 也不乏铁腕角色。可以说,除了大部分公司 HR 的常规动作,阿里的 HR 责任更重,首先要在面试中对员工的价值取向进行严格审核,避免发生"用人部门急于开展工作而忽略价值观考察"的情况。在日常业务开展过程中,阿里的 HR 也有一个特殊的设计,会给各个业务部门配置专人,进行现场督导巡视;跟员工谈心交流,看是不是存在文化上的问题,使组织符合阿里的发展方向。正如前述员工所比喻的,阿里的 HR 就像一个毛细血管一样,深入每一个业务。"即便部门业务发展良好,如果违背了阿里的价值观,HR 也会跳出来提出质疑。"

[思考]

结合案例,思考企业如何进行人性化管理?

二、政府公关

政府公关包括两方面的含义:一是指政府作为公关的主体,即政府运用各种传播手段与公众进行沟通,以增强政府公信力和支持度。二是指政府作为的公关的客体,即企业为实现经济利益和社会效益"双赢",与政府进行沟通。这里我们讨论的是前者。

政府公关的核心目标是塑造政府形象。一方面,需重视民意,加强与公众之间的沟通,增强国家凝聚力;另一方面,需重视外交,加深与国外公众之间的理解,增强国际吸引力。改革开放以来,我国政府从上到下、从中央到地方都表现出了较强的公共关系意识。比如利用网络等新媒体征询民意,了解民情;设立新闻发言人制度,加强信息传播;倡导社会正气,惩治腐败,塑造廉洁形象;通过各种外交活动,加强文化交流,塑造和平崛起的国家形象;等等。但有些政府官员公关意识还比较淡薄,缺乏形象管理意识,甚至滥用职权,损害政府威信;在传统体制的惯性下,还未能意识到应当与公众建立双向沟通机制,习惯采用行政传播方式,单向发布指示、命令等,传播透明度还不高。要提升政府的美誉度,增强国内公众的向心力,可从以下几个方面进行("如何提升国际影响力"将在下一章国际公关中进行讨论):

1. 加强制度意识

要提升政府治理能力,靠即兴的公关宣传显然无法维系彼此间的信任,应当建立健全一系列有效的工作制度。如建立保障公众知情权制度,公开发布政策法令,保障社会公众对政府的方针政策有知情权,加强与公众之间的沟通;建立与公众互动的制度,如将信访、接待、新闻发布等职能融为一体,使其成为政府对外交往的窗口,能让公众更好地与政府互动,又能精简政府机构,提高办事效率。此外,各级政府应使廉政措施经常化、规范化、制度化,充分发挥舆论监督和社会监督的作用,如开通中纪委网络监督平台、让社会各界参政议政等。要在政府工作人员中树立起全员公关的意识,明确自己的言行代表着政府形象,必须谨言慎行。

2. 加强服务意识

随着时代发展,公众的支持对于履行政府行政职能,实现国家战略目标越来越重要。各级政府应牢固树立"一切为了人民群众"的公仆意识,并在各项工作中体现出来,多办实事,取信于民,真正造福于人民和社会。这就要求政府必须从传统的"特权意识"转变为今天的"服务意识",不仅注重维护首要公众的利益,也要维护次要公众、弱势公众的利益,比如发展社会福利事业、开展社会公益活动等。把人民的利益放在心上,真正为百姓排忧解难,才能赢得公众的信赖。

3. 加强对话意识

政府与公众之间有意识地平等对话,有利于培养和维系共识,促进利益互惠和价值分享。保障公共权益的表达,促进对话也是公共关系自诞生之日起被赋予的使命。政府应当注重公关传播,完善沟通机制。如主动、有计划地收集信息,包括广泛开展各种类型的民意调查,倾听公众呼声,接受群众的监督;然后及时准确地传播信息,这主要是指政府有效地利用各种信息传播媒介和渠道,及时向社会公众提供公众舆论普遍关注的信息,宣传政府的工作方针和政策等,增强政府公关的透明度;或开辟政民之间的多种沟通渠道,如信访、政府开放日、市长热线、市长 E-mail、新闻发言人制度等,尽可能地加强与公众的联系,树立良好形象。尤其是在危机发生时,政府应始终坚持与公众进行沟通的原则,多考虑公众的接受心理,运用多种传播媒介建立亲民政府形象。

案例

"网红"城市成都的政府公关之道

不知从什么时候起,去一趟成都,吃一串烧烤,看一回大熊猫,坐一会小酒馆,几乎成为当代年轻人的旅行标配。上海第一财经·新一线城市研究所发布《2020城市商业魅力排行榜》,从商业资源集聚度、城市枢纽性、城市人活跃度、生活方式多样性、未来可塑性五个维度评估城市,成都连续五年位居榜首。在2020年抖音城市视频点赞量排名中,成都收获53亿次点赞,位居全国第三。简单的数据排名背后是全国人民对成都由衷的喜爱。成都,到底凭借什么在社交媒体中高位出圈?

一、打造熊猫IP,创建文化符号

要了解成都,需要一个容易让人接受、喜爱的载体。具有超高国民钟爱度的大熊猫自是不二之选。大熊猫是全球保护的珍稀物种,是最具国际影响的中国文化象征。成都是大熊猫的故乡,是大熊猫最核心的分布区,也是大熊猫科研的前沿阵地。打造大熊猫IP,成都拥有独一无二的优势,且大熊猫珍贵、可爱、不紧不慢,其特质与成都历史和城市气质相契,是极具代表性的文化符号。

2008年"5·12"大地震后,成都邀请《功夫熊猫》主创梦工厂动画团队,亲密接触大熊猫,并在《功夫熊猫2》中植入大量成都元素。随着电影的全球热映,成都既让广大观众了解到"熊猫的国籍在中国,熊猫的故乡在成都",也与外界分享了熊猫带来的欢乐与祥和。成都并没有在影片中进行生硬的广告植入,而是巧妙地融入麻婆豆腐、担担面、青城山等元素,把城市与熊猫这一品牌紧密地联系在一起,强化了成都与熊猫的关系,是一次低成本的"精细植入"——这部好莱坞大片在全球赢得票房的同时,也将成都风吹到了海外①,以至于在许多外国人眼里,"去成都看大熊猫"成了自然反应。

就在《功夫熊猫2》力推熊猫与成都元素之时,成都的配合动作也在紧锣密鼓筹备中。全国人大代表、"熊猫妈妈"侯蓉表示,要用创新扛起成都大熊猫的IP大旗,打造四川"最萌代言人"②。围绕大熊猫开发更多文创精品,成为成都公关的重要举措。2020年成都首届国际熊猫运动会举行。用熊猫来命名国际运动会,在成都还是第一次。在运动会打造出的浓烈熊猫文化氛围中,不到半天工夫,近千件熊猫文创产品全部售罄,颠覆了传统文创门店的日常销售模式。为了更全面地展示成都的熊猫文化,感受熊猫IP的创新表达,本次运动会还把成都熊猫邮局的YOYO、千幻星空的"熊非熊"、熊猫俱乐部代言人乐乐、四知堂的喜团子、gogopanda的巴郎熊猫、巴布熊猫、无边界文化的乐活熊猫、七彩熊猫、新闻国旅熊猫小新等千奇百态的成都熊猫邀请到现场,通过T台秀、故事展等系列特色活动,对熊猫文化进行了多元表达。不仅如此,围绕大熊猫文化和品牌建设,成都还从大熊猫音乐、杂志、书籍、影视、微博等方面进行了大胆尝试和探索。

二、丰富传播媒介,创新政务管理

互联网的发展给政府宣传带来了机遇与挑战。随着传播技术的进步,政府的宣传方式也在不断进步。为了适应社会趋势,政府部门纷纷开通政务微博,使其在公共管理中扮演信息发布者、舆论阐释者等多种角色,成为城市形象传播的有效渠道。2010年"成都发布"官方微博开通,很快成为中国政务微博运营的典范。2020年"成都发布"荣登新浪"十大政务机构微博"外宣影响力榜首③。"成都发布"作为成都市政府的对外宣传代表,以"小布"自称,每日不定期发布休闲娱乐的互动内容。通过"成都发布",成都市政府拉近了与市民的距离,塑造了亲民形象。那么它到底是如何操作,才能在百花丛中占领"C位"呢?

从名字来看,"成都发布"给人的第一印象是地方性新媒体账号,只报道本土新闻。其实除报道成都外,它还经常报道全国新闻事件乃至世界新闻,打破了地方官媒的区域性限制,资讯范围十分广泛,小到村子里的鹅、网友的狗大到美国弗洛伊德案、中美经贸协议等

---

① http://www.wenming.cn/wy/yw_wy/201106/t20110607_201294.shtml.
② http://scnews.newssc.org/system/20190310/000949229.html.
③ 《2020年上半年度政务微博影响力报告》。

都出现在其微博页面上。"成都发布"对自己的定位绝对不是传统的地方媒体,其受众不局限于成都本地用户,而是通过多地域、多维度、多领域的新闻报道连接广大受众。无论是娱乐新闻、社会新闻还是国际新闻,你总能在"成都发布"找到想看的内容。

其次,"成都发布"颠覆了传统媒体严肃的新闻风,向年轻化转型。在新媒体时代,各大官媒纷纷借助社交平台进行转型与升级,但往往着力于媒介形态的扩展与提升,忽视了内容的改变。某些传统媒体在新媒体平台上发布的内容与平常的新闻播报毫无差别,忽视了网络平台"短、平、快"的特性,不易受到公众青睐。基于此,"成都发布"对内容风格进行优化,不再只播报较为严肃的时政新闻,还增加了许多温情、轻松、搞笑的内容,这在一定程度上调节了用户的心情,调和了用户对官媒的疏离感,迎合了年轻人的社交习惯。在政务新媒体传播方面,成都还开启了短视频时代的政务新风尚,2018年与抖音达成合作,39家政务机构集体入驻抖音,借助短视频传播大力助推成都形象,向公众传递轻松而有用的信息。

三、借助川菜美食,打造城市味道

杯盏锅碗之间,俱是人生。人们因为美食相聚,也因为美食读懂一座城市,对脚下的土地有更深刻的理解。成都作为首个被联合国教科文组织授予"美食之都"称号的亚洲城市,不仅在消费升级中走在时代前列,更是以"美食"为题,秀出天府的国际风采。近年来成都在打造国际美食之都的过程中,以川菜为媒介,全面拓展成都美食文化的国际交流空间,构建成都美食与国际美食双向交流的合作平台。

从2016年开始,为加快川菜走出去步伐,四川在旧金山、洛杉矶、莫斯科、维也纳先后设立川菜海外推广中心,老房子、大妙火锅、陈麻婆豆腐等企业在美国、葡萄牙、新加坡、日本等国开设门店。2017年纪录片《川味》在各大视频平台上线,探讨了中国人与美食的关系,从全民热恋的经典川菜到浓情怀旧的家庭川味,从街头流行的大众小吃到工序繁杂的热辣火锅,再到那些封藏在山间田野的食材,影片用时间的力量记录了美味的发生,用独特的光影手法展现了诱惑的瞬间,让观者味蕾蠢蠢欲动。成都美食成为文化交流中的先遣使,不仅连接文化与历史,还连接观众的味觉,将川菜文化推向世界。

2019年成都市政府开展"新春要成都·年味新体验"活动,整合成都知名火锅品牌,塑造"火锅+田园庭院""火锅+川西小镇""火锅+城市绿道""火锅+生态公园"等体验新场景,推出多条火锅配套旅游线路,串起香香巷、大川巷、音乐坊等特色街区,打通"火锅文化+"消费全链条。让大家穿梭在城市中感受慢条斯理的特色小店,品味市井烟火里的成都"慢生活",沉浸到"各美其美、美美与共"的全新消费体验场景中。成都借助美食,向世界展现了这座城市的味道与性格——如同川菜一般热辣浓烈。

四、创意城市标语,塑造城市价值

城市标语在城市形象塑造中起关键性的作用,是一座城市对内和对外传播的核心化表达。2003年张艺谋为成都拍摄城市宣传片,"成都,一座来了就不想离开的城市"成为成都市的对外标语。当今,人们的生活节奏非常快,竞争压力也很大,人们很难放慢行走的脚步,"慢"生活成为大家内心的向往。这种道法自然、无为而治的道家理念自东汉张天师来到青城山起影响了成都人2000年,它不仅奠定了成都人的处世理念,更塑造了这座城市的价值之本。成都市政府深谙大众心理,用"民生安逸、休闲之都、知快守慢、张弛有度"的理念打造人们向往中的"世外桃源"。在这里,人们可以不紧不慢地生活,细细品味当下。而"不想离开"四个字,既激发了成都市民的自豪与自信,也意味深长地表达了这座城市的内在魅力及对外来游客的真切邀请。

[思考]

请以你的家乡为例,思考如何结合家乡的特质进行更好的传播推广。

三、非营利及非政府组织公关

非营利社会组织(Non-profit Organization)是指一类不以市场化的营利目的作为自己宗旨的社会组织,如学校、博物馆、图书馆等。非政府组织(Non-Governmental Organization)是指独立于国家和政府力量之外的组织,一般限于非商业化的、合法的、与社会文化和环境相关的群体,如专业学术团体、宗教团体、妇女团体等。因两者"非营利、非官方、非党派"特点相似,故放在一起讨论。如今非营利及非政府组织在沟通政府与民众、保护环境和弱势群体、提供更好的公共服务、拓宽就业等方面发挥着越来越重要的作用。然而,由于我国非营利及非政府组织还处在发展的初级阶段,缺乏足够的资金及完善的捐赠制度和文化,缺乏有效的公共关系管理和沟通机制,致使某些公益活动得不到政府与公众的支持而中途夭折,不能形成连续性和整体效益。而公关理念的应用对非营利及非政府组织的进一步发展非常重要。

(一)建立高效而透明的沟通机制

由于非营利组织的资源主要来自民间资本及捐助,而它们又往往承担着巨大的社会责任,因此,信誉和透明度是公众最为关心的。许多公众由于不了解募捐的动机和途径,尤其担心善款的管理和监督,造成许多公益活动无疾而终。非营利组织要赢得公众的信任,一方面应当树立组织的良好形象,如积极参与公益活动,弘扬善、抨击恶,在社会各界公众中带头建立一种良好的社会风气;或通过参政议政来为公众谋取合法权益等。另一方面,应建立有效的沟通机制与多种沟通渠道,争取公众的认同与理解。不仅如此,组织还应当与政府、商业机构、媒介等进行互动,为组织的生存与发展营造良好的外部环境。如通过对某些公共议题的深入分析,为政府决策提供有效信息。

(二)进行有效的公共关系管理

非营利组织应当将公关管理作为一种战略贯穿于管理的各个环节之中,一方面要设立标准和准则及监督机制,确保组织运行的透明度、资金管理的安全,维护捐助方和服务对象的权益。这样才能建立并维护与社会公众的良好信任和互动关系,为资金筹措提供良好的外部环境。另一方面,对内部工作人员进行公关培训,增强其公关意识并渗透到个人行为中;同时也要注重危机管理,比如面对公众对组织诚信度的质疑时采取公开、实事求是的原则进行沟通,消除组织不良影响。

在媒体资讯日益发达的今天,没有哪个组织能在缺乏公众的认同和支持下继续生存,非营利组织要想发挥更大的公益效应,为社会的和谐贡献自己最大的力量,就必须重视公关管理的重要作用。

案例

国际狮子总会非营利机构公关案例[①]

一、项目背景

总部坐落于美国伊利诺伊州橡树溪镇(Oakbrook)的国际狮子总会是世界上最大的非营利性服务组织。该会选择凯旋公关公司为其全球性的公关顾问,以宣传和促进它对世界各地视力维护服务活动的投入和贡献。国际狮子总会全球新闻资讯中心始创于1997年岁末,现在11个国家和地区与凯旋公司的12家办事机构协同工作。在中国政府和国际狮子总会的合作项目——"视觉第一中国行动"中,国际狮子总会与各方协同努力,欲为中国175万盲人带来光明。由凯旋——先驱公关公司(香港)管理和运作的国际狮子总会香港——北京新闻资讯中心在宣传国际狮子会的努力方面成绩卓著。

二、项目调查

中国有900万盲人,其中有400万人深受白内障导致的失明之苦。"视觉第一中国行动"是由港澳303区的国际狮子会率先发起的一个雄心勃勃的五年合作计划,目的是在中

---

① http://www.dginfo.com/xinwen-119769/ 2013/12/25.

国 31 个省市的偏远贫困地区施行 175 万次白内障治疗手术。在过去两年半中,由"视觉第一中国行动"计划培训的眼科医护人员组成的国家级、省级医疗队已完成了近 100 次医疗任务,其成果令人叹为观止。迄今为止已有 91 万多例白内障手术得以实施。"视觉第一中国行动"活动所做出的重大贡献最近得到国际防盲协会的认可,且该计划因帮助中国控制住积压至 1999 年底的白内障病例情况而成为防治失明的最佳典范。

对于像"视觉第一中国行动"(1997—2002 年)这样的持续性项目来说,策划者需要独具匠心,才能将媒体的兴趣维系在宣传香港国际狮子会的贡献和该计划的成果上。且由于该任务和受益人都基于中国内地,要在香港本地媒体和国际媒体取得举足轻重的新闻覆盖率更是难上加难。凯旋—先驱公司的挑战就是要创造并贯彻执行宣传创意与谋划,以此吸引、聚焦本地、亚洲区内乃至国际媒体和广大公众的注意,并从启动的宣传活动中产生最大的新闻报道覆盖率。

三、项目策划

在香港媒体(包括印刷和电子媒体)获得高质量和有深度的新闻报道,以使国际狮子总会对世界最大规模的防盲治盲计划给予支持的崇高精神和努力得以彰显,也使其执行单位——中国残疾人联合会与中国政府合作取得的成果备受瞩目。

四、公关策略与实施

1. 5 月 16 日——以"视觉第一中国行动"为主题的"中国助残日"

中国早些时候在联合国发表宣言:宣布 1999 年 5 月 16 日为以"视觉第一中国行动"为主题的"中国助残日"。为与之配合,国际狮子总会港澳 303 区从日本和我国香港邀请了十余名资深眼科专家,于当天在中国的 31 个省市提供免费视力检查、白内障手术示范和咨询服务。为强调该活动的意义和规模,凯旋—先驱公司策划了一个战略性宣传计划,邀请香港诸家大报刊社,如《明报》和《香港经济日报》以及两家高发行量的公共事务周刊《东周刊》和《亚洲周刊》来报道在北京举行的重要活动:访问即将接受香港杰出眼科医生实施白内障手术的患者;采访香港眼科医生和当地的眼科专家以及拜访那些已恢复视力的受益者及他们的家人。这些独特的经历确使受邀请记者对"视觉第一中国行动"的恢宏与高效产生了深刻的印象,而且令他们有机会目睹"视觉第一中国行动"是如何优于其他组织所承办的相关维护视力计划——那些计划由于基础设施支持匮乏或缺少一套系统性的长期展开办法而无法帮助中国为数众多的盲人重见光明。当然,国际狮子总会作为致力于攻克失明顽症的世界龙头服务组织的形象和地位,通过媒体对其所投入时间和精力的理解,也得到进一步的强化。

2. 11 月——香港选美皇后参加"视觉第一中国行动"云南之行

正如人们所言:永远不要低估美的力量。至少对香港公众来说,影星和港姐都被看作在当地社会颇有影响的人物。"视觉第一中国行动"中,虽然每次任务的规模和工作变化不大,但当一支由各省精锐眼科医护人员组成的国家级医疗队来到偏远、贫困地区为设备匮乏的县级医院患者做手术时,情况就不同了。11月的云南之行是1999年"视觉第一中国行动"的主要任务之一,此行有国家级医疗队的加盟。此次云南之行的目标是完成1 000例白内障手术。为了加大此行的宣传效果,凯旋—先驱公司邀请在任的香港小姐冠军和亚军参加此次任务,并召开记者招待会介绍此行的具体情况及参与此行的国际狮子总会港澳303区的亲善访问团,包括:"视觉第一中国行动"主席谭荣根博士,1999年香港小姐郭美妮和亚军王倩,以及著名的香港眼科专家周伯展医生。来自《东周刊》《大公报》《文汇报》的香港记者精英应邀报道此行并访问在昆明、漓江、楚雄彝族自治州居住的患者及其家庭,以便把亲历的所有动人时刻融入报道和特写中。

五、项目评估

5月16日以"视觉第一中国行动"为主题的"中国助残日"和云南医疗之行都获得了意义深远、突破性的宣传效果。

5月16日活动一经实施,随即便有来自报界、电台、电视台的整整30多篇报道,《明报》和《香港经济日报》在显要位置刊登了整版的新闻报道,《亚洲周刊》发表了三页长的特写,《东周刊》则刊登了论及活动重要意义的长达四页的深度报道。此外,中央电视台通过一个全国性新闻节目向全国播送了这次"视觉第一中国行动"活动的亮点,新华社也在当天发送了三篇新闻报道。这次活动媒体报道影响的范围达到3 700万人以上。凯旋—先驱公司对云南医疗之行做出的前期、后期宣传计划可谓策划周详、执行得力。此计划已发表包括《南华早报》《苹果日报》《东方日报》和其他香港日报的48篇新闻报道,另还有两次电台、电视报道(一次是TVB翡翠台报道,一次是RTHK"今日香港"节目的报道)。由于媒体记者随团出行,记者积极参与此次有意义的行动,《东周刊》《文汇报》和《大公报》都刊登了显要特写。迄今为止,媒体报道影响范围已逾900万人。

[思考]

从公共关系的角度来看,国际狮子总会有哪些公关经验值得借鉴?在哪些方面还有待改进?

四、商业服务业机构公关

商业机构是以销售物质商品来满足顾客需求的经济实体,包括批发商和各类商场商店等组织。服务业机构则是以提供劳务服务来满足顾客需要的经济实体,包括酒店、宾馆、旅行社等。两者都是以工作人员与顾客的直接接触来开展经营活动的,故放在一起进

行讨论。根据两者的工作特点,其公共关系的主要任务有:

第一,确立优质服务、顾客至上的信条。作为为社会提供服务的行业,其行为直接处于社会公众的监督之下,组织是否做到文明经商、礼貌待客、优质服务和方便顾客,直接关系到公众及社会舆论对组织的评价。最大限度地满足顾客的需求,才能获得组织良好的声誉和经济效益。

第二,抓住有利时机,开展宣传攻势。商业服务业的工作重在直接满足人们的生活需求,而人们的生活需求通常又有着很强的时机性,比如换季、节假日等。如何利用一切时机来开展宣传攻势是商业服务业公共关系的重要内容之一。

第三,发挥情感功能,注重交际礼仪。因为商业服务业服务性很强,且直接与顾客打交道,所以注重交际礼仪,包括良好的仪表和优雅的举止等,都能给顾客留下美好的印象,从而在情感上能更亲近顾客的内心,得到顾客的信赖与喜爱。

案例

超越顾客期待:海底捞的人性化服务[①]

近年来,海底捞因颇具特色的人性化服务,成为餐饮界热点。自 1994 年创立至今,海底捞在全球开设了 935 家直营餐厅,创造了市值达三千亿的餐饮帝国。在大众点评等知名网站上,"海底捞"牢牢占据几大城市"服务最佳"榜单前列。海底捞的人性化服务究竟是如何深入人心的呢?

一、提供量身定制的创新服务

海底捞考核店长(或区域经理)的主要标准不是被很多企业视为最高指标的营业额和利润,而是顾客和员工的满意度。怎样才能让顾客满意?海底捞董事长张勇总结道:超出客人的期望,让人们在海底捞享受到在其他火锅店享受不到的服务。要做到这点不能仅靠标准化流程,更要根据每个客人的喜好提供创造性服务。制度与流程对保证产品和服务质量的作用毋庸置疑,同时也压抑人性,因为忽视了员工最有价值和创造力的部位——大脑。服务的目的是让客户满意,可客人的要求不尽相同:有人要标准的调料,有人喜欢自己配;有人不喜欢赠送的酸梅汤,能不能让他免费喝一杯豆浆?碰到牙口不好的老人,能不能送一碗鸡蛋羹、南瓜粥?服务的过程中常常碰到流程和制度没有规定的问题,只能靠一线服务人员的临场判断。

---

① https://mp.weixin.qq.com/s/ZbOc70pR0isnX_i9LvV2hw.

在海底捞,顾客常常享受到出其不意的差异化服务与关怀。海底捞门店大多有专门的泊车服务生,代客泊车。在客人结账时,泊车服务生会主动询问:"是否需要帮忙泊车?"如客人需要,服务生会提供帮助,客人只需稍做等待。如果客人选在周一到周五中午用餐,海底捞还会提供免费擦车服务。用顾客的话说,"泊车小弟的笑容很温暖,完全不以车型来决定服务程度"。如果没有预订,客户到海底捞可能面临漫长的等待,不过过程不像想象得那么糟糕。等候区常常可以看到如下景象:大屏幕上不断打出最新的座位信息,排队的顾客可以吃免费水果,喝免费饮料,享受店内提供的免费上网、擦皮鞋和美甲服务。如果是一群朋友在等待,服务员还会拿出扑克牌、跳棋和游戏机,供其打发时间,减轻等待的焦躁。排队等位成为海底捞的特色招牌之一。

如果客人点的菜品超出可食用的量,服务员会及时提醒客人。这样的善意会让顾客萌生暖意。服务员还会主动提醒食客,各种菜式可以点半份,同样的价钱就可以享受两倍的菜式了。大堂里,女服务员会为长发的女士扎起头发,并提供小发夹夹住刘海,防止头发垂到食物里;戴眼镜的顾客可以得到擦镜布;放在桌上的手机会被小塑料袋装起以防油腻;每隔15分钟,会有服务员主动更换客人面前的毛巾;如果有孩子,服务员还会帮忙喂孩子吃饭,陪她/他玩游戏,使顾客能轻松快乐地享受美食。海底捞的卫生间不仅整洁干净,还配备专职人员为顾客递上纸巾,以便顾客能够擦干湿漉漉的手。

餐后,服务员会送上口香糖,遇到的工作人员会向顾客微笑道别。一个流传甚广的故事是:一位顾客结完账,临走时随口问了句:"有冰激凌送吗?"服务员回答:"请等一下。"五分钟后,这个服务员拿着"可爱多"气喘吁吁地跑回来:"小姐,你要的冰激凌,这是我在便利店买回来的。"

二、与客户建立情感联结

海底捞致力于打造"家文化",注重从消费时的温情服务和日常生活的情感维护两方面入手,与用户建立强有力的情感联结。用餐时,海底捞力图营造和谐、温馨的用餐氛围。曾有网友表示,海底捞的服务员会在客人独自用餐时在座位对面放上一个可爱的娃娃;会在客人失恋、情绪低落时,听她倾诉,安慰、开导她;会帮孕妇穿上防辐射裙,并赠送小玩具。这样的情感联结可以让海底捞的工作人员快速走入顾客内心,去分享甚至参与顾客个人的喜与忧,留下温情。

基于"社恐"群体的扩大以及互联网对当代人社交精力的压榨,越来越多的人表示不适应海底捞的热情服务,只想自己安静地吃饭而不被打扰。于是海底捞的"免打扰"立牌应运而生。实质上,"不服务"也是人性化服务的重要一环,给顾客提供他想要的才是好的服务。接受顾客的疲惫,尊重其"社交逃离"的意愿,与其保持温和而疏离的空间,是海底捞对顾客的另一种尊重形式。日常生活中,海底捞尝试将自己打造成一种文化符号和概念,关注用户生活。比如七夕时海底捞推出"一锅两人,三餐四季,五味六膳,七夕情人节"文案,将爱情与酸甜的番茄锅联系在一起;比如在国庆节时,海底捞发文"从前不耐烦爸妈的唠叨,现在听起来却像锅开的声音一样幸福",将家庭的温情与咕噜冒泡的火锅联系在一起;再比如在父亲节时,海底捞向用户征集想对父亲说的话,并分享网友心声:"他从一个孩子变成了我的父亲,看着他从年轻时的意气风发,慢慢被生活打磨了棱角,对于生活我从未妥协,对你也是。"看似与火锅相去甚远,却将杂糅的情感一锅炖煮,柔软而有韧性。

"每一种食物都有它的来处,人也一样",让美食与世俗间的一切相连,挖掘其根与生命,锁住火锅的人情和味道。这是海底捞从业者深谙的服务密码。官方微博还时常与用户互动,推出诸如"餐桌上的爱情、凌晨的火锅故事、食物与性格、那顿散伙饭"等话题,将话语权交给用户,汇集各色生活,将暖意不着痕迹地投射到人的情感之上,让顾客感受到那不是普通的火锅,而是治愈的营养汤。

[思考]
海底捞的服务模式是否容易被复制从而失去竞争力?

五、金融机构公关

金融机构,即经营货币资金融通的机构,具体包括与货币的发行、流通、回笼业务有关的银行及与其关系密切的证券公司、信托投资公司、信用社等。其中银行最具代表性,故以此为例。

金融业身份性质的特殊,为它带来了比其他行业更高的经济收入与社会地位。不可否认,在缺乏竞争的年代,国有银行因其垄断地位,对公众一直保持傲慢姿态。如今随着银行改革的深入,境外银行的进入,以及中国加入世界贸易组织(WTO)之后,银行必须逐渐摆脱对国家信用的依赖,注重与公众之间的沟通,建立属于自己的公众信用。

第一,银行应及时公布一切允许公开的金融信息,包括汇率、利率、有关金融政策、法规等。

第二,尊重客户,为客户提供优质服务。比如为客户做好参谋,提供好的投资及贷款方式,并尽可能简化有关手续等。

第三,做好金融宣传工作。可利用橱窗、自控媒介、手册等有效地宣传有关新的服务项目、使用方法、申办手续等。

第四,切实执行金融法规,保护人民财产。如不能搞违规的人情贷款、领导贷款,要堵住骗贷、骗汇及其他形式的金融犯罪,严防人民财产流失。

案例

顾客的小事　花旗的大事[①]

一天,一位陌生的顾客走进豪华的美国花旗银行营业大厅,仅是要求换一张崭新的100美元钞票,准备当天下午作为礼品用。花旗银行是世界最大的银行之一,每天的营业额高达数亿美元,业务十分繁忙。但接待这位陌生顾客的银行职员微笑着听完这位顾客的要求后,请其稍候,立即先在一沓沓钞票中寻找,又拨了两次电话,15分钟后终于找到了一张这样的钞票,并把它放进一个小盒子里递给了这位顾客,同时附上一张名片,上面写着:"谢谢您想到了我们银行。"事隔不久,这位偶然光顾的陌生顾客又回来了,这次来是在这家银行开了一个账户。在以后的几个月中,这位顾客所在的那个律师事务所在花旗银行存款25万美元。

[思考]
花旗银行把顾客的小事当成大事来对待的态度,对于银行公关有哪些借鉴意义?

六、社会公众人物公关

从组织的定义中我们不难看出,组织具有明显的群体性特征。一般来说,一个人是不能称其为组织的。但社会公众人物与一般的个体不同,他们往往身份特殊,知名度高,社会影响大,是广受关注的公众人物,故在此作为社会组织的一种特殊类型来进行探讨。比如政府官员、社会活动家、明星等,他们的言行举止广受媒体和公众关注,并常常影响着普通民众的生活。如何争取更多公众的理解与支持是决定他们能否发展的必要条件。

第一,积极参加社会公益活动。社会公众人物要懂得利用自己的社会声望来参与一些社会公益活动,比如参与环保宣传、援助希望工程、扶助孤老事业等,在社会上起到良好的带动效应,从而也使自身获得公众的认可与喜爱。在构建和谐社会的今天,社会公众人物更应当承担起社会的责任,才能在公众心目中建立起长久的美誉度。

第二,严格要求自己,维护自身形象。形象的塑造不是一朝一夕的,社会公众人物是公众关注的焦点,更应注重形象的维护。像偷税漏税、罢演、性侵犯等风波不仅将严重影响社会公众人物的声誉,而且也会给社会风气带来不良影响。社会公众人物应严格要求自己,才能逐步获得公众的认可。

第三,善于跟媒体打交道。媒体与社会公众人物可以说是"水能载舟,亦能覆舟"的关系。侮辱甚至殴打记者是社会公众人物公共关系的大忌,这是搬起石头砸自己的脚,把自

---

① 查灿长:《公关实务与案例分析》,青岛出版社1994年版。

己逼入绝境。尤其是面对危机时，应尽快与媒体进行沟通，真诚地面对公众，才能获得公众的谅解。只有尊重媒体，尊重记者的辛劳，才能塑造自己良好的社会形象，从而达到事业的成功。

第二节 组织形象管理战略：CIS 战略

当前越来越多的产品在性能上趋向于同质化，如何让产品具有独特的辨识度，已经成为很多组织迫切需要解决的问题。尤其是新媒体日益普及的今天，信息量剧增，组织要想在激烈的竞争中脱颖而出，就不能不重视自身的形象管理。

CIS 是英文 Corporate Identity System 的缩写，意为"企业识别系统"。它是以研究企业形象为核心，旨在塑造良好的企业形象和产品形象，并利用各种传播手段向社会传播这种形象，以达到提高企业的知名度和美誉度的一种企业经营战略。从公共关系学角度来看，它意味着组织的一种整体形象管理，是一项长远的战略，需要组织深思熟虑而导入，并长久地进行维护。

传统认为，CIS 是将企业的理念、行为、视觉形象融为一体的规范化、标准化、视觉化的科学管理体系，是企业在运行中得到公众辨认、评价和认同的依据。它包括三个基本要素：理念识别系统（Mind Identity，MI）、行为识别系统（Behavior Identity，BI）、视觉识别系统（Visual Identity，VI）。事实上，除了这三个要素，听觉、嗅觉、触觉、味觉亦可在 CIS 管理中发挥各自独特的作用。尤其是听觉识别（Auditory Identity，AI），除了能与视觉一样可以刺激受众的感知，它还有着超越视觉的巨大潜力，然而却长久地被忽略了。本节将用较多的篇幅来阐述听觉识别系统的构建，以使 CIS 战略更完善。

一、理念识别系统

理念识别系统是组织经营管理的观念识别。它是 CIS 运作的核心和灵魂。作为企业形象的原动力，它具有导向性，可以影响和引导一个组织的发展方向；它具有激励性，可以使组织成员内心产生自律意识，从而加强企业的向心力；它具有独创性，可以通过行为识别、视觉识别、听觉识别等多种方式，使企业在对外传播中独树一帜。它一般包括组织目标、组织精神、组织文化等内容。

（一）组织目标

组织目标是组织给自己下达的历史任务和战略方向。具体地说，是组织根据环境变化的要求、本组织的实力和竞争对手的实力，选择自己的经营目标及领域、经营理念，为自己设计出一个理想的、独具个性的形象。比如，日本尼西索公司在第二次世界大战结束时只有30多名员工,却生产雨衣、游泳帽、尿垫等多种商品,品种杂多,缺乏明确的形象定位。后来从一个日本的普查报告中得知,日本每年大约出生250万个婴儿,如果能出口,市场就会更大。于是,尼西索公司把企业及产品定位于"尿垫大王"上,放弃一切与尿垫无关的产品,最后占得日本70%以上的市场,成为名副其实的"尿垫大王"。美国著名专家菲力普·科特勒曾指出:定位就是树立企业形象,设计有价值的产品和行为,以使细分市场的顾客了解和理解企业与竞争者的差异。可见,组织要想在公众心目中留下清晰、深刻的印象,就必须有准确的形象定位及客观的奋斗目标。

(二)组织精神

组织精神是组织在长期的生产经营活动中形成的,并经过全体员工认同和信守的理想目标、价值准则、意志品质等。这种共同的信念让员工有了自觉行动的方向,使组织的生产、经营和管理活动达到高效率,其坚定性如何,将直接影响组织经营的成败。

美国IBM公司董事长兼总经理托马斯·小沃森说:"我坚定地认为:任何组织要生存和取得成功,必须确定一套健全的信念,作为该组织的一切政策和行动的出发点;公司成功的唯一重要因素是严守这一信念;一个企业在其生命过程中,为了适应不断改变的世界,必须改变自己的一切,除了自己的信念。"比如,海尔的核心理念是创新,而随着时代的变迁和企业的发展,海尔围绕着创新理念不断完善着自己的企业精神。从第一个十年的"无私奉献,追求卓越",到第二个十年的"敬业报国,追求卓越",到第三个十年的"创造资源,美誉全球",海尔从开始创业时的默默努力,到成为知名企业时的报国情怀,到今天成为全球化的国际品牌企业的奉献精神,其组织精神一直在追求着卓越与奉献。

(三)组织文化

文化是无形的,又是有形的,它可以营造一个组织内部以人为本的工作氛围,以其"形"来感召员工;又可以展现一个组织独特的精神和气韵,以其"神"来长久地吸引公众。比如,诞生于美国西雅图的星巴克公司(Starbucks),原是一家不起眼的小咖啡店,如今却成为全球最大的咖啡帝国。它的吸引力,不只在于咖啡的品质,更在于其独特的企业文化:绿色标记、棕色设计、暖色灯光、时尚音乐,化成休闲的城市空间;"坐在靠窗的位子上,读书,思考,享受时光",无数中国人就这样被打动;在大部分时尚读物里,星巴克永远是消磨时光的最佳选择,星巴克迅速成为很多人想要放松的第一选择场所,成为远离家庭和办公室之外的"第三生活空间"。在星巴克咖啡馆里,强调的不再是咖啡,而是一种崇尚知识,尊重人本位,带有一点"小资"情调的文化,正是星巴克的文化造就了它的成功。

二、行为识别系统

行为识别系统是指将企业理念诉诸计划的一切行为方式,它是组织对外行为和员工操作行为的统一。它以完善企业理念为核心,包括对外传播和对内渗透两方面。

对外传播主要有:市场营销传播,如市场调查、广告宣传、促销活动等,都是企业为了创造市场形象和经营环境,对消费对象和销售渠道所进行的沟通行为;公共关系活动,即通过对公众进行全面的、长期的、一贯的信息传播,塑造企业良好形象的活动。

对内渗透主要有:组织的经营管理活动,包括管理过程、管理制度、管理方法、管理责任、管理机构等;企业内部的员工信息沟通,有员工大会、定期演讲、公告牌、员工手册、意见箱、标语口号等;优秀的企业都十分重视对员工的教育、训练和培训,教育的主要内容是职业道德、人格作风、技术、管理能力、服务态度、公关礼仪等,目的是提高员工的素质;生产福利与工作环境,轻松舒适的工作环境、完善的医疗、娱乐设施、整洁美好的内部环境和优厚的收入,不仅可激起员工的自豪感,而且能最大限度地调动员工的积极性;对股东的传播活动,做好年度报告、开展与股东的联谊活动,争取股东对组织的信任和支持;劳动保护和公害对策;企业各方面工作的研究和发展等。

相信很多人都熟知阿迪达斯(Adidas)那句有名的口号:Impossible is nothing。曾有人质疑这句口号的文法错误,因为形容词 Impossible 不能这样用。但 Adidas 喊出这样的口号别有用心,它希望能用此传达 Adidas"没有什么不可能"的品牌理念,以此鼓舞民众超越自我、超越极限、不断创新的精神。它一系列的公关广告都传达了这一核心理念。比如,它曾以"墙"为主题做过电视广告。这部广告片运用超现实手法,表现一个跑步的人从"痛苦之墙"中穿越而过,广告口号是"战胜它"(Earn it)。广告信息本身是内在导向的:最大的竞争者是你自己。"战胜它"是对运动员的激励,意味着"没有什么东西能拦在你自己和胜利之间,要超越自己的理想和极限"。还有一支当时很轰动的广告:NBA 球星麦迪 35 秒独得 13 分,绝杀马刺,"连上帝都感动得哭了"的旁白很好地诠释了"Impossible is nothing"的品牌精神内涵。而以阿里纳斯、马晓旭和贝克汉姆各自的亲身经历为故事进行讲述,从挫折中奋起,超越一切不可能而成为可能,不仅具有亲和力,而且体现了品牌的文化内涵。

企业的 CIS 战略必须以企业理念为核心,始终坚持传播、维护企业统一的有个性的识别特征,并运用一系列的公关活动体现出来,以使企业形象更为鲜明,而不是停留于"东施效颦"上,这样才能让企业形象铭刻于公众的心中。

三、视觉识别系统

视觉识别系统是企业理念视觉化、具体化的传达形式,它使企业理念更加凝练、简洁,使公众一目了然地产生认同感。心理学研究表明,人所感觉和接收到的各种外界信息中,83%来自眼睛,11%来自听觉,3.5%来自嗅觉,1.5%来自触觉,另有1%来自味觉,因而视觉是人类获取外部信息的主要渠道。视觉识别系统可以说是CIS系统中最形象化、直观化地表达企业特征,最具传播力和感染力的一个系统。视觉识别系统包括两个层面:基础层面和应用层面。

基础层面有五个内容:组织名称(包括品牌名称);组织标志(包括产品商标);组织品牌专用字体(中英文);组织全名标准字(中英文);组织标准色。

应用层面是基础层面的各个要素在生产、经营、管理等不同领域中的统一应用。它包括七个方面:办公事务及接待用品;产品包装;广告传播;建筑环境;运输系统;服装制式;展示布置。这七个方面的统一性,既有经营管理上的实用性,又有视觉识别的双重功能。其中有些是组织的窗口,还有些方面如产品包装、广告传播、运输系统和展示布置等是组织的流动风景。

外显标识不仅仅是一个组织的外表装饰,更重要的是它能显示组织的本质,能给公众一种直观的、具体的感觉,具有强烈的形象感染力,是组织整体形象中不可缺少的组成部分。在日常生活中,人们在第一次接触时往往根据其外在表征来判断一个人,而这第一印象对于后来的信息传递几乎具有决定性作用,所以组织必须重视自己的外显标识设计。

就像耐克商标那个著名的"钩子"状图形,几乎让所有人一见难忘。它的变迁,也可以让我们看到视觉识别系统设计的重要性。

这是波特兰州立大学绘画艺术学生卡罗琳·戴维森(Caroline Davidson)在1971年创作的,耐克公司花35美元将其买下。标识极其简练,视觉冲击力却很强,现在人们所见到的钩状图形要比原来的细小了许多,但却表达着更强烈的速度感与兴奋感。

1978年,耐克的Swoosh标志由框线变为实形,出现在标准字的下方,字体也由小写变为大写,使整个标识显得粗犷有力,醒目突出。

后来,Swoosh标志上的标准字省略掉了,使标识更加简单和抽象,更具视觉冲击力,也更易于不同语言的人们识别,更加国际化,也利于品牌的宣传和推广。

耐克公司通常把它叫作"Swoosh标识",形容跑步速度像飞行速度,"嗖"的一声,运动员已飞了出去,标识就像是声音留下的痕迹,同时也是运动鞋的抽象表现。标识还是英语单词"Victory(胜利)"的第一个字母,也是很多不同国家的人表示胜利的手势。

耐克对标识的阐释是:

It's our signature and our voice.(这是我们的符号和声音。)

It's what we use when we speak. It's a distinction at the highest level between who we are and what we make.(这就是为什么当我们说话时要使用它。这就是在我们是谁和我们做什么之间的最高水平上的区别。)

标识还是学校老师评判作业时常用的对钩,这样的标识每一个人都认识,包括小学一年级的学生,它表示"正确""良好"的意思,比喻耐克公司所选择的事业是对的,是由正确的人在做正确的事情,是有发展潜力的。它表现的是斩钉截铁、不容置疑、充满自信、勇往直前的勇气,给人以强烈的震撼力。如今,耐克的标识已成为一种国际化的图腾,传达的是一种积极向上、勇于奋斗的体育精神。

标志设计是视觉识别系统设计的核心,是组织经营理念和行为规范的集中反映。一个成功的视觉识别系统设计,能够运用图文、色彩等各种手段来帮助公众形成对这一特有标识的辨别与记忆,从而把设计所代表的组织精神深刻地印入公众脑海之中。

四、听觉识别系统

视觉识别如今已得到普遍的重视,若想在激烈的市场上求得更好的发展,组织必须开发并挖掘视觉之外的其他沟通手段。听觉蕴含着的巨大潜力使组织形象管理充满前景。

(一)听觉的潜力

首先,听觉能突破视觉束缚,无时无刻不影响着受众的心理和行为。如今,广播、电视、网络、多媒体等传播载体越来越多样化,即使我们闭上眼,也会受到各种声音的影响,承载企业和产品信息的声音可以说已经突破视觉的空间,渗透到我们生活的每个角落,即使是盲人都能感受到。1998年,艾德里安·诺斯、大卫·哈格里夫斯和詹尼弗·麦肯德克在一家英国的酒类商店开展了一项有趣的测试,研究背景音乐对消费者购买决策的影响力。在一段测试周期中,他们交替地播放来自法国和德国的背景音乐,并观察消费者的购买行为。结果出人意料:在播放法国背景音乐的日子里,法国酒的销量是德国酒的4倍;而在播放德国背景音乐的日子里,德国酒的销量则是法国酒的3倍。可见,声音的影响可说是无色无味却又无处不在的。

其次,听觉能强化情感沟通,潜移默化地将品牌理念植根于受众心中。比如芝华士(Chivas)曾有一首广告歌:"We could be together, Everyday together, We could sit forever, As loving waves spill over……"不管歌词何意,其慵懒而随性的音乐,却在一瞬间打动了无数受众的心。当"This is Chivas life"的广告语响起的时候,人们仍然沉醉在美妙的音乐中,沉醉在芝华士纯净的威士忌中,甚至沉醉在芝华士所创造的优雅人生憧憬中。所谓"乐无意,故能涵一切意"。声音的魅力常常能通过情感的共鸣,使人们忘记品牌宣传者的初衷,心甘情愿被其俘虏。

再次,听觉能突破语言障碍,有时能比视觉系统的应用更节省成本。视觉依靠图像传播必然需要屏幕,而听觉只需要音响足矣。人们在等候电梯、地铁、公交等烦闷之时,一段有趣而优美的旋律,几句颇具创意的广告词,一些具有品牌特质的铃声频频响起的时候,公众在不自觉中就接受了品牌的"洗礼",而传播的硬件设施比起视觉传播来说要简单得多,从而能为企业节省许多成本。英特尔(Intel)就借助它的四音符不仅成功地联合了众多一流的个人电脑品牌,与它们的广告形影相随,并且长久传播下来,已经形成了一种固定的品牌认知。很多人一听到广告最后畅快的四音符,就知道它是属于英特尔的。这段声音可以说跨越了国界,真正成为世界各国都能接受的声音符号。而这段声音不用借助画面就能让人记忆与回味,也为企业节省了不少广告成本。

当然,听觉系统并非是与视觉系统对立的形式,二者的结合可以使品牌形象更加完满。

(二)企业听觉识别系统的创建方式

据一项调查,麦当劳的"I'm loving it"声音标识,在消费者之中的认知率居然高达93%。自从这一具典型性声音标识的公关运动在全球拓展以来,麦当劳的销售额就一路攀升。可见,一种有效的听觉识别系统的创建,往往会长久地停留在人们的记忆中,其功能就像一种听觉商标(Logo)。那么,应该如何创建企业听觉系统呢?

首先,我们可以先创建企业的"主题曲",即以特有的语言、音乐、声响等建立一套让品牌具有独特可识别性的声音 Logo。它包括企业独特的名称、声音以及代表企业文化的企业歌曲,必须注意的是,它们所集中传播的都是品牌或企业的特质。

企业的名称是企业重要的识别标识,在设计时就应当注意既简洁又动听,因为名称一旦认定,最好保持不变,如此才能在公众心目中建立长久的认知度。比如,柯达(Kodak)念起来让人仿佛听到相机按动快门的声音;舒肤佳(Safeguard)念起来感觉很舒服,其英文含义又体现了品牌所传播的理念:"安全的守卫者"。而有些品牌却没有注意到谐音给人带来的误解。比如国内有一种洗涤用品的名字叫"奇强",广告词的设计是"中国人奇强"。看上去倒是很长中国人志气,可听上去却十分泄气,因为它与"中国人骑墙"谐音。所以,企业名称的设计不仅要求简练上口,其诉求点要独具特色,又要在听觉上刺激公众对企业价值的认同感。

有些产品凭借其经典的声音就让大家记住了品牌。比如诺基亚标志性的铃声,实际上改编自 19 世纪的吉他作品 GranVals,作者是西班牙音乐家弗朗西斯科·泰雷加(Francisco Tárrega)。1998 年,这支铃声已经广为人知并被称作"Nokia Tune",诺基亚后来将其用作手机铃声。当时无论是在公交车上或是在其他公众场合,只要听到这种音乐时,第一反应就是,他们使用的是诺基亚手机。一种特定的铃声能创造一种熟悉感,当人们听到前一部分时,就在记忆中期待着后一部分,并进而联想到某种特定的产品或服务。像克咳广告最后一声拟音"KEKE",听起来既像是产品品牌名,又像是人感冒时发出的咳嗽声,可谓一语双关,也让人在第一时间便记住了"克咳治感冒"。还有WINDOWS、YAHOO 等,这些品牌在人们脑海中的深刻烙印未尝不与它们别具一格的声音标识息息相关。一段独特的声音制作也许并不需要花费多少成本,只要与品牌调性相符,又能够目标明确地指向品牌最核心的传播价值,强化"策略点",就能给企业带来意想不到的惊喜。

以歌言志,已成为当代企业进行品牌传播的一种很时尚的做法。它把企业的核心价值观、企业文化、企业精神等融入音乐中,一方面通过在企业内部传唱,加强内部员工的向心力,振奋员工精神;另一方面可向外部公众展示企业文化形象。如日本松下株式会社首创社歌,每天清晨 8 时全日本松下员工齐声歌唱,从而达到既让员工熟知企业理念,又能强化企业团队精神的目的。而我国广东太阳神集团的企业形象歌曲"当太阳升起的时候,我们的爱天长地久……"至今还萦绕在公众的记忆中。如今,一些媒体开始采用音乐、画面、故事、理念、文化相结合的形式推出企业音乐故事展播,力求通过艺术和音乐的方式开辟一个展示企业形象的最佳窗口。五粮液集团无疑在这方面为我们提供了一个很好的典范。当《仙林青梅》的歌曲在中央电视台播出时,无数人为这首动人的歌曲而动容。如歌的往事,如酒的恋人,唤起了无数人青涩酸甜却甘醇恬淡的情感回忆。而这种情感与五粮液集团新开发的产品"仙林青梅"果酒的滋味是融为一体的。弹指间,物是人非,而音乐与美酒似乎成了公众情感的慰藉。企业通过音乐故事的形式为其品牌形象注入新鲜活力,可谓"润物细无声"。

企业的"主题曲"可在卖场促销、企业免费热线甚至员工手机彩铃等方面加以运用,从而增强品牌的认知度,成为企业的"有声名片"。当然,品牌的听觉识别系统的创建同样需要遵循品牌发展的整体规划,品牌声音所表达的内容要与品牌的整体标识相统一。

其次,企业需要创建其他听觉策略来进行"协奏",即增强受众对产品或服务的听觉经历,延伸组织与公众的听觉联系等。如果说创建企业的听觉 Logo 是一种直接将品牌理念植根于受众脑中的硬性方式的话,那么,用声音影响受众的情感,并在其接触点上拓展其听觉品牌体验,从而改变其行为模式则要软性得多。

华为花天价买下 Dream it possible(梦想成为可能)的版权并制作成宣传片,就是一个经典案例。这则宣传片生动讲述了一个女孩在家人陪伴支持下,通过不懈努力,最终登上维也纳音乐厅的舞台,实现自己人生梦想的故事。短片温情、走心,中间切过主角使用华为手机的几个画面,不经意中引起受众对品牌的关注。Dream it possible 旋律朗朗上口,歌词十分励志:"I will run, I will climb, I will soar, I'm undefeated, Jumping out of my skin, Pull the chord. Yeah I believe it(我奔跑、攀爬、飞翔,我坚不可摧,我跳出桎梏,拨动琴弦,我坚信)",音乐不只在讲述普通人的故事,也在讲述华为的发展史,从一家名不见经传的小公司,凭着坚韧与执着,在冷眼与嘲笑中一步步走到今天。2G 落后,3G 追赶,4G 同步,5G 赶超,音乐情绪的层层推动传递了华为倡导的价值观,即在困难面前积极无畏的态度:相信自己、敢于挑战、追逐梦想。为了加深与公众的听觉联系,增强公众对产品的听觉体验,Dream it possible 成为华为自带的手机铃声,旨在让音乐与品牌紧密结合,加强公众对品牌价值的认同。它跳出了传统意义上的直白宣传,借助音乐体验和情感故事的结合,赋予精神层面的意义,引起了广大用户的共鸣。就像美国广告理论专家施瓦兹(T. Schwartz)曾提出过的"共鸣模型"(Resonance Model)理论所阐述的那样,成功的品牌广告一定是与目标受众产生了共鸣,广告让受众唤起并激发其内心深处的回忆,产生难以忘怀的体验经历和感受,同时广告也赋予品牌特定内涵和象征意义,并在受众心中建立移情联想。

企业的"协奏"通常会通过赞助各种相关音乐活动,利用人们熟悉的旋律将歌词进行改编,运用于企业的广告之中,或者给公众提供体验式听觉服务等,唤起公众对品牌的认知和需求。需要注意的是,企业运用听觉"协奏"技巧通常需要与其他感知方式相结合,如视觉甚至嗅觉、味觉等,如此才能突破传统公关的思维"瓶颈",在激烈的竞争中异军突起。

(三)企业听觉识别系统的创建注意事项

听觉识别系统的最终目的是为了设定一种特定的声音符号或者氛围,能够帮助人们联想到某种特定产品或服务。创建听觉识别系统和创建视觉识别系统一样,需要以塑造企业形象为核心,规范、持续地进行声音标识的传播,以达到提高企业知名度和美誉度的目的。在具体的创建过程中,应当注意以下几点:

首先,在创建听觉识别系统之前,先要对企业及品牌进行充分的研究,了解品牌所要表达的理念、情感以及它所倡导的文化,对品牌内涵进行充分的挖掘和认知;了解品牌目标人群的心理特征,特别是声音喜好;找出切合品牌的声音表达形式,建立独特、有个性的声音标识。如"可口可乐"公司当时为了打入中国市场,公司的公关人员曾不厌其烦地研究了4万个汉字,最终将名称锁定为"可口可乐"。因为这4个字,既与Cocacola谐音,听起来很有音乐感,易读易记,又反映出饮料的品质,既"可口",又让消费者"可乐"。

其次,在进行听觉识别系统的推广过程中,确定品牌声音传播的基本方向,传播的文化以及表达的感觉;根据不同的媒介需求,选择最适合传播的声音载体和传播渠道;规范声音的统一性,确定声音传播的频率、强度等,尽可能保持各种媒体品牌声音的和谐、统一。比如苹果公司几乎每出一款新产品都会用一首广告歌代言。音乐可以说是苹果公关的情愫来源。2015年苹果推出流媒体应用Apple Music,发布了三首最新广告,都是从人们日常生活的点滴入手,着重突出产品的重要性。三支广告展现了"音乐可以穿越历史、穿越国界,从收音机到walkman,再到iPod,载体越来越小,容量却越来越大,苹果追求创造文化而不是追求商业"的企业理念。其广告发布后,经常成为排行榜热门单曲,而苹果公司也借助与不同风格的音乐的完美结合,体现了其丰富的创造力和包容力。如今,互联网作为品牌交流接触渠道的潜力还没有被充分认识,大量的网站没有声音就是它未开发的潜能之一,网络无疑可以说是未来进行听觉传播的一个很重要的战场。

最后,在进行听觉识别系统的执行过程中,要注重品牌声音标识的维护。声音识别功能较之视觉识别来说,虽然有时更容易传播,但在信息繁杂的情况下,品牌声音识别效果的形成,特别需要时间来积累。所以,在传播过程中,需要保持品牌声音标识的持续性和稳定性。就像很多人可能不清楚英特尔的标识到底是什么,甚至不知道奔腾芯片是什么,但极有可能哼唱那属于英特尔3秒钟的独特旋律。因为相对于一些公司频繁更换其声音标识"与时俱进"时,英特尔对其声音标识却持"不变应万变"的谨慎态度,而这3秒钟的声音与品牌就像形成了一种"膝跳反应",让公众一听到就立即联想到它所代表的产品或服务。

如今，在全球化竞争的重大冲击下，一些具有前瞻意识的品牌已经开始有意识地利用声音、音乐、语言甚至静默等来构建自己的听觉标识，企望与视觉识别等进行整合营销，从而与公众建立更紧密的沟通。听觉营销必将成为未来营销的一种重要方式，谁能先掌握其技巧，谁就将先占领市场的制高点。

其实，不仅是听觉，未来在嗅觉、触觉等方面的识别研究还大有作为。组织只有不断挖掘新的注意点，才能创造出独特的公众形象，从而在同质化越来越严重的市场竞争中脱颖而出。

在 CIS 战略中，企业的经营理念(MI)是企业在长期发展中逐渐形成的基本精神和具有独特个性的价值体系，即企业的经营理想、企业精神、企业价值观等，它是企业宝贵的精神财产和不断发展的原动力。行为识别系统(BI)是在企业经营理念的指导下形成的企业全体员工的行为方式和工作方式，包括企业对内的管理和对外的公关、经营等活动。最后，通过组织化、系统化、统一性的视觉识别(VI)和听觉识别(AI)，将 MI 和 BI 的信息表征为一些简单的视觉符号和听觉符号，如商标、图案文字、统一的色彩、统一的声音等，突出企业的个性，塑造独特的企业形象，并通过各种传播媒介辐射到公众，引起公众对企业的特别印象和感受，从而产生对企业的信赖与偏爱。

MI 是 CIS 的中心，是 BI、VI 和 AI 的依据，直接关系到企业的发展方向和前途，直接关系到 CIS 战略能否顺利实施；BI 是 MI 的具体表现，即组织的经营宗旨、经营方针和企业精神等，都要通过一系列行为将其具体化和进行实践，没有 BI，MI 只能成为空想。VI 和 AI 的主要作用是将抽象的精神理念和具体的行为活动差别，通过视觉或听觉形象表达出来，并进行广泛的传播，达到让消费者识别、记忆、认可的目的。它们之间的关系如图 3—1 所示。

五、CIS 手册的编制和策划原则

(一)CIS 手册的编制

CIS 的基本目标是尽可能使组织的理念、行为、视觉、听觉等统一化，表现出一个整体、统一的形象。这一策划战略是一项复杂的系统工程。为了让组织员工有具体的行动指南，通常都会编制 CIS 手册，以简单明了的图解说明 CIS 计划的企图和概念，统一整体形象，贯彻设计表现的精神。其内容一般包括以下五个方面：

1. 概况

(1)组织最高机构人员(负责人、董事长、总经理)的致辞；

(2)组织经营的理念与精神口号，未来发展的情况；

(3)导入 CIS 的动机和目的；

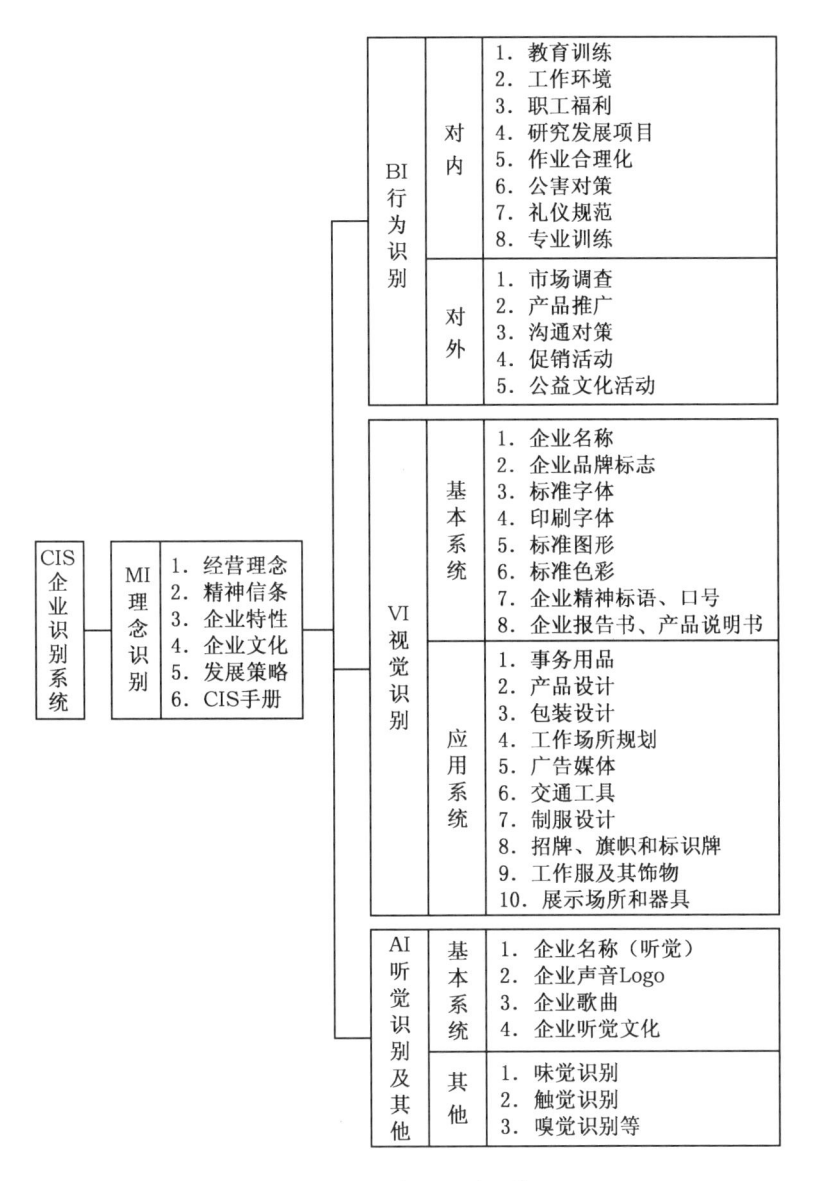

```
                                    ┌──────┬─ 1. 教育训练
                                    │      │  2. 工作环境
                                    │      │  3. 职工福利
                                    │ 对内 │  4. 研究发展项目
                              ┌─ BI │      │  5. 作业合理化
                              │ 行为│      │  6. 公害对策
                              │ 识别│      │  7. 礼仪规范
                              │     │      │  8. 专业训练
                              │     ├──────┼─ 1. 市场调查
                              │     │      │  2. 产品推广
                              │     │ 对外 │  3. 沟通对策
                              │     │      │  4. 促销活动
                              │     │      │  5. 公益文化活动
```

图 3—1 企业识别系统

（结构图内容）

CIS 企业识别系统
- MI 理念识别
  1. 经营理念
  2. 精神信条
  3. 企业特性
  4. 企业文化
  5. 发展策略
  6. CIS手册

- VI 视觉识别
  - 基本系统
    1. 企业名称
    2. 企业品牌标志
    3. 标准字体
    4. 印刷字体
    5. 标准图形
    6. 标准色彩
    7. 企业精神标语、口号
    8. 企业报告书、产品说明书
  - 应用系统
    1. 事务用品
    2. 产品设计
    3. 包装设计
    4. 工作场所规划
    5. 广告媒体
    6. 交通工具
    7. 制服设计
    8. 招牌、旗帜和标识牌
    9. 工作服及其饰物
    10. 展示场所和器具

- AI 听觉识别及其他
  - 基本系统
    1. 企业名称（听觉）
    2. 企业声音Logo
    3. 企业歌曲
    4. 企业听觉文化
  - 其他
    1. 味觉识别
    2. 触觉识别
    3. 嗅觉识别等

(4)CIS手册使用方法的解说。

2. 基本视觉要素

(1)标志、标准字、标准色；

(2)标志、标准字、标准色的变体应用设计；

(3)标志、标准字的制图法和标准色的使用法。

3. 基本听觉要素

(1)品牌名称；

(2)声音 Logo 及主题曲；

(3)听觉文化。

4．应用层面

(1)办公用品(名片、信封、信笺等)；

(2)组织环境(办公室、车间、生活娱乐场所及厂区内外环境等)；

(3)组织成员的制服；

(4)名称(组织名、品牌)和招牌；

(5)销售系统(橱窗、产品包装、产品宣传资料等)；

(6)交通运输工具外观设计；

(7)广告媒体。

5．印刷样本及标准色票

(1)标志、标准字、象征物等印刷样本；

(2)标准色色票。

CIS 手册主要对 CIS 的全部内容进行系统归纳,并对基本要素的使用功能和规范、媒体制作和运用等实施细节进行必要的说明,以便统一企业内部人员的认识和企业对外的各种公共关系活动。手册的内容是企业重要的商业机密,要注意不能随便泄露。

(二)CIS 策划的原则

1．战略性原则

CIS 是一种从全方位推出组织形象的系统战略。它不是简单的纯视觉化的外部形象传达,而是关系到组织前途与命运的设计,是对组织内在环境、全部运作发展的全面规划。CIS 设计中的理念识别系统(MI),涉及社会学、伦理学、民俗学、人类学、心理学、哲学、美学、经济学、管理学等多学科知识。它的行为识别系统(BI)涉及经济学、管理学、管理工程学、管理心理学、人体工程学、行为学等众多学科。它的视觉识别系统(VI)涉及广告、美学、测量、文学、绘画等专业设计专业技术。它的听觉识别系统(AI)涉及音乐、心理节奏等听觉艺术。因此,CIS 作为一种综合智力操作活动,对所设计的每一个细节都必须仔细审查,必须要有一群既有理论功底、又有实践经验的人士帮助才能顺利完成。而 BI、VI、AI 都要以 MI 为核心,才能体现企业独有的精神内涵,具有持久的生命力。一个完整的 CIS 设计完成后,它必须成为组织未来相当长的一段时间内运作行为的全部依据,组织的每一个员工都必须严格遵守。

2．同一性原则

CIS 设计的一个显著特征就是同一性。所谓同一性,就是组织向外界传达的任何信息,都必须突出组织的同一形象,包括组织外显标识的同一性,组织理念系统和行为系统与形象传达的同一性。同时,企业标识在较长的时间内应保持一定的稳定性,使社会公众能容易识别和记住企业的整体特征;否则,会破坏企业标识的一贯性,不能给人深刻的印象。

如"可口可乐"这个由红色海洋簇拥着变形的"Coca Cola"一组英文字母的企业标识,一百多年来外形基本上没很大变化,只是做了在原设计的文字标识下增加一条波纹线的小改进。这样的设计思路,能突出组织的个性,强化公众的印象,使机构的每一个小小的信息传递,都能产生优势相加的效果,形成一种合力,尽快提高组织知名度和美誉度。

3. 个性化原则

CIS设计的又一个显著特征是个性化。不论是组织的经营宗旨、管理制度、行为规范,还是组织的名称、标识、广告、口号等,都要有自己的鲜明个性。只有具有自己的个性,才能使公众从庞杂的符号信息中辨认出来,产生深刻的印象。

案例

让梦想成为可能:华为企业形象管理[①]

"民强国富百业旺,华为科技众口传。"现今,诸多企业把华为作为学习的榜样,有些企业甚至提出要成为某某领域的华为。即使是在全球新冠疫情危机中,华为也保持良好增长势头,其国际化步伐虽然艰难,但坚实有力。华为背后的CIS战略理念值得深思。

一、理念识别系统

一个足够优秀的企业,必定有强大的价值观在背后支撑整个公司的运营体系。价值观是企业文化的重要体现,也是企业精神的灵魂。华为价值观——"以客户为中心,以奋斗者为本,坚持艰苦奋斗",看似简单的三句话,但每一句剖开来说,都蕴含着无穷的力量。

"以客户为中心"虽是简单的口号,但把它上升到价值观的层面来看待和执行就是一种高度智慧的体现。华为高管表示,"客户是华为存在和发展的唯一理由,客户是华为成长和强大的根本"。"以客户为中心"意味着公司所有的付出和努力,都要"为客户创造价值,以客户的利益为第一宗旨"。

"以奋斗者为本"是一句顺应时代潮流且有远见的话。华为对"以奋斗者为本"的解读和体现是"以员工为本"。华为员工在企业中拥有优先于股东进行价值分配的权利。事实上,华为一直坚持以3∶1的基准,不断调节员工和股东的利益分配,致力于实现员工利

---

① http://www.duwenz.com/wenwz/1031433.html.

益最大化。这是一种高效、具有竞争力且有发展远见的世界级企业价值观。2019年华为全球员工保障投入约139亿元，丰厚的利益回报在为华为留住顶尖人才的同时，也形成了正的溢出效应。

"坚持艰苦奋斗"同样是企业核心价值观。当企业扩展到一定程度时，往往滋生懒惰和腐败，这是人性的弱点，华为希望通过价值观的倡导规避该现象的出现。华为一直在居安思危，坚持每年将10%以上的销售收入投入研发，自主研发芯片，努力摆脱对进口芯片的依赖，在变动和挑战中谋生。

二、视觉识别系统

企业文化是品牌要素在人们心理的综合反映，企业的文化价值最终需要通过消费者来实现。消费者心理上的主观感受，一定程度上受企业视觉识别系统影响。视觉识别系统将企业的品牌理念与核心价值通过视觉传播形式，有组织、有计划地传达给消费者，从而树立起统一的企业形象。因此，视觉识别系统对企业文化建设举足轻重。

第一代华为标识(logo)是一朵由15个花瓣组成的"菊花"。15个花瓣代表了华为成立之初的15位创始人，象征着华为人要时刻正气傲骨，蓬勃向上，万众一心。华为在2004年以前一直使用它，其logo寓意花瓣怒放如光芒四射的红色太阳，象征光明、热情、希望以及企业蒸蒸日上。

第二代华为logo延续了第一代的红黑主色调，在图案和文字上略有不同，增加了渐变效果，看起来极具动感。标识采用了聚散的模式，花瓣由聚拢到散开，寓意华为事业上的兴盛；花瓣向四周散开，寓意开放、共享与合作；"8"是民间吉祥数字，中国文化讲究平衡对称，八瓣花瓣呈对称状，寓意和谐、均衡发展。Logo整体饱满、圆润、大方，符合国人传统审美，寓意华为稳健发展。黑色字母"HUAWEI"没有用英文，而是选择了大写的汉语拼音，彰显了民族企业的自信。

第三代 Logo 相较于第二代整体上没太大变化，主要是原来的花瓣在视觉上更加扁平化，取消了渐变效果。Logo 下方的字体由圆润变成了方正，其中的"E"尤为明显。笔画调整为直角，形体变得挺立，营造出更为舒展、自由的空间感。曲中有直，柔中带刚，丰富但不复杂，迎合了新一代客户"愉悦自由、自信率真、不只一面"的深层心理诉求与性格特点，[①]表明华为将通过持续的创新，更加聚焦客户，同客户及合作伙伴一道创造和谐的商业环境，实现稳健成长。

视觉识别系统是企业文化的产物，它以图案、文字、符号展现企业的面貌，折射出企业文化和企业发展理念的方方面面。由华为的 logo 可以看出，优秀的视觉识别系统能够简单、直接地告诉消费者与员工有效的信息和组织文化的含义，塑造企业在市场中独一无二的特质，扩大品牌影响力。

三、行为识别系统

行为识别系统是塑造企业形象的一种高层次模式，它既要求企业形象从内到外、从思想到行为的高度统一，又要求企业形象的独一无二、易于识别。在行为识别系统的建立

---

① https://baijiahao.baidu.com/s? id=16611324957119436665&wfr=spider&for=pc.

上,华为着重做到以下几点:

首先,以客户为中心,必须从科技引领与技术投入两方面开展工作,为客户提供更好的产品。截至2019年底,华为在全球共持有有效授权专利85 000多件,从事研究与开发的人员约9.6万人,占总人数的49%。华为扩大对世界各国科学研究的投资与合作。目前,华为信息与通信技术学院(information and communications technology,ICT)覆盖72个国家和地区的938所高校,预计于2025年培养200万名信息与通信技术人才。华为还推出"一杯咖啡吸收宇宙能量"活动,号召顶尖技术人员通过喝咖啡来加强与世界各国科学家的沟通联系。或是合作,或是资助其研究,不限制其学术自由,不占有其专利……只要求与他们合作,以增强华为技术的影响力。

其次,华为注重润物细无声地传递华为价值观。华为做了"布鞋院士"李小文、沧桑的芭蕾脚、"花蝴蝶"短跑冠军乔伊娜等看似跟企业品牌和产品完全没有关系的广告,却暗合了华为筚路蓝缕、努力开拓的成长历程,使"坚持艰苦奋斗"的华为企业文化变成普遍认知,获得了社会公众的赞誉。除此之外,华为的企业形象还来自"华为人"由内而外的气质与姿态。2018年12月1日,华为总裁任正非的女儿、华为的财务总监——孟晚舟在加拿大转机时,被加拿大当局拘押。美方指控她违反了美国对伊朗的制裁禁令,试图将其引渡到美国。孟晚舟事件引起国人强烈的愤慨。她左脚被戴上电子脚镣,这样的屈辱放在谁的身上也不会好受,但她依然保持乐观心态,以时尚的装扮、从容的脚步,传达着对祖国的坚定信念及对强权的藐视。与此同时,任正非引导下的华为没有让事态扩大,或者被大众舆论吞没,相反使用了平静克制的方式解决问题。这是一种高瞻远瞩、着眼大局的态度,彰显着理性、克制、专业的国际企业格局和风范。面对不公正的对待,从大局观出发,选择相信法律、遵守所在国法规的做法,恰恰是华为能赢得全球大部分市场的原因。

在加强员工凝聚力方面,任正非不仅要求员工培养阅读习惯,通过看国际新闻、阅读重要人物讲话,提升洞察世界的能力,了解未来发展方向。2019年5月中美贸易摩擦升级,美国全面限制华为进口芯片,妄图对华实行"科技遏制",华为海思总裁在《致员工的一封信》中写道:"多年前,还是云淡风轻的季节,公司做出了极限生存的假设,预计有一天,所有美国的先进芯片和技术将不可获得,而华为仍将持续为客户服务。为了这个以为永远不会发生的假设,数千海思儿女走上了科技史上最为悲壮的长征,为公司的生存打造'备胎'。数千个日夜中,我们星夜兼程,艰苦前行。华为的产品领域是如此广阔,所用技术与器件是如此多元,面对数以千计的科技难题,我们无数次失败过、困惑过,但是从来没有放弃。时至今日,压在保险柜里的'备胎'一夜转'正',华为要在极限施压下挺直脊梁,实现科技自立。"虽无多言,但华为的价值观在此信中彰显得淋漓尽致:前瞻,创新,团结,不畏艰难!一封员工信,不仅将华为人的情感最大限度地凝结,也向社会公众展示了其"挽狂澜于既倒"的决心,让华为品牌更加深入人心。

[思考]

华为的形象管理还可以从哪些方面进行完善?

第三节 组织可持续发展战略:CSR战略

企业社会责任(Corporate Social Responsibility,CSR)这一概念早在19世纪末就已产生。1971年,美国经济开发委员会从"经济职能""关注社会和环境变化""促进社会进步"三个层次,对CSR进行了明确而详细的界定,并列举了企业社会责任涉及的10个领域共58种行为。格鲁尼格在其著作中也专门讨论了"公共责任"问题,认为公共关系是一种社会责任的实践。财富和福布斯在进行企业排名时,都将"企业社会责任"作为考虑标准之一。由国际社会责任组织发起并制定的SA8000(Social Accountability 8000)是全球第一个可用于第三方认证的企业社会责任标准体系,推动和保障了企业社会责任实施的健康发展。[①]

关于CSR的定义众说纷纭,目前国际上普遍认同的CSR理念,是指企业在创造利润、对股东利益负责的同时,还要承担对员工、对社会和环境的社会责任,包括遵守商业道德、生产安全、职业健康、保护劳动者的合法权益、节约资源等。如今,大型企业都把社会责任作为企业文化和战略规划的重要组成部分。企业CSR形象的建立,一直是公共关系传播的重要内容。中国国际关系协会学术委员会前主任郑砚农认为,履行社会责任共有三条标准:第一条是法律标准,第二条是道德标准,第三条是专业标准。[②] 企业社会责任的最高目标应该是通过企业与社会的协调发展,促进企业的成长、社会的和谐与人类的共同进步。

一、企业承担社会责任的意义

(一)可实现企业的可持续发展

企业承担对员工、对社会和环境的责任,一方面可以激发员工的生产积极性和创造性,提高劳动生产率和经济效益;另一方面可以更好地协调经济、社会和环境的发展和竞争,使企业获得良好的外部发展条件。关注员工、消费者的健康和安全可使企业获得持续的内在动力和支持力。企业通过技术革新可减少生产活动各个环节对环境可能造成的污染,同时也可以降低能耗,节约资源,降低生产成本,从而使产品价格更具竞争力。企业还

[①] 于朝辉、敖冬蕾:《基于企业社会责任的战略型公共关系研究框架》,《现代管理科学》2010年第9期。
[②] 钱为家:《全球战略CSR案例报告》,中国经济出版社2010年版,第5页。

可通过公益事业与社区共同建设环保设施,以净化环境,保护社区及其他公民的利益。这将有助于缓解城市尤其是工业企业集中的城市经济发展与环境污染严重、人居环境恶化间的矛盾,实现企业的可持续发展。如联想制定了业界领先的联想环境管理体系,将联想的环保工作贯穿到生产经营、产业链合作等领域,提高回收利用率、降低能耗、减少纸张使用量、开发更高效的节能产品,展现了"世界因为联想的存在而更美好"的愿景。

(二)可提升企业的公众形象

企业承担一定的社会责任,虽然会在短期内给企业的经营成本带来一定的影响,却可以提升企业的公众形象。良好的形象是企业的无形资产,最终可给企业带来长期、潜在的利益。美国哈佛商学院教授佩尼(Paine)认为,一套建立在合理的伦理准则基础上的组织价值体系也是一种资产,它可以带来多种收益。在激烈的品牌竞争中,对企业而言,最典型的稀缺资源无疑是消费者对品牌的信赖和忠诚度。这种稀缺资源的获得,除了企业为社会提供优质的产品和服务外,更多的可以靠企业承担社会责任来获取。爱德曼国际公关公司在2008年发布了一份调查报告,称"在经济和产品危机环境下,消费者不但关心产品的质量,更关注这个产品或品牌是否与'善行'相关联"。报告显示,在中国接受调查的消费群体中,竟有高达90%的人认为即使在经济不景气的时候,购买有社会责任的产品和品牌也是非常重要的。在印度和日本,这一比例分别高达90%和64%。可见,对社会责任的关注可以使企业积累良好的声誉资本,从而为企业的长期发展获得可靠的保证。如高诚公关创始人艾尔·高林(Al Golin)曾为麦当劳实施了许多亮点公关项目。其中之一是在20世纪60年代初,艾尔为麦当劳首创了"社会责任"概念,帮助其引领社区与社会关系。同时,艾尔还为麦当劳建立了"信任库",将之比作可以存钱的银行。这个理念是,只要长期为社区和社会做好事,就可以累积信任,社会也会认为这是一家有责任的公司,即使将来遇到不理想的事情也能得到社会的谅解。这一理念被麦当劳延续下来,收到的效果非常明显。

(三)可增强企业的"软实力"

企业通过承担社会责任,一方面可以赢得声誉和公众认同,同时也可以更好地体现自己的文化取向和价值观念,为企业发展营造更佳的社会氛围,使企业具备更吸引人的"软实力",不仅可以吸引更多的人才加入企业,还能提高公众对企业的忠诚度。比如可口可乐公司从1993年开始在中国加入赞助"希望工程"的行列,而且十几年来始终如一。可口可乐公司已在中国捐建了50多所希望小学、100多个希望书库,使6万多名儿童重返校园。由此,我们不难理解可口可乐公司的一位行政总裁早在1967年就做出的大胆断言:"假如可口可乐的所有工厂在一夜之间被大火全部烧毁,但它能一夜之间起死回生。"这就是可口可乐的品牌形象所体现出来的软实力。

二、企业承担社会责任的内容

(一)产品安全责任

提供质量可靠、安全有保障的产品是企业基本的责任,也是企业基本的良知。因此,企业除恪守法律法规和国家强制性标准、关于产品(包含服务)质量和安全性的规定外,还应针对新产品开发和技术升级可能造成的标准缺失或滞后,改进生产技术,确保产品符合当时技术水平的质量和安全性要求。企业有责任及时弥补和消除产品使用过程中暴露出的质量缺陷和安全隐患。产品出厂时的质量并不等同于消费者使用时的质量,因此企业须确保产品的储存、运输、展示、改装、分装、销售等环节符合保证产品质量和安全性的要求。企业应采用通俗的文字,提供正确使用产品的说明与指导,确保非专业人士及低学历人群同样可以安全、正确地使用产品。企业还应设立确认产品质量的便捷途径和退货程序,降低消费者在购买到不合格产品后的质量鉴定与退货成本。并且,企业须建立相应机制,以便在产品出现问题时能迅速及有效地向消费者发布警示并回收产品。

2019年,保时捷(中国)汽车销售有限公司决定,召回2010年11月1日至2016年9月13日生产的部分进口款Panamera系列汽车,共计42 070辆。本次召回范围内的部分车辆空调鼓风机调节器控制单元的密封性不足,空气中湿气可能渗入控制单元内部。当湿气凝结成水滴的量达到一定程度时,可能导致控制单元内部出现故障并发生短路,极端情况下不排除发生火灾的风险,存在安全隐患。2019年10月7日召回正式实施后,保时捷公司为召回车辆免费更换了改进后的空调鼓风机调节器控制单元,以消除安全隐患。事实上,该故障发生的概率很低,并没有用户在使用车辆时发现此类问题,但保时捷依然态度严谨地对所有产品实行召回,显示出国际大厂对品质精益求精的风范。

(二)社会伦理责任

企业应当坚持"以人为本"的管理观念,为员工提供良好的工作环境和广阔的发展空间,积极维护员工的合法权益,对员工的努力给予合理而公正的回报,建立完善的员工保障体系,为企业的发展营造民主健康的内部环境;企业在发展过程中应加速产业技术升级和产业结构的优化,重视社区群众的切身利益,努力使社会不遭受自己的运营活动、产品及服务的消极影响。在国家或他人遇到危难时,企业应当该出手时就出手,为倡导积极的社会风气和文化尽一己之力,体现"仁义"的中国传统伦理价值观和企业的文化理念,为企业营造和谐的外部环境。

比如汶川大地震发生后,火速捐献巨款的企业美誉四起,而犹豫的企业则形象一落千丈。当时生产王老吉饮料的加多宝集团在第一时间捐出1亿元善款,高呼"要捐就捐一个亿(义),要喝就喝王老吉"。而万科地产董事长王石所说的"普通员工的捐款以10元为限,不要因慈善成为负担",使万科深陷"捐献门"。互联网上,每天都有成千上万条帖子谩骂这位"地产教父",在巨大的公众压力下,万科不得不以50倍的代价,挽救这场企业公共形象的空前危机。一些跨国企业因为反应较慢,则被扣上"铁公鸡"的大帽而遭到网友们的抵制。尽管道德绑架不值得推崇,但企业要在危机发生时树立自己负责任的形象,在策略方面必须更多地考虑社会伦理,符合传统文化的需求。

(三)环保慈善责任

如今,全球气候变暖、环境恶化、贫困、疾病等问题的解决,都需要企业发挥积极的作用。很多大型企业开始把企业社会责任当成自己的核心价值观,作为企业发展战略来加以重视,为自身创造更为广阔的生存空间。企业不仅应当通过在生产过程中采用对环境无害的工艺流程,尽量减少污染排放,降低对环境安全和人身健康的不良影响,还应开发、生产并销售高能效、环保及可回收的产品,实现企业的可持续发展。企业还可集中资本优势、管理优势和人力资源优势对贫困地区的资源进行开发,既可扩展自己的生产和经营,获得新的增长点,又可弥补贫困地区资金的不足,解决当地劳动力和资源闲置的问题。企业也可通过慈善公益行为帮助落后地区的人民发展教育、社会保障和医疗卫生事业,既解决当地政府因资金困难而无力投资的问题,帮助落后地区逐步发展社会事业,又通过公益事业获得无与伦比的广告效应,提升企业的形象和消费者的认可程度,提高市场占有率。比如腾讯公益基金会除了大力参与环保、教育、文化遗产保护、救灾、扶贫帮困等社会公益慈善事业外,还借助腾讯及QQ品牌影响力,为青少年健康成长提供帮助,赢得了网民的良好口碑。

比如2016年8月,支付宝正式上线"蚂蚁森林":每个人因绿色生活行为所减少的碳排放,都可以科学计算为虚拟的"绿色能量",积累到一定程度就可以在荒漠化地区种下一棵树。目前,接入支付宝蚂蚁森林的低碳场景超过20多种,涵盖减纸减塑、线上办事、绿色出行、循环利用等方面,累计碳减排量超过1 200万吨,重量相当于200艘辽宁舰。这意味着,蚂蚁森林不仅带动了公众日常的"低碳生活",还与持续绿化造林带来的"生态恢复""减碳效果"和"生物多样性保护"等形成互相激励的"闭环",从而为全社会带来环保公益的"双重价值"。在"美丽中国,我是行动者"倡议下,上线不到四年的蚂蚁森林从一个创新公益项目成长为见证中国人尤其是年轻群体践行绿色发展理念的社会风尚。除了超5亿人的庞大参与群体,蚂蚁森林还吸引了包括公益组织、科研机构、高校、明星等在内的800多个合作伙伴,贡献出其专业能力和社会影响力,倡导并推动全社会共同为"美丽中国"行动起来。这一项目为支付宝赢得了好感,塑造了其注重环保的企业形象。

道德资本、信誉资本是无形的,也是有形的。公共关系的价值和责任在于用建立社会互信的方式降低社会交易成本,增加社会公共资本。值得一提的是,CSR 战略实施需要的是计划性、长远性,而非一时热情,只注重眼下利益。企业应该将其视为一种创新管理模式融入企业战略,融入企业日常运营和企业文化中,长远规划并分步实施,才会显现 CSR 效果。企业只有具备兼济天下的情怀,才能成为伟大的企业。正如福特汽车公司董事长兼首席执行官比尔·福特所说:"一个好的企业能为顾客提供优秀的产品和服务,而一个伟大的企业不仅能为顾客提供优秀的产品和服务,还竭尽全力使这个世界变得更美好。"

案例

从被逼捐到科学救灾:加多宝慈善公关事件[①]

社会和谐,企业有责。捐赠作为一种公益事业,是企业承担社会责任的一种重要表现形式。捐赠作为一种慈善行为,具有很强的社会公众效应,如在 2008 年"5·12"地震中,生产王老吉饮料的香港加多宝集团在第一时间捐出 1 亿元善款之后好评如潮;同样,天津市荣程联合钢铁集团有限公司董事长张祥青在中央电视台募捐晚会现场捐款 1 亿元人民币,也使其成为媒体关注焦点。

捐赠的社会公众效应一方面可以提高企业的社会声誉(Brammer & Millington,2005),同时也可以提升捐赠主要代表者个人的"公益声誉",享受"公益便利",增强其个人社会资本(Willamson,1963)。

目前,我国企业公益事业不仅规模过小,而且从事公益活动的广度和深度都还存在不足,具体表现为企业缺乏公益战略部署,缺少系统、持续的公益计划。当前,企业的公益行为往往以临时应对为主,只有少数企业有制定年度公益投入计划的惯例,而加多宝集团就是其中的代表。在本文观察的事件中,加多宝在救灾中为社会公众交出了颇有见地的答卷,将"被逼捐""比捐""消费慈善"等质疑化解于无形,不失为慈善公关学中值得研究的经典案例,也为建立和谐的公益生态环境树立了应有的企业姿态。

一、事件回顾

2013 年 4 月 20 日上午 8 时 2 分,四川雅安芦山县发生 7.0 级地震,地震后"企业公

[①] 于婷婷:《从被逼捐到科学救灾:加多宝慈善公关事件》,载于《中国公共关系年度报告(2014)》,华中科技大学出版社 2015 年版,第 222—228 页。

民"纷纷慷慨解囊,向灾区捐款。加多宝也在第一时间成立了应急指挥小组,调拨物资,紧急调集第一批灾区急需的1 000箱加多宝凉茶与1 000箱昆仑山矿泉水,并在其官方微博发布为灾区祈福的信息。其微博写道:"在灾难面前,加多宝永远与雅安人民在一起,让我们一起为雅安祈福,希望雅安人民在灾难面前勇敢、坚强,战胜困难。"

然而此时,很多人则联想到2008年王老吉(更名前的加多宝)为汶川地震捐款1亿元的"大手笔",表示此次雅安捐助有些"拿不出手",有网友为加多宝撰写了新的宣传口号:"还是原来的灾情,还是熟悉的1个亿,全国地震捐款领先的红罐凉茶改名加多宝。"在捐款事件上,不论是广药王老吉还是加多宝,都被网友推到了风口浪尖。有网友发出疑问,2012年两家企业投放的广告费都是好几个亿,有钱投广告费怎么会没钱捐款。甚至不少网友表示:"王老吉和加多宝谁捐得多,以后就喝谁。"

网友们一边关注事态的发展,一边展开了激烈的讨论。有不少网友在各大论坛站出来力挺加多宝,痛骂"逼捐者"不该以捐款多少来衡量企业的责任,不该对企业进行"道德绑架"。4月26日,中国扶贫基金会举办"有你'救'有力量——四川芦山地震救援行动"新闻发布会。会上多家企业为灾区捐款,其中加多宝在现场宣布捐1亿元给雅安地区,用于赈灾和灾后重建工作。加多宝官方微博同步发布消息称:"今天,我们通过中国扶贫基金会向雅安灾区捐款1亿元,用于灾后重建。我们相信一切都会好起来的。"

同时,中国扶贫基金会官方微博也表示,雅安的灾难牵动了整个加多宝的心,作为对四川人民有特殊情感的企业,加多宝与灾民感同身受。希望加多宝的微薄之力,能为灾区同胞带去一丝温暖和光明!

二、"逼捐"引发的慈善大讨论

在此之前,王老吉、加多宝的"商标之争"持续了一年之久,从法律诉讼到广告竞争,两家企业的纠纷似乎从未停止过。我们以加多宝捐款雅安地震事件的时间为线索,梳理和分析事件所引发的舆论。

2013年4月20日上午8时2分,四川雅安芦山县发生7.0级地震。在雅安地震发生后的两个多小时,加多宝通过官方微博发布了第一条祈福信息。在第一时间转发并回复该条祈福微博信息中,有不少网友高呼"再来一个亿"。我们可以猜测,同一个声音的背后未必有着同样的心情,有的"别有用心",有的只是对企业的期许,还有的可能仅仅是被气氛所感染。不管怎样,此类信息的确造成了客观上的"催捐"。加多宝最初并没有对微博上的"催捐"做出反应,而是调集了第一批灾区急需的1 000箱加多宝凉茶与1 000箱昆仑山矿泉水。随后,新浪微博、天涯、猫扑等都因加多宝捐款一事而引发了热议。

4月21日13:31,署名为"二锅头没酒味"的网友在天涯论坛上发表了题为"加多宝,你要敢再捐1亿元,你的凉茶非断货不可。你小心着!"的长标题帖子。在回复的网友中,我们看到了这样的回复:"就是,再来一亿""不要让我失望哦""要真捐这么多,我以后喝饮料就只喝加多宝"。从"催捐"网友的口吻中,我们看到更多的是对加多宝在公益捐助行为上的期许。

很多网友并没有意识到这些言语对于企业本身捐助行为造成的压力。回复此帖的还有另一种声音,既满怀对企业的理解、支持和包容,也有对"催捐"者的不满情绪。例如,署名为"湛山汇泉11"的网友说:"捐款是自愿行为,全凭自愿!"署名为"我在天涯未知处"的网友回复:"不要逼人家捐,这两年,为了商标问题麻烦不少,人家企业也要发展,量力而行。"

4月21日19:19,天涯上署名"悟空他二师弟"的网友又发出了标题为"汶川地震,加多宝捐款1亿元,玉树地震,加多宝捐款1.1亿元,雅安地震呢"的帖子:"如果王老吉也捐1亿元,我就支持王老吉,按道理,加多宝是不会放过这次机会的……"然而,这次的回帖却出其不意地出现了"一边倒"的现象:大部分网友认为捐多少不重要,要体谅企业的难处,并认为这是一种"逼捐"行为,并将"逼捐"上升到"道德绑架"的高度。

除了网友的口水战,亦有专业人士出来叫停"逼捐":时评人石述思4月23日在其微博上表示:"加多宝紧急调集1 000箱加多宝凉茶和1 000箱昆仑山矿泉水驰援灾区。网友却对其'逼捐'一个亿的信息令人惊骇,慈善是自觉自愿的私权利,如此逼迫纯属道德绑架,可悲。"

法制日报是最早对"逼捐事件"做出反应的传统媒体,其在4月25日第7版发表了题为《数额论让慈善成负担》的文章,对芦山县地震发生后诸多演艺圈人士与企业的捐款行为受到部分网友质疑的事件表达了看法:"可以理解一些网友的心情,希望明星和企业能更多回报社会,但是施以舆论暴力逼压则矫枉过正了。以是否捐款、数额多寡作为衡量爱心的标准,将捐款视为公众人物、企业的必然行为,都属于道德绑架。在'道德大棒'下,捐款人已分不清自己是不是在做慈善,是为逼捐者而捐,还是为慈善本身而捐?当捐款数额成为判断明星或企业家道德水准高低的依据,并且这个依据被拿来热议,这就与慈善本义无关,留下的只有一个无知和伪善的社会氛围。"

此时的加多宝并没有将自己卷入舆论拉锯战,而是选择了在风口浪尖上一边以冷静观望甚至"短期吃亏"来获取更多的理性支持,一边做足功课,按照自己的计划执行救灾计划。

最终,人们等来的是加多宝在4月26日的又一个"1亿元"捐款。可以说加多宝捐助1亿元圆了广大网友的期望,同时网络上出现了很多为加多宝叫好的回应。截至4月26日13时,加多宝宣布捐款1亿元的微博被转发4 660次,评论2 211条,最终该微博引起9 604条关注。

网友"杨楠Neco"说:"忍不住转啊,别管人家是公关也好,压力也罢,三元一瓶的凉茶卖多少才能赚一亿元？有良知的民族企业必须要扶持！"

网友"靖澜_Ing"说："又是一个亿，加多宝果然给力。想想汶川，想想雅安，虽不以钱多钱少论英雄，不管作秀还是舆论压力，但至少你是有良心的企业。四川人民的朋友，祝愿你越来越强大。"

网友"不要跟我讲创意"模仿电视中的广告语说道："还是同样的灾难，还是熟悉的1个亿，全国地震捐款领先的红罐凉茶改名加多宝。"

网友"V博正能量"以商家的口吻说："还是熟悉的味道，还是一个亿。今后本店只卖加多宝，支持加多宝。"

除了网络上的赞扬声外，传统媒体也对此举大加褒奖。尤为值得关注的是来自央视、人民网等国家级媒体的肯定：加多宝的"亿捐之举"不仅在27日的央视《第一时间》得到报道，28日的人民网财经频道更在首页刊出了题为《人民财评：为慈善企业捐款创造良好的社会环境》的重磅时评。

在公开捐款并赢得了社会舆论的支持后，加多宝理性诚恳地做出了回应，通过报纸否认"逼捐"一事。"1个亿的捐款过程并不复杂，看了震区评估，领导层简单沟通了一下，财务审核后就公布了，并没有外界想象的曲折故事。"加多宝集团品牌管理部副总经理王月贵在接受《第一财经日报》专访时这样回应"逼捐"传闻。

王月贵还表示，救灾需要科学理性和分阶段："地震刚发生时，震区最需要的不是钱，而是水、药物等救灾物资。所以，我们在地震当天通过当地销售渠道最先送去的是水和凉茶。"可以说，加多宝选择最佳时机回应了整个事件。与此同时，加多宝也不失时机地向公众传达企业的救灾理念：除直接经济援助外，加多宝目前将更多精力放在当地经济恢复和长期发展项目上，诸如蔬菜大棚、集贸市场等形式的常态经济项目。

三、从"企业公益"到"社会公益"的修行

在整个雅安捐款事件中，我们不禁感叹加多宝以独到的慈善主张和持续有力的慈善传播，最终赢得了舆论的支持和企业的声誉。与此同时，我们也感到困惑：在大灾面前，如果其他企业遇到同样的舆论压力，该如何自处？如何化解？大灾面前，如果大家更多关注的是谁捐谁没捐、捐多少的问题，而不是灾区人民的安危、灾后重建的状况，则情何以堪？一方面，加多宝在雅安捐款事件中的表现可圈可点，称得上是经典的公关教学案例；另一方面，如何从企业、公众、社会三方共同营造和谐的公益生态环境，让"善"水长流，是值得思考的重要命题。

首先，从短期来看，企业的公益慈善传播应当"善待舆论"，在双向沟通的原则下建立共识。

在以自我为中心的网络2.0时代，企业救灾遭受质疑的概率越来越大。如果企业因

此将主要精力花在"舆论引导"上，反而被"牵着鼻子走"，造成负面舆论的更大反弹。

慈善企业首先应意识到网络舆论的不可控性和多元性：并非一味投入金钱和时间就能使效果达成正比。如果要改变可能出现的种种质疑，最好的办法是在慈善公关中确立自身特性，并甘愿为此在舆情上敢于短期"吃亏"来避免口水拉锯，并通过富有持续力的"负重远行"科学合理地"疏导舆论"。

在芦山地震之初，网上迅速出现请加多宝捐款亿元的呼声，甚至将加多宝是否进行巨额捐款作为消费选择的着眼点。加多宝并未将企业救灾的初期重点放在巨额捐款上，这让一部分人失望甚至质疑，但这背后源于企业对于自身救灾主张和救灾程序的严格遵守，而这一点也在日后赢得了社会的认可。假如加多宝一开始无法承受舆论的压力，马上"顺应民意"，最终会处于被动。即使马上捐款，也被认为"情非得已"，而企业长期以来建立的一套救灾主张和体系也无法自圆其说。

我们看到，加多宝在26日宣布为灾后重建捐款1亿元后，并没有选择在媒体上进行大鸣大放，反而在媒体及官微口径上更多了几分诚恳，提出"一元与一亿元同样重要"的观点。这意味着加多宝深知慈善公关的低起高落之道，通过"谦冲自牧"的慈善公关形象，让舆论中出现的"比捐质疑"自动瓦解。

另外，加多宝在正式回应"逼捐"的同时，立刻转换话题，不仅向公众传达救灾理念，并在后续报道中凸显企业对于灾区长期发展的关注，一方面以实际行动来"教育"大众，另一方面避免了"消费慈善"的恶意标签，实现与社会舆论的深度、有效沟通。

其次，从长远来看，企业应当通过"善举"长期积累社会资本和品牌信任。善因营销（Cause-related Marketing）是指企业有意识地做一些公开的公益活动或者赞助活动，期望提升大众对其社会责任感的认同。企业善因活动越多，大家对其社会责任的了解也就更多，对其社会责任付出的感知也就越多。一个典型的例子是：许多外企开始采取匿名捐款，结果被社会大众认为是"铁公鸡"，后来这些外企被迫在公司网站公布捐款情况，并要求商务部予以澄清，这样才消除了不满和批评。消费者与品牌的关系越好，对企业的捐赠行为就越能理解和认同。

我们通过媒体可以了解到加多宝集团那些被人们熟知的公益捐助：集团2008年5月18日向汶川地震灾区捐款1亿元人民币；2010年4月向青海玉树地震灾区捐款1亿1千万元人民币；2010年初，送水驰援西南旱区，共计61 000箱昆仑山矿泉水；2010年"加多宝·学子情"覆盖全国31个省、市、自治区，赞助1 200名优秀贫困高考生，捐助款达到600万元。在央视一套、二套、四套以及21个地方电视台黄金时段，投放5秒、30秒公益宣传广告，带动了11 078名社会公众，通过发手机短信参与捐助，其中创建个人安心基金者达到5 523人。

2012年6月5日，"加多宝·学子情"爱心助学行动启动仪式在北京大学百年讲堂举行,并且携手中国青少年发展基金会以加大资助的力度,使数以万计的学子实现自己的大学梦。这些都使加多宝在人们的心中树立了良好的公关形象,得到人们的不断认可和信赖。

当前,企业在履行社会责任时面临越来越多的选择。营销学之父科特勒在《企业的社会责任——通过公益事业拓展更多的商业机会》一书中列出了企业"做好事"的六种选择:企业的慈善行为,社会志愿者活动,公益事业宣传,公益事业关联营销,企业的社会营销,对社会负责的商业实践。可以看出,加多宝集团的公益实践至少涵盖了其中三种:企业的慈善行为,社会志愿者活动,公益事业宣传。

在加多宝的雅安捐款事件最开始,有些人对加多宝最初只调集一些救灾物资的做法提出质疑,但还是有很多人表示理解加多宝的做法,认为加多宝一直在公益慈善事业中表现不错,企业这样做是有原因的,痛斥"逼捐"是"道德绑架""无理取闹"。关键时刻,加多宝的消费者和潜在消费者承担起了为企业辩护的角色。所以,对企业品牌的信任和忠诚,会提升社会大众对企业社会责任付出的感知,从而降低其对社会责任期望的落差。

最后,企业应当主动成为"企业公益"到"社会公益"的"助推者"。公司社会责任思潮的兴起将公司的营利性与社会性融为一体,使冰冷的经济学有了人性化的温度。公司慈善捐赠作为公司履行其所承担的社会责任的典型方式之一,具有极大的道德感召力。正如企业社会责任专家何智权所说,"西方的企业社会责任基本上不怎么再提'灾难救援'这个词了,他们用的是'灾害管理'"。随着中国慈善公关的发展,企业慈善不再等同捐赠,"灾害管理"(灾前整备、灾时应急、灾后复原)渐渐成为体现慈善公关格局的蓝海议题。与此同时,社会公众也应当具有基本的救灾意识,仅以一次性的捐款作为衡量企业慈善的标准,亦会造就不良风气,引起部分企业的"短视"行为和"消费慈善"行为。因此,企业需要不断探索和建立适合自身发展的公益理念和行为计划,普通百姓也应当通过媒体获取科学的救灾常识。

然而,公司慈善是一项可持续的事业,其健康与持续发展需要依赖于完善的制度性规范的存在。加多宝在不断完善自身的慈善公益体系的同时,还充当了催化全民公益意识勃兴的倡导者和"助推者"的角色,利用微公益平台,加多宝的爱心助学行动影响着越来越多的社会公众共同为"人人公益,全民助学"的公益目标努力:从企业慈善事业的践行者升级为社会公益事业的倡导者和"助推者",从单纯的"企业公益"向更广泛的"社会公益"蜕变。

[思考]

企业在筹划 CSR 战略时应注意些什么?

思考题

1. 当今中国政府公关有哪些经验？哪些方面需要改进？
2. 企业为何要重视形象管理？如何管理？
3. 文化对于企业公关有何作用？

第四章

公共关系客体

公共关系的客体是公众。从公共关系的英文 Public Relations 来看,公共关系实际上就是公众关系。公众的态度和行为与公共关系的目标能否顺利实现息息相关。充分了解和深入研究公众的特点、类别、心理等,才能使公共关系活动做到有的放矢,高效率地实现公关目的。

第一节 公众的概念及分类

公众的构成是复杂的。正确把握公众的含义,有助于公关活动确立明确的对象;而对公众进行科学的分类,则有助于公关活动根据不同的公众制定不同的方针、政策和措施。

一、公众的含义及特点

对于公众,国内外学者下过不少差别不大的定义。我们认为,公众即与特定公共关系主体发生联系和相互作用的个人、群体或组织的总和,是公共关系工作对象的总称。比如一个企业的公众不仅仅是顾客和经销商,还包括该企业内部的全体员工、股东、原材料供应者、政府、新闻界、社区居民等。

公众与人民、群众、人群几个概念容易混淆,我们要把它区别开来。人民是一个政治、哲学和社会历史范畴的概念,在不同的历史时期有不同的内涵,它的主体和稳定的部分始终是从事物质资料和精神资料生产的劳动者——群众。"人群"是社会学用语,是指聚集在一起的人。群众和人民大众具有相对的独立性和稳定性。公共关系学中所指的公众是和公关主体有共同利益并密切相关的人民大众,换言之,离开了公关主体就没有公众。公众与组织面临着一个共同问题(目标),一旦这个问题(目标)解决了,这个问题的公众也就随之消失。可以说,公众是人民大众中间与公关主体发生关系并且会发生变化的一部分。从公众的含义中我们可以看到,公众具有以下几个基本特点:

1. 公众的同质性

公众虽然广泛存在,但实际与某一社会组织发生关系的公众都是有限的,公众的形成是因为公众与组织之间存在一定的利益关系,遇到了共同的问题、共同的利益、共同的需求、共同的目的、共同的兴趣等。由于这些共同点使其与公共关系的主体发生联系和相互作用,构成了组织所面临的一类公众。比如,一些顾客在购买某种牌子的冰箱时遇到了共同的质量问题,那么这些顾客就成了该冰箱厂的公众。相比大众的含义,它的范围就要窄一些。这就要求公关人员确定、分析这种同质性,才能确定自己的公关目标。

2. 公众的广泛性

任何一个组织所面临的公众总是非常广泛的,既有内部的公众,又有外部的公众。而各种类型的社会组织在互相联系和作用的同时,既是公共关系的主体,同时往往也成为别的组织公共关系的客体,即也成为公众。因为个人总是有多种需求的,就必然与各种社会组织相互联系,成为该组织的公众。公众是普遍而广泛存在的。这就要求组织在开展公共关系活动时,要全面而系统地分析组织的所有公众,绝不能忽略其中一部分公众;否则,就可能导致整个环境的恶化,影响组织的生存和发展。

3. 公众的多样性

首先,公众存在的方式是复杂多样的,它包括个人、组织或团体等,即使是为了共同的问题成了同一类公众,其内部对问题解决的要求也不一定完全相同。其次,公众是由各种不同类型的、不同观念的、不同年龄层次、不同文化层次等各种人组成的,其心理结构、性格的多样性,决定其需求层次也是多样性的;这就要求组织必须根据不同的公众选择不同的沟通方式和传播媒介,以使公共关系活动更加有效。

4. 公众的多变性

公众是一个开放的系统,处于不断的变化和发展过程中。任何组织面临的公众,其性质、形式、数量、范围等均会随着主体的条件和客观环境的变化而变化。公众共同的问题一旦解决,就自然解散,又可能与其他具有共同问题的人一起形成另一组织的公众。所以,组织必须以发展的目光来认识自己的公众。

二、公众的分类

根据不同的标准可以将公众划分为不同的类别。为了明晰起见,我们倾向于将其进行横向的和纵向的分类。

(一)公众的横向分类

横向分类是根据社会组织在运行过程中遇到的各类公众进行的划分。进行此种分类是为了更好地理解各类公众在其与社会组织的关系中的角色、地位和作用,便于公共关系活动有针对性地解决各类问题,协调社会组织与各类公众的关系,顺利实现公关目标。一般可划分为内部公众和外部公众两大类。

1. 内部公众

内部公众是指组织内部环境所面临的公众,即组织系统内部的成员,包括组织内部的全体员工、员工家属和股东等。这类公众与组织的关系最为密切和直接,因而是组织公共关系最重要的一个环节。

2. 外部公众

外部公众是指与组织外部环境所面临的公众,即与组织发生这样或那样联系的各类非内部公众,包括消费者、媒介、政府、竞争对手、社区公众等。外部公众对组织的支持与否直接或间接地决定着组织的生存与发展。

(二)公众的纵向分类

纵向分类是根据社会组织在运行中与公众发生关系的密切程度对公众进行的一种划分。此种分类有利于组织用发展的眼光来看待其公众,在公众发展的不同阶段采用不同的公关手段。它是一个连续发展的过程,其中并没有明显的区分点,但为了研究的需要和论述的方便,我们把它分成四类:非公众、潜在公众、知晓公众和行动公众。

1. 非公众

非公众是指同本组织不发生任何牵连的社会群体。它既不受组织影响,也不对组织产生影响。划分出本组织的非公众,可以帮助我们减少公关工作的盲目性,分清主次,避免把力量用到不需要的地方,造成财力与精力上的浪费。

2. 潜在公众

潜在公众是指将可能与组织发生利益关系的公众,或事实上已与组织发生关系但尚未意识到的公众。比如,家里还未购买电脑的市民对于电脑生产厂家是潜在公众。或者已购买了某一牌子劣质电脑的消费者,因一时未发现问题,而成为这个牌子电脑厂的潜在公众。尽早认识到潜在公众可以使公关人员有计划、有目的地调整公共关系活动,防患于未然。

3. 知晓公众

知晓公众是指认识到组织对自己的影响并对组织产生兴趣的公众。比如,想购置电脑的顾客通过广告或逛商店,知道了该厂生产的电脑牌子、价格,并产生购买的欲望,只是还未采取购买行动,他就是该厂的知晓公众。或者他已购买了该厂的电脑,用了一段时间发现有质量问题,他也是知晓公众。不过这两种知晓层次不同:一种是对该厂产品的知晓,另一种是对该厂质量的知晓。知晓公众对任何与他们所面临的组织及有关问题的信息都十分关注。对于第一类知晓公众,组织应该精心策划并开展公共关系活动,促使其成为行动公众;对于第二类知晓公众,组织应重视问题,采取补救措施,勿使其成为行动公众,而造成对组织声誉的损害。

4. 行动公众

行动公众是指对组织的影响已做出反应并且采取行动的公众。如到商店去购买该厂电脑的顾客,或者向消费者协会或商店投诉质量问题的消费者。在这个阶段,公众已不仅仅是表达意见,而是采取实际行动。尤其当公众知晓问题并诉诸大众传播媒介甚至法律时,组织必须采取相应的公共关系行动,竭力让公众了解组织为解决问题所做的努力,采取各种补救措施,以维护组织声誉。

从非公众到行动公众是一个连续发展的过程。非公众可能发展成潜在公众,潜在公众可能转变为知晓公众,知晓公众可能发展成为行动公众。公共关系要注意公众的变化情况,促进或避免知晓公众成为行动公众。比如,在推销和促销的公共关系活动中,公关人员可利用各种传播途径,宣传产品和组织,使潜在公众尽快变为知晓公众,促使知晓公众变为行动公众。而在危机事件发生时,公关人员应迅速采取一系列有效措施,不失时机改变公众的态度,不使其发展成行动公众,以避免或减弱对组织的不良影响。

第二节 各类公众关系

组织面对的公众繁多,其特点不同决定着组织必须采用不用的公关方式,协调与各类公众之间的关系,主要包括内部公众关系(员工关系、股东关系)和外部公众关系(消费者关系、媒介关系、政府关系、社区关系、国际关系)等。

一、内部公众关系

内部公众是组织内部的所有成员。它是最重要的基本目标公众,可以说,处理好这部分公众的关系是公关工作的起点。因为内部公众是形成组织力量的主体,组织政策的实施、任务的落实、目标的实现、组织的凝聚力的形成、组织文化的创造等均有赖于内部公众的配合和努力。只有先处理好与内部公众之间的关系,才能上下一心地进行对外公关。内部公众关系主要包括组织内部的员工关系和股东关系。

(一) 员工关系

员工关系在企业公关一节已详述,此处不再赘述,仅提供案例供读者参考。

案例

挖不走的员工:星巴克公关[①]

"星巴克的伙伴(员工)很难被挖走。"星巴克(中国)的人力资源副总裁余华充满自信地说。在她看来,每名星巴克员工都是公司的"伙伴"。

作为咖啡领域快速消费品的领军者,星巴克的伙伴每天也会受到来自各方面的压力:从企业的高速增长,到为顾客提供优质的体验,甚至突发状况的情绪管理等。

星巴克(中国)大学有各种与压力管理相关的课程:基层管理者的必修课"优先管理"能够提升门店管理组的时间管理技巧,帮助他们减少每日的工作压力;针对中高层管理者推出的"精力管理"培训,将全国各地的总监及以上管理者汇聚在一起,邀请西雅图总部的内部讲师介绍如何通过饮食、健身和身心调节来缓解压力,在身体、情绪、精神等不同层面进行自我调节和改善,以保持和创造最佳的工作状态。人力资源管理部门也经常有类似的培训,如:通过了解大脑的物理呼吸,通过禅宗方式练习如何专注、倾听、静观,从而保持良好的情绪状态。"我们通过更加人性化的视角来帮助伙伴达成绩效,通过价值观约束行为,用奖励辅导等方式激励和帮助伙伴,而非通过施加太多压力来完成。"余华说道。

这种人文精神始终贯穿在星巴克内部的方方面面。星巴克重视伙伴的声音,定期举行"公开论坛"。在这个论坛中,每一位伙伴都可以向高管提问并得到解答。这种坦诚的沟通机制不但起到了减压阀的作用,而且为决策层提供了意见参考。管理层与伙伴会定期进行一对一的"真诚谈话",在关注伙伴是否完成任务之外,更加关注伙伴每天的感受和工作的心态。星巴克为此专门引入"The Power of Unlocked Conversation(开启对话的力量)"课程,供总监级管理层学习。

另一种鼓励伙伴的方式是"赞赏文化"。星巴克内部会定期举办"伙伴公开论坛",积极认可和鼓励伙伴的突出表现。"除了公司正式的表彰外,我们在每周的咖啡品尝会上,有一个环节是伙伴之间互赠认同鼓励卡片。这种行为习惯是星巴克公司文化的一部分,紧密合作的氛围是促进人际和谐的润滑剂"。余华同时强调,与公开认可相反,如果伙伴

[①] http://money.163.com/15/0305/14/AJUTULR100253G87.html.

的绩效表现不尽如人意,主管会选择私下与伙伴进行沟通,在指出问题的同时也会认真倾听并给予辅导。公开的赞赏与私下真诚的沟通成了减少伙伴压力的重要环节。

余华对星巴克的伙伴很难被竞争对手挖走充满自信,因为星巴克为伙伴提供的不仅仅是工作场所,更多的是"家"的文化;在互相尊重的氛围中,员工真正形成了"伙伴"的关系。

另一方面,为伙伴提供多种发展渠道,鼓励伙伴在不同岗位"流动"也成为其特色之一。当公司有职位空缺时,公司会通过内部流程推荐给门店伙伴,鼓励大家申请。除了技术型伙伴外,星巴克内部的提拔率为90%以上。

如今,"90后"开始成为职场的生力军,而对于星巴克来说,这些年轻人似乎适应得更快。根据星巴克积累的调研数据,余华总结出了"90后"的一些特征:勇于表现,学习能力强。"当公司举办内部伙伴大会时,'90后'多才多艺,尽可能地表现出他们的才华。"

星巴克也为他们提供了多种渠道学习和自我展现的机会。在星巴克,"咖啡大师"是"专业"的代名词,咖啡大师的级别认证要经过层层选拔,竞争激烈。"90后"的自我"成长"欲望很强,会踊跃迎接挑战。在深圳,就有一名"90后"的门店经理脱颖而出成为区级咖啡大师。有突出特长的伙伴还会被聘用为星巴克(中国)大学的"伙伴教授",所教授的学生可能是公司总监以上的高管。

余华称,"90后"作为独生子女更渴望交流,能够快速融于社交网络等互动媒体中,逐渐成为创造"星巴克体验"的生力军。而成熟的"70后"和"80后"则拥有更加圆融的人际技巧和管理经验。多元化的伙伴构成能形成类似家庭亲情、友情的感染力,与顾客的关系也更加融洽。顾客会因为喜爱的店员而长期光顾星巴克,每名伙伴都有机会通过"竭尽所能做到最好"而成为顾客心目中的"STAR"。根据不同需求提供多种学习发展之路,将伙伴培养成追求卓越、敢于担当的人才,无疑使他们能更加自信地面对职场压力。

"从人文视角出发,我们追求卓越业绩。"因为星巴克为伙伴提供的不仅仅是一份工作,更多的是在"家"的文化熏陶中,在"伴"你成长的氛围中实现企业和伙伴的双赢。所以,星巴克在中国的16年赢得了无数忠诚的追随者——无论是顾客还是"伙伴"。

[思考]

星巴克员工的忠诚度为何高?组织可以从哪些方面来培养员工的忠诚度?

(二)股东关系

股东关系是指社会组织与投资者的关系。股东关系在国外是一种很常见的公共关系,是股份有限公司所特有的一种企业内部公共关系。从形式上看,它似乎是外部关系(特别是众多的、分散的股东),其实它又是一种分散于外部的内部关系。他们是组织的支柱,是组织的"财源"和"权源"。股东有两类:一类是人数众多且分散的小股东,他们虽然不直接掌握企业的经营,但他们各自持有或多或少的股权,他们最关心企业的盈利状况。另一类是占有较多股份的大股东或社会名流,或由股东推选出来的董事会。他们人数不多,但代表股东管理企业,对企业重大政策和人事任免具有参与权和监督权。股东公共关系的基本目标是加强企业与股东之间的信息沟通,提高企业的知名度、美誉度,争取现有股东和潜在的投资者对本企业的了解、信任和支持,创造更加有利的投资环境和通力合作的融洽气氛。随着企业改革进程的深入,我国股份制企业越来越多,股东日益成为重要的公共关系客体,公共关系人员要尽可能利用股东广泛的社会关系扩大产品的宣传网络,开辟新的市场。

1. 经常与股东进行信息沟通

股东一旦投资于组织,就意味着其利益与组织休戚相关,很自然要关心组织的生产经营情况。在涉及股金运用和组织发展的问题上,应让股东享有决策层享有的知晓权利。平时也应经常进行信息交流,一方面,组织可定期或在特定时期内以各种形式传播组织信息,比如采用股东年会、年终报告、致函电、召开会议、邮寄材料等方式来将组织战略决策、发展目标和计划、资金流动情况等迅速传达给股东,让股东充分了解、关心组织情况,并可以利用他们广泛的社会关系扩大产品的宣传网络,开辟新的市场;另一方面,搜集来自股东方面的信息,如股东本人情况,他们对组织的意见和建议、对产品或服务的感想等,鼓励股东献计献策,提出合理化建议,吸引和鼓励股东参与组织经营活动。

2. 保证股东应有的经济权益

这里含有两层意思:一是及时地发放真实的股金红利,保证股东应有的经济权益;二是保证股东退还或转让股金的权利。

3. 注重与股东的情感交流

处理股东关系,不仅要注重双方信息的沟通,而且要注重双方情感的交流,使股东对组织产生亲切感和信任感。比如逢年过节,举行与股东的联谊会或茶话会,倾听股东对组织的意见和建议、对产品或服务的感想等;鼓励股东献计献策,吸引和鼓励股东参与组织经营活动,或向股东赠送本组织的产品,请股东参观、做报告或听汇报等各种活动,争取让股东成为产品的忠实顾客。很多企业只埋头于科技开发、新产品推广、市场营销等,只想以更好的产品满足普通大众之需求,却忽略了自己公司的股东也是自己的公众,而且是更具有消费能力和影响力的公众。因为一般来说,股东不仅经济条件比较好,而且往往是社区乃至全国的社会名人,其社会关系网自然比普通公众要广泛,其影响和辐射能力也非一般公众能比。组织要善于调动股东的积极性,让股东使用、评价本公司产品,起到对其他消费者的示范作用。尤其要发挥名人股东对企业形象的宣传、推广以及产品的推销等方面的巨大作用,让社会公众对公司及其产品产生信任。

案例

股东的圣诞礼物

每逢圣诞节,美国通用食品公司便准备一套本公司的罐头样品,分送给每一位股东。股东们为此感到非常自豪,他们不仅极力向别人夸耀和推荐公司的产品,而且在圣诞节之前便准备好一份详细名单,由公司按名单把公司生产的罐头作为圣诞礼物寄给他们的亲友们。因此,每到圣诞节前,通用食品公司都要额外收到一大批订单。股东们既享受到了折扣优待,公司方面也赚到了一大笔钱。

[思考]

通用食品公司的这种做法对于处理股东关系有何借鉴意义?社会组织应如何与股东进行沟通?

二、外部公众关系

在现代社会中,社会组织的生存和发展越来越依赖于其外部的公众环境,因此社会组织除了要处理好内部公众关系,同时还要处理好与外部公众的关系,以争取外部公众对组织的理解、信任和支持,建立良好的外部公众环境。与社会组织发生关系的公众很多,传统公共关系学论著中将其分为消费者关系(或顾客关系)、媒介关系(或新闻界关系)、政府关系、社区关系、国际关系等,笔者认为这其中忽略了如何处理好与非营利及非政府组织(NPO 和 NGO)和意见领袖的关系,而这类组织因其公益性和草根性在今天越来越具有社会影响力。本节试图对这一类公众进行探讨,做一些抛砖引玉的工作。

(一)消费者关系

消费者关系也称顾客关系,是指社会组织与其产品(包括精神产品和物质产品)的购买者和消费者之间的关系。

消费者是组织外部公共关系中最重要的一类。首先,对社会组织外部公共关系来说,消费者是与组织关系最为广泛、密切的一类公众,他们不但分布广(如城市或乡村、国内与国外)、层次多(如工人、农民、教师或妇女、儿童、老人等),而且这一类关系往往表现为具体的、直接的人与人之间的关系,如销售与购买、服务与被服务等。如果失去了顾客,很难想象一个组织能维持自己的生存,毫不夸张地说,消费者是组织的生命线。

顾客对组织在其运行中表现的态度、行为,对组织的生存能力和竞争能力,甚至对组织的发展能力都有重大影响。因此,能否处理好与消费者的关系直接关系到组织的目标最终能否实现。日本日立公司广告课长和田可一曾在20世纪60年代就指出:"在现代社会里,消费者就是至高无上的王,没有一个厂胆敢蔑视消费者的意志。蔑视消费者,一切产品就卖不出去。""顾客至上"的观念可看作组织如何处理消费者关系的原则,它反映了组织在处理、调节与消费者关系时所采取的指导思想。如何做到"顾客至上",可从以下几方面入手:

1. 尊重和维护顾客的合法权益

1993年10月31日,全国人大常委会通过了《中华人民共和国消费者权益保护法》,已于1994年1月1日起正式执行。这部法律对消费者的权利、经营者的义务、国家对消费者合法权益的保护等问题均做了详细的规定。比如消费者享有安全权、知情权、自主权、公平权、索赔权、结社权、获知权、人格权、监督权九种权利。处理好顾客关系就要很好地尊重和维护顾客的法定权利,认真履行组织应尽的责任和义务。

2. 提供优良服务和优质产品

优质产品包括产品的性能、尺寸、强度、光洁度、可靠性和使用寿命等都要达到一定要求,主要靠设计、技术和工艺来保证,而且要不断创新,具有超前意识和环保节能意识,不断为顾客公众提供新产品、系列产品等。质量的好坏有时会关系到人的生命,需要企业不仅有技术,更要拥有良心。如今很多企业为了追逐利益,置消费者的利益甚至性命不顾,从公共关系的角度来看,它违背了公关的本义,是企业的短视行为,很快就会被消费者所抛弃。

优良服务包括事先向消费者传播有关产品及服务的信息、服务过程中的文明礼仪、良好的消费环境和完善的售后服务等,要真正想顾客所想,急顾客所急。一流的服务不仅包括出售商品时要耐心、周到、热情、及时、礼貌等;还包括为消费者创造相宜的服务环境,比如服装店为顾客设置的试衣室、穿衣镜等;良好的售后服务,比如产品更换、维护等。如美国克莱斯勒汽车公司总裁艾科卡曾向全国宣布:"如果你对我们的汽车买后感到不满意,可在30天内或1 000英里行驶里程内退车还钱,也可另换一辆新车。"不满意就可退货或换货的做法,为汽车业有史以来最大胆的行销战略,它使买车者感到没有风险。而那种"货物出门,概不退换"的态度,拒顾客于千里之外的态度则往往会使顾客心存疑虑,望而却步。

3. 妥善处理各种纠纷,认真对待顾客投诉

有时顾客对产品质量、售后服务、服务态度不满通常会引起各种纠纷与投诉。实际上,这一类公众已成为行动公众,对这类公众,公关人员应及时、耐心、诚恳地处理,并帮助顾客解决问题。这一类公共关系属于危机公关中的一种,对于这种情况,公关人员首先应掌握第一手资料,查明纠纷发生的真正原因,尽快拟订处理方案并尽快实施。若原因属产品质量或服务问题,就要坦诚地承认自己的错误,承担责任,做出赔偿。若是他因所致,应

在解释的基础上协商解决。总之,顾客至上的原则是危机处理的核心原则。

4. 正确引导顾客消费

随着市场经济的不断发展,产品越来越丰富,消费者可供选择范围也越来越大,在这种情况下,组织可以采取技术示范、举办技术培训班、编印说明书等方式将茫然的顾客引入自己稳定的消费队伍中。如美国生产日用化妆品的克莱罗公司设立了永久性的训练中心,坚持对顾客进行教育。他们免费辅导美容院的工作人员使用各种新化妆品,聘用大量的专业美容师深入学校、美容院、产品陈列室、展览会等,传授和示范化妆品的使用方法。这些免费的指导教育,使克莱罗的产品在激烈的竞争中不断吸引公众。

案例

跨界＋IP＋网红:故宫文创是如何炼成的[①]

近年来,故宫文创不断推陈出新,贴合消费者的兴趣与热点话题,提供优良、有趣的文创产品,潮品爆款层出不穷。从严肃的紫禁城到"萌萌哒"故宫淘宝,故宫将古老的风骨与血液融进各种文创产品中,屡屡刷屏,成为一个现象级网红 IP。

一、创造时尚文化产品

故宫文创兼具故宫文化底蕴和流行时尚元素,将这些融合性的创意元素与箱包、服饰、首饰、手机壳等结合。文创制作方选取有潜力成为爆款的御用名句,添加到帽子、眼罩、钥匙扣、折扇等上面,赋予这些产品新的创造力。朝珠耳机、"朕就是这样汉子"折扇、超酷的御批文字系列及万能刺绣布贴等产品,本身形象就足够创意,颇能吸引眼球。图书《点染紫禁城》、故宫日历等特色产品的打造,兼具实用性与文化品位,受到消费者追捧。研发人员查阅大量史书资料,以确保所用词汇不与史料背离,还能突显"朕"这一皇帝自称在表达感情时的亲切,从而拉近"御用产品"和平民百姓的距离,刺激购买欲。其文创产品在设计风格、产品种类、物料等方面及时吸纳社会研发力量的精华,能够应景推出呼应市场的新产品。"卖萌"的、文人雅士手办礼类的、高大上的、限量版奢侈品等应有尽有,在风格、题材、价位方面能满足社会不同层次购买者的需求。故宫文创向来不关注研发数量,更注重研发质量。产品代表的就是故宫博物院的品牌形象,不仅飞入寻常百姓家,也进入收藏领域。有的产品在比赛大会中获奖,有的甚至作为国礼赠予外国领导人。

---

① 参考 https://m.sohu.com/a/316371259_814389,https://mp.weixin.qq.com/s/g_ywclV0s6KVmzh2w73-cg,https://m.xzbu.com/2/view-14829176.htm。

二、打造独特文化 IP

文化 IP 特指文化产品之间的连接融合,是有着高辨识度、自带流量、强变现穿透能力、长变现周期的文化符号。文化 IP 有两个核心:内容与追随者。简单来说,它首先需要优质的内容打下基础,其次便是追随者。有了流量、粉丝,文化 IP 才有持续发展的生命力,可以进行商业化运作。这两者相辅相成,构成文化 IP 的核心。IP 与品牌不同。在品牌推出新品时,用户在购买之前会思考是否购买。IP 则不同,粉丝的追随与喜爱使其在购买前没有思考的过程,简而言之——"出了就买"。故宫 IP 近年来的现象级发展,离不开独特个性的塑造。光是"朕"的相关开发,就给人带去了无限乐趣。故宫"朕"形象 IP 开发,《上新了故宫》热播,将故宫文物与潮流开发相结合,打造具有幽默感、新奇度与有趣味的衍生品,利用嘉宾带动流量,使故宫 IP 的热度持续攀升。在国内,文化 IP 有了自己独特的融合道路和发展方式。但是,要做到用文化去赋能现有产品,而不是定造一个产品,这是一个全新的过程,是一次全新的探索。故宫在其文创小店中推出玉玺巧克力——乾隆的"二十五御用宝玺"。这个玉玺巧克力寿命并不长,仅有一年保质期,一经推出就广受好评。目前只能在故宫线下购买,且每一家店铺存货的颜色不尽相同,凑齐一整套要费一番功夫。故宫玉玺巧克力的思路便是用文化去赋能现有产品。在通常的思维中,想到开发"玉玺",蹦出来的无非是各种材料的复刻。可购买这样的复刻品确实没有多大用处,新产品的消费吸引力并不强。开发团队换了思路,用"玉玺"去赋能已有的巧克力,使得产品好看、好玩又好吃,不论是自己购买还是当作礼物都极有意义,让玉玺"活起来"。

三、注重多元媒介传播

除了做好产品本身的研发,故宫 IP 大范围"吸粉"的另一原因在于"故宫淘宝"账号的宣传方式。新媒体环境下,故宫淘宝宣传团队紧跟时事,凭借花式卖萌的文案和跳脱的表情包,吸引顾客的目光。2015 年 10 月 30 日,故宫淘宝微博发布《够了!朕想静静》的推文,幽默、诙谐地阐述了"一个悲伤的明朝皇帝的故事",故事的最后竟然是求证"皇帝的心理阴影面积"。文章一出,立刻刷爆了社交媒体平台,以几何级增长的态势不断被传阅。故宫淘宝停不下来的"卖萌"宣传模式拉近了与受众的距离,增加了互动感,既向各年龄层受众科普了小众的历史故事,又将自己的新产品宣传出去,一举两得。之后,故宫淘宝的微博账号以及微信账号陆续发布多篇名为《朕生平不负人》《够了!朕想静静》《朕有大招赐予你》《你们竟敢黑朕?》《朕是如何把天聊死的》以讲史实之名、行售卖之实的广告帖,文内多配上颠覆君王形象的表情包,为品牌 IP 持续提升活跃度。

2016 年,故宫先后与阿里巴巴、腾讯两大互联网巨头达成合作。阿里方面搭建了文创产品销售平台。而和腾讯的合作,故宫则更看重 QQ 和微信庞大的用户量。腾讯也在尝试推出故宫定制版游戏,并在QQ表情中推出故宫的元素,将原创IP通过社交软件传播。2016年9月,故宫博物院还和凤凰领客文化达成战略合作,双方将充分应用故宫具有丰富历史背景、文化故事的馆藏进行创意合作,以增强现实技术(AR)、互动沉浸技术(MR)、3D等科技手段提升其文化价值,传播故宫文化内涵,满足公众对故宫文化认知的需求。故宫文创的红火充分得益于互联网平台。故宫淘宝让故宫文创的销量大增,不去故宫的人也能够享受到故宫文化的创意。与此同时,为了更好地开拓市场,故宫还与互联网企业合作,一起推动其文创产品开发和公关。故宫博物院近年的变化也改变了人们印象中高高在上的紫禁城的形象,更贴近大众,实实在在实现了让"文物"活起来。

[思考]

在处理公众关系时,故宫文创有哪些方面值得借鉴?

(二)媒介关系

媒介关系也称新闻界关系,即与新闻传播机构(包括报社、广播电台和电视台)以及新闻界人士(记者、编辑等)的关系。媒介关系是公共关系工作对象中最敏感的一部分。因为媒介具有明显的双重性:一方面,新闻媒介是组织与公众之间的沟通桥梁与纽带,具有工具性;另一方面,新闻媒介人员又是组织必须特别重视的特殊公众,具有对象性。新闻媒介可以大量地、高速度地复制和传播信息,可以跨越时间和空间的限制,其新闻舆论对公众影响可谓深远。可以说,媒介对于组织就像一柄"双刃剑",可谓"成也萧何,败也萧何"。组织应努力争取新闻界对本组织的了解、理解和支持,以便营造对本组织有利的舆论氛围。良好的媒介关系有利于形成良好的公众舆论。如果某个组织、领导人、产品、服务成为新闻界报道的热点,便会成为公众议论的话题,获得较高的社会知名度,而通过新闻界对组织的客观报道,也容易获得公众的信任。因此,社会组织一定要善于处理好与媒介的关系。

1. 熟悉、了解新闻传播活动的特点、规律以及新闻媒介机构的工作方式

通过对各种媒体性质、风格、听众及读者对象、影响覆盖面等问题的研究,有助于组织协助或运用新闻媒介开展更有效的工作。比如设计、刊登广告时应考虑不同传播载体的特点进行不同的设计;或根据新闻活动的规律提供具有新闻价值的线索或策划具有新闻价值的公关活动,也叫"制造新闻"或"策划新闻",扩大组织影响。比如数年前日本SB公司为推销其滞销的咖喱粉策划了"富士山换颜色"的新闻,宣称要用直升机将该公司生产的咖喱粉撒满整个富士山,使其旧貌换新颜,呈现一片金灿灿的新景象。此举一出,立刻引起了全国人民的关注,大家纷纷来信、来电点评或指责其做法。数日后,SB公司又在报上声明:"本公司考虑到社会各界的强烈反对,决定撤销咖喱粉计划。"从此,此咖喱粉名声大噪,不多日咖喱粉销售一空。该公司抓住备受国人关注的富士山做文章,策划了一起具

有新闻价值的公关活动,一方面显示了厂家实力,可使富士山换颜;另一方面又体现了其重视民意的态度,为公司赢得了知名度和美誉度。

2. 与新闻媒介人士建立良好的人际关系,进行双向信息沟通

要遵守新闻记者的职业行为准则,尊重记者的权利,以诚相待,平时多与之联系,建立良好的人际关系。用行贿等手段来拉拢记者,或者以暴力威胁、报复记者的行为是公关活动中的大忌。另外,组织应主动、及时地向新闻媒介提供具有新闻价值、合乎新闻传播规律的新闻稿,不能坐等新闻记者的来访。公关人员撰写新闻稿件或资料,一方面能减轻记者的工作负担;另一方面有助于媒介全面了解组织状况,便于组织形象的宣传。不失时机地召开记者招待会或新闻发布会,可使新闻媒介更充分地了解组织,从而使双方的关系更加密切和友好。

3. 正确对待新闻媒介关于本组织信息的传播

这一点有两方面的含义:一是如何对待有利于本组织的信息传播(如表扬性报道),二是如何正视不利于本组织的报道(如批评性报道)。对于有利的传播,组织应将其作为继续发展的动力与契机,保持谦虚、谨慎的态度,不忘向媒介和公众致谢,表明自己继续努力的决心;对于不利的传播,组织应持"有则改之,无则加勉"的态度。一般来说,批评报道有两种情况:一种是内容属实,另一种是内容失实。对于内容属实的批评报道,社会组织应该采取积极主动的姿态,一方面对于新闻媒介的报道予以肯定,并感谢新闻媒介的舆论监督;另一方面应迅速组织力量,查明事件真相及其原因,采取积极有效的补救措施,并认真总结经验教训,杜绝类似事件的再次发生,以实际行动表明接受批评的诚意,求得公众的谅解。如果媒体对组织进行了失实报道,给组织带来了不良影响,组织也不能谩骂或诋毁新闻界,而应向其提供真实情况,澄清事实真相,请媒介再进行纠正性的报道,以正视听。

(三)政府关系

政府关系,是指社会组织与作为其公众对象的政府之间的关系。政府公众是一类特殊的公众,一方面,政府是国家权力的执行机构,是各项政策、法令及规章制度的制定者,从企业的设立、发展、产品上市、并购、危机处理等各个方面,对企业的运行和发展有着至关重要的约束和监管作用;另一方面,政府也是企业产品和服务的购买者,是企业不容忽视的重要顾客。企业如果能得到政府部门的支持、援助和赞赏,往往能获得优越的竞争条件和有利的发展环境。相反,如果被政府部门批评、制裁,往往会对组织造成致命的后果。因此,任何社会组织都必须高度重视与政府部门的公共关系。尤其是在全球化的背景下,跨国经营活动越来越频繁,跨国公司在进入他国经营的第一步也是最重要的一步就是如何处理好与当地政府之间的关系。

1. 认真遵守政府制定的各项政策和法规

组织必须详尽地了解、分析研究政府所颁布的各项政策和法规,保证其经营活动在政策允许范围内进行,并随时注意其变动情况和变化趋势,研究其适用范围,注意变通性和灵活性,唯此,才可以帮助组织决策层及时、全面、准确地掌握国家的方针、政策,使企业能够及时对政府政策的变化作相应的调整。

2. 积极与政府部门进行信息沟通

组织应主动向政府部门报告组织发展的相关情况,保持与政府机构的经常联系。企业可通过企业内刊、新闻报道、座谈会、公关活动等多种形式向政府传达企业的良性信息。同时,定期由企业高层领导统筹带头,主动约请政府相关主管部门来企业参观或举行会议,听取政府对企业发展的意见和建议,建立相互之间的信息沟通渠道和良好的人际关系。尤其是跨国公司因为文化背景的不同,很容易被当地政府或民众误解,影响其自身的发展。企业应经常与政府部门进行文化交流与沟通,让对方了解企业的发展给当地带来的利益,避免给对方造成威胁感,才能获得企业良好的生存环境。

3. 主动承担组织社会责任,赢得政府好感与信任

组织应主动承担社会责任,参与社会公益、环保、慈善等事业或者积极参与政府某些技术攻关项目,建立自己良好的声誉,赢得政府的好感与信任。如柯达一直支持中国社会公益事业,经常赞助医药、教育、环保、体育文化等事业,赢得了政府高层的认同,也塑造了其良好的企业形象。

案例

联合利华政府公关策划案例[①]

一、项目背景

联合利华公司是世界上最大的跨国公司之一。与大多数跨国公司不同,联合利华公司拥有两位总裁,截至 1998 年 6 月,两位总裁从来没有同时出访过一个国家。"本土化"是联合利华在中国发展的最终目标。1998 年——当联合利华公司进入中国市场的第十二个年头来临的时候,"本土化"问题不可避免地提到了联合利华决策者的议事日程上。

二、项目调查

通过访谈调查得出了以下结论:

---

① http://www.795.com.cn/wz/65535.html.

1. 联合利华"本土化"问题面临的机遇

(1)宏观形势。随着中国对外开放的不断深化以及世界经济一体化进程的不断加快，中国经济必将纳入全球经济的轨道运行。外资企业的"本土化"已不再是空谈，而是历史发展的必然。

(2)长期投资。在上海建立地区性总部，充分表现了联合利华在中国长期投资的信心。在中国长期投资，是联合利华实现"本土化"的根本保证。

(3)利税大户。联合利华每年向中国政府缴纳5亿元人民币税收，容易获得政府的好感。

(4)产品优势。联合利华在中国生产、销售的产品为家庭及护理产品和食品，"力士""夏士莲""奥妙""和路雪"等品牌已经深入人心，有利于获得公众的认同。

(5)发展民族品牌。联合利华以多种形式优先发展"中华牙膏""京华茶叶"等在中国家喻户晓的民族品牌。如果处理得当，可以大大提高公众与联合利华的亲近感。

2. 联合利华在"本土化"进程中不能回避的问题

(1)官方认同。包括三方面内容：

首先，拥有并发展诸如"中华牙膏""京华茶叶"等民族品牌是联合利华"本土化"进程中的重要步骤。面对联合利华大规模的收购计划，政府主管部门的态度就显得十分重要。在实际经济运行中，有些外资企业收购民族品牌后将其束之高阁甚至转卖，造成民族品牌的贬值甚至消亡。联合利华向有关部门表明长期发展民族品牌的意向，就显得十分必要。

其次，联合利华处在食品及日用工业品行业，并不属于中国政府希望优先注入外资的行业。从这个意义上讲，与中国政府的沟通显得十分必要。

另外，由联合利华控股的公司在中国上市是联合利华完成"本土化"进程的重要标志。但针对外资或合资企业在华上市的问题，当时的中国政府没有明确的政策。解决上述问题，首先要进行政府游说工作，获得政策的支持。在这个问题上，政策的支持包括两个层面：第一，中国政府公开表示允许外资控股公司上市；第二，在条件成熟的情况下，允许联合利华作为第一批外资控股公司上市。为了达到以上目的，联合利华需要进行长期的政府公关工作。

(2)重组"阵痛"。资产重组必然带来部分企业的关闭以及企业与部分员工提前解除劳动合同，势必带来地方经济利益的损失和人员下岗。在当时的社会条件下，各方面对"下岗"问题十分敏感，一旦处理不当，激化了矛盾，"下岗"问题有可能对联合利华的资产重组行使"一票否决权"。

(3)舆论压力。在中国国内，保护国有资产和国有品牌的呼声很高，有些媒体甚至喊出"狼来了"的感叹。

(4)社会心理。对待外资的"本土化"问题，公众在心理上的接受需要一个较长的过程。在这个层面上,联合利华还需做长期、细致的工作。

综上所述,在当时的条件下,联合利华实现"本土化"的核心问题在于政府支持。

三、项目策划

(1)公关目标。完成联合利华高层与中国政府有关主管领导的沟通,借此机会表达联合利华在华长期投资的信心,阐明联合利华"本土化"战略的立场,同时在"本土化"的关键问题上(如合作发展民族品牌、在华资产重组、控股公司在华上市等)获得必要的支持。

(2)目标受众。包括:有最终决策权的国家领导人及上海市领导人;有关政府部门主管领导;联合利华在华各方面的合作者;新闻界;社会公众。

(3)公关策略。在1998年的适当时候,安排联合利华两位总裁同时访问中国,通过这种在联合利华历史上破天荒的举措,表明联合利华在中国长期投资的信心与诚意,并通过以下举措完成既定公关目标:会见有决策权的领导人——国务院总理朱镕基及上海市市长徐匡迪,沟通情况,获得必要的支持。总裁在华期间,宴请有关政府主管部门代表,进行必要的沟通;同时宴请在华合作单位代表,维系长期稳定的合作关系。总裁访华期间,组织系列新闻宣传活动,宣传联合利华在华成就,形成有利于联合利华的社会舆论。访华期间,参加联合利华支持中国公益事业的捐助仪式,获得社会赞誉和认同感。

四、项目实施

1. 会见

为了减少会见申报的中间环节,中国环球公共关系公司利用自身的新华社背景,协调新华社作为两位总裁访华的中方接待单位,由新华社直接上报国务院,减少了申报会见的时间。

6月10日下午3:00,国务院总理朱镕基接见了联合利华两位总裁。会谈期间,联合利华方面表达了在中国长期投资的信心,同时就"本土化"进程中的一些问题与朱总理交换了看法。

在早些时候,上海市市长徐匡迪也接见了联合利华的两位总裁。借此机会,联合利华向徐匡迪市长通报了将总部设在上海的原因,同时就上海的联合利华资产重组问题与徐市长交换了意见。

2. 宴请

6月10日,联合利华在人民大会堂宴会厅举办了丰盛的晚宴。两位总裁宴请中国有关政府机构的负责人、中方合作单位代表及社会知名人士,全国人大常委会副委员长王光英、全国政协副主席曹志、中国中央统战部副部长刘延东以及国家计委、经贸部、国家工商局、轻工总局等有关部门领导人出席了宴会。

同时,两位总裁借此机会宴请在联合利华的退休职工,表达关爱之情。

3. 公益活动

6月10日,联合利华公司出资200万元人民币,资助125名贫困大学生。在人民大会堂举行的捐助仪式上,联合利华的两位总裁将奖学金颁发给了贫困大学生代表。

4. 媒介宣传

(1)宣传形式:新闻发布会/新闻专访/CCTV专题片/文字专稿/图片专稿。

(2)媒介(略)

(3)宣传要点:联合利华对在中国投资充满信心;联合利华重新进入中国12年,业绩斐然;联合利华的国际地位、经营业绩;联合利华支持中国公益事业,捐资帮助贫困大学生。

5. 媒介活动

(1)北京、上海新闻发布会。会议期间,两位总裁透露了联合利华在中国进一步发展的设想并回答了记者感兴趣的问题。新闻发布会着重强调联合利华将总部迁往上海的理由,从而获得上海媒介的认同感。

(2)图片专稿。6月10日,两位总裁在天安门前与中国少年儿童共同品尝"和路雪",同时邀请在京主要新闻单位的摄影记者到现场采访。天安门具有非同一般的象征意义,安排联合利华两位总裁以这种轻松、独特的方式"亮相",巧妙地表达了联合利华对中国的友好与亲近,预示着联合利华在华实施"本土化"战略的强烈愿望。

(3)电视专访。6月10日,安排联合利华两位总裁接受CCTV"世界经济报道"栏目的专访,利用CCTV金牌经济栏目集中发布联合利华的声音,可以系统地阐述联合利华在中国发展的长远设想,全面表达了"本土化"的意愿,对中国有关方面产生积极影响。

[思考]

跨国公司为什么必须注重政府公共关系?联合利华公司的政府公关策略给了中国企业什么启示?

(四)社区关系

社区关系是一个社会组织的区域关系、地方关系、邻里关系。它是指与某个社会组织主体地域上互邻、利益上相关的一种公众关系。社会组织建立在某个社区之内,就必然要使用该社区的水电资源、原材料资源、土地等公共设施,并且社区还为组织提供一定的劳动力资源,为组织提供交通、治安、环境保护以及商店、市场等方面的社会服务。作为组织生存和发展的直接环境,社区还是一个相对稳定的市场。所以,正如一句老话:"远亲不如近邻",良好的邻里关系对组织做好各项工作是非常重要的。建立和谐的社区关系,需做好以下几方面工作:

1. 严格遵守地方法律规范，确保社区的合法权益

社会组织必须服从地方政府、各级管理机构的领导和管理，尽可能避免或减少组织自身活动对社区其他公众正常活动的影响。比如做好"三废"（废水、废气、废料）的控制与治理、减少噪音等，使社区公众保持良好的正常活动。如因不慎造成了对居民的伤害，应及时向公众道歉并采取措施加以解决，以求得公众的谅解。比如上海搪瓷厂原先厂房狭小，设备陈旧，"三废"严重，严重影响了周围居民的正常生活。为了改善本企业与社区公众的关系，该厂成立了领导小组，由厂领导亲任组长，开展了一系列的公共关系活动：首先邀请居民代表参观本厂，了解生产中的具体情况；然后到居委会召开座谈会，虚心听取居民们的批评和意见，诚恳地表示道歉；随后，加强了技术改造，控制"三废"对居民的影响。这些举措终于扭转了社区公众对自己的不良看法，并在社区公众心目中树立起良好的形象。

2. 沟通信息，加强彼此间的了解

良好的社区关系是建立在相互了解基础上的。因此，社会组织应采取各种传播手段，使双方信息畅通。组织应主动向社区公众通报本组织的各方面情况，如组织的方针、政策、生产经营现状、未来发展目标等；还可采取"请进来"的方法，邀请各方面社区公众代表来参观、座谈，广泛听取社区公众对组织的意见和建议，并对有关问题及时回复。社会组织应了解和尊重社区居民的风俗习惯，只有顺应当地风俗民情，才能获得社区公众的支持。

3. 关心社区建设，增进居民福利

社会组织应主动、积极关心并支持社区建设，比如捐助或修建公园、道路、风雨亭、图书馆等公共设施，维护社区治安，组织或赞助文艺表演或体育竞赛，提供义务服务，兴办第三产业等。这些举措能使社区公众得到真正的实惠，进而能得到公众的支持，提高本组织的美誉度。

案例

美国艾克逊石油公司的社区推广活动

美国艾克逊石油公司认为，企业的社会责任主要包括三个方面的内容：企业固有的经营责任；环境保护以及消费者权益保护责任；为社会服务的责任。公司认为，后两个方面的内容需要借助社区推广活动来加强，活动内容主要有如下几项：

一是社区文化事业资金援助计划，主要内容是对社区文化事业提供资金援助，其具体项目有：(1) 与美国剧场和公共广播电台合作，把社区公众喜爱的地方戏剧改编成电视剧，

援助金额达100万美元;(2)补助新世界交响乐团,提供2.5万美元给这个乐团作为社区公演补助费;(3)资助哈雷姆预备学校,该校为私立预备学校,为社区少数民族后裔提供进入大学学习的机会,公司每年资助60万美元;(4)大学生参加社区服务计划,即公司请大学生参加社区服务,由公司付给学生工资,目的是为学生提供了解社会的机会,同时也增加学生的收入来源。

二是员工参加社区义务劳动的活动计划。公司通过广泛征集员工意见,将那些愿意参与义务劳动的员工组织起来,为社区提供生活辅导、顾问工作、护理活动、个别指导、成人教育、环境保护、运动教练等志愿者服务。艾克逊公司的义务活动丰富多彩、计划周详、组织有序。公司还向在社区义务劳动中表现突出者颁发"社会贡献领导者奖",从企业文化的角度看,这正是为公司塑造良好的社会形象寻找"英雄""典范"角色。公司还为参加义务劳动者举行招待午餐的集会,总经理出席勉励员工。如今,义务劳动已成为艾克逊公司必不可少的重要活动,其过程有着浓厚的企业文化仪式的意味。

三是信息传递活动。公司将员工的义务劳动计划、资金援助计划以及企业固有的经营活动,向当地居民进行信息传达。信息传达的途径有三条:定期或不定期的刊物;宣传活动;广告。经过有计划的持续传播,公司形象得到了有效推广。

[思考]

当社会组织的利益与社区公众利益相冲突时,应当怎么处理?组织为何要重视社区关系?

(五)国际公共关系

国际公共关系是指社会组织在与他国公众的交往中,通过国际各种信息传播活动,增进本组织与他国公众之间的了解和信任,维护和发展本组织的良好国际形象的一种公共关系。由于不同国家和民族之间存在着语言、思想文化、社会制度和风俗习惯等方面的差异,客观上要求国家和企业善于利用国际公关进行有效沟通与交流。

1. 政府公关

政府公关即国家为了增进与他国政府与国际公众之间的沟通,树立自己良好的国际形象所进行的传播活动和管理行为。在经济全球化时代,"国家形象"变得越来越重要,它已经成为国家利益的重要内容,是国家综合国力和民族精神的表现和象征,是一个主权国家最重要的无形资产。

长期以来,中国在西方媒体和公众视野中的形象不尽如人意,中国对外表达能力往往受到西方语境的强劲制约,备受"中国崩溃论""中国威胁论"等质疑。这说明在政治、经济、军事等硬实力快速发展的同时,中国的软实力还存在着一定差距。2008年中国经历了拉萨"3·14"暴力事件、奥运圣火海外传递受阻、"5·12"汶川大地震以及北京奥运会等重大国际公共事件,"政府公关"已经不可避免地成为中国的核心话语。

如今,中国也已从国家战略的高度认识到公共关系的重要性。中共十七大报告将"增强社会主义意识形态的吸引力和凝聚力"放到了国家重大战略的高度。近年来,少林寺在海外广设分支教育机构,以弘扬中国宗教文化和禅文化;孔子学院在各国的开设,旨在向世界推广汉语和中国传统文化;中国文化周、文化年的举办,让世界更了解中国;中央电视台加快国际化进程(CCTV-4 分亚洲、美洲和欧洲三版播出),运用大众媒介向世界推介中国形象。国家各级政府机构也建立了新闻发言人制度,适时地举办新闻发布会与国内外公众进行沟通。我们可以从以下三个方面来系统协调各层次的政府公关活动,增强政府公关能力:

(1)提升我国媒介的跨文化传播能力

在全球传播时代,媒体的能量得到了前所未有的放大,它可以让突发事件变得一发不可收拾,也可以使危机成为契机。普通社会公众大多通过大众传媒来建立对一个国家形象的认知。要提升我国媒体的跨文化传播能力,就要重视实现在对象国的"本土化",即可大规模聘用"当地"的本土人才,以其听得懂、愿意听的语言展开对话。中国与西方社会分属完全不同的文明传承,政治制度又迥异,这些都可能造成非常本质的误读乃至警惕。所以我们必须研究分析西方媒介的特点和传播方式,不仅要走出去宣传,也要把国际媒体请进来沟通。以前我们习以为常的灌输式宣传已经不合时宜,也让早已习惯公共关系范式的传播与沟通的西方媒体难以接受。

要增强媒体的国际传播能力,就要找到能让世界听懂并能接受的报道方式,建立媒体的国际公信力,从而引导社会舆论,树立中国负责任的国家形象。如当时"中国制造"危机暴发后,清华奥美战略研究室建议中国政府有关部门应加强与国际同行的沟通与交流,甚至可以邀请长期跟踪报道产品质量安全的国内外主流媒体记者走进中国工厂的生产一线,了解产品生产和检验的实际情况,或者接受他们的专访,为记者提供采访的便利。有关部门很快就采纳了这一方案,"中国制造"的担忧便在开诚布公的沟通中消散,树立了中国政府坦诚负责的国家形象。在与海外媒体的交流中,要建立长期、稳定、通畅的对话关系。

(2)建立政府公关的"统一战线"

长期以来,政府是中国政府公关的单一主角,而公众潜藏的传播力量尚未发掘。政府公关的主体不仅是政府,还可以联合包括各类 NGO、学术精英、社会活动家、海外华人、宗教领袖,或者因特定公共议题而临时聚合起来的社会公众来组成"统一战线"进行公关。

要充分发动"知华派"海外精英和海外华人,他们既熟悉中国国情,又熟悉海外文化环境,可以成为中国政府公关的得力助手。如在 2008 年"3·14"拉萨暴力事件后,"西方一边倒"的报道铺天盖地,中国官方媒体处于被动状态。此时,正是海外华人挺身而出,在西方媒体构筑的"迷雾"中撕开了口子;陈冲在《华盛顿邮报》上用英文撰写理性文章;留学生李洹在巴黎共和国广场用法语发表激情演讲;更有成千上万的华侨华人挥舞五星红旗,迎接奥运圣火传递,抗议 CNN 主持人辱华。针对西方发起的舆论合围,国内的知识精英甚至包括普通民众,也开始从容应对,一大批中国"80 后"在网络上用先进的方式和对方听得懂的语言,来传达中国人的正义声音。正是他们的行为,令西方对中国、对华人刮目相看,起到了中国官方媒体无法起到的作用。因为这些"第三方"公众一方面代表着民众的呼声,更能引起普通民众的共鸣;另一方面,一些社会精英或海外华人熟知西方人的思维模式和游戏规则,所以他们能用其听得懂的语言进行对话。

因此,启动"政府公关"来发出"中国声音"时,必须研究 NGO、学术精英等第三方的传播特点与经验,尤其是华人如何在西方主流社会生存、发展,如何影响主流舆论的成功经验,充分运用社会名流的影响力和话语权,传播中国文化与中国形象。

(3)重视对外文化传播,提高文化"软实力"

在世界大国的崛起过程中,以文化维度来塑造国家形象,是一个已被证明的普遍规律。早在 1997 年,英国企业界在政府支援下,发起以"最酷的不列颠"为主题的英国形象国际宣传活动;1998 年,日本政府提出"文化立国"战略;法国提出"文化欧洲"的设想,谋求建立欧洲文化共同体。如今,世界上许多国家都期望通过提升文化"软实力"来提升自己的国家形象。"软实力"(Soft Power)一词是 20 世纪 90 年代初哈佛大学教授约瑟夫·奈(Josephy Nye)首创提出的概念,作为国家综合国力的重要组成部分,特指一个国家依靠政治制度的吸引力、文化价值的感召力和国民形象的亲和力等释放出来的无形影响力。文化作为国家"软实力"的重要组成部分,能有效地增加国家美誉度和感召力文化是一个国家、一个民族的灵魂。文化兴国运兴,文化强民族强。没有高度的文化自信,没有文化的繁荣昌盛,就没有中华民族的伟大复兴。

一方面,我们可以通过物质文化传播中国形象。比如中国制造的产品正在深刻地影响着世界,如果我们可以在产品中加入中国传统文化元素,则世界人民在日常生活中会潜移默化地被感染,从而对中国文化产生兴趣,产生认同。比如中国饮食文化主张"分享",主张"合家欢乐",如果我们可以把这些理念渗透到世界各地的"中餐馆"中,则可以使世界人民在饮食中不知不觉地接受中华民族一贯的"求和"思想。我们还可以利用蕴含中国文化底蕴的国服旗袍或者少数民族服装来传递中国精神风貌和生活方式,向世界人民展示一种积极向上的中国形象。

另一方面,我们可以通过精神文化来传播中国形象。音乐和体育可以说是两种独特的世界沟通语,它们甚至不需要语言就能在不同民族的心灵间进行分享,引起共鸣。其实,中国音乐从古至今都极为推崇"和"的精神。《乐记·乐论》曰:"乐者,天地之和也",意即音乐表现的是天地间的和谐。"向和""向善"从来都是中华民族所追求的最高境界。在政府公关中,我们一方面应该非常重视和积极挖掘中国传统古典音乐和流行音乐中"和"的因子,通过各种媒介、各种渠道进行传播,让世界观众在审美愉悦和情绪感染中感受中华民族特有的民族精神与民族气节,领略我国谦和与包容的国家形象,从而不自觉地接受中华民族"和"的核心价值观;另一方面,我们可以通过音乐激起外国公众对中国文化的兴趣,从而更好地展示中国文化精神的"和"意。而中国武术博大精深,体现了中华民族"天人合一""修身养性""扶危济困"等精神内涵,如今中国功夫得到了越来越多的外国人的喜爱和关注,也是我们传播中国传统文化和中华民族精神内涵的绝好载体。当然,我们还可以通过中国电影、中国诗歌等各种艺术形式来传播中国形象,展示中华民族的坦荡胸襟与和谐品性。当然,如明安香所说:"国家形象的树立和传播,不仅要靠媒体,还必须有正确的国家理念、国家政策和国家行为作可靠的支撑。"政府公关的目的是为了塑造国家良好的国际形象,但公关并非万能,背后必须依靠英明的国家政策和强劲的国家实力作为后盾。

案例

《唐宫夜宴》火爆出圈:中国文化"走出去"[①]

2021年2月12日(农历大年初一),河南春晚荣登微博综艺榜晚会栏目类第一。在各大卫视春晚"八仙过海、各显神通"之时,没有大牌、没有流量的河南春晚凭着舞蹈《唐宫夜宴》,抢占了各大头条。眼角月牙形的"斜红"妆容、秀逸灵动的曼妙舞姿、徐徐铺开的盛世画卷、光影浮动的传世遗珍……短短五分多钟的表演,展示了唐朝少女从奏前准备、整理妆容到夜宴演奏的全过程。节目中穿插的莲鹤方壶、贾湖骨笛、簪花仕女图等国宝,更是让广大网友直呼:想去博物馆看看。

《唐宫夜宴》不仅在中国引起热烈反响,更是火到海外。3月1日,华春莹在推特上发布推文:"美来自创造力。在2021年河南元宵晚会上,唐朝陶俑复活,舞动着向观众展示了河南博物院,就像时光倒流一样。"推文发出后,评论区的海外网友连连感叹,纷纷表示"中华传统魅力令人赞叹""它完美地向观众展示了唐朝的盛况"。除了华春莹,人民日报海外YouTube账号也上传"唐宫小姐姐"视频,向世界推介河南、推介中华文化。不仅如此,海外网友自发在社交平台充当"自来水"角色,在推特上大赞《唐宫夜宴》是2021年最精彩的节目之一。《唐宫夜宴》的火爆出圈及在传播上的理念创新,非常值得借鉴。

---

① 笔者参考2021年3月26日中国青年报《〈唐宫夜宴〉活了,文化自信回来了》、2021年2月19日央广网《古典舞〈唐宫夜宴〉凭什么"出圈"成为爆款作品》、2021年3月2日映象网《〈唐宫夜宴〉火到海外,华春莹都忍不住发推点赞》、2021年2月15日本原财经《〈唐宫夜宴〉爆火!5G+AR让少女们从盛唐穿越而来》等编写而成。

一、传统文化 IP 开发：推广中国文化理念

近年来随着中国文化"走出去"的推进，中华优秀传统文化越来越受到重视，它不仅是提升中华民族自信心的动力源泉，也决定着对外建构国家形象的价值定位。《唐宫夜宴》堪称一次"历史+艺术+创意+科技"的完美融合和饕餮盛宴，是传统文化 IP 开发实践的一次典范之作。极具辨识度的 IP 形象，让《唐宫夜宴》成为文创界的新宠。河南博物院开启了《唐宫夜宴》系列 IP 衍生品和联名之路：推出"仕女乐队"盲盒，线上线下双渠道都可以购买，成为畅销爆款。之后，河南卫视的《元宵奇妙夜》《清明时节奇妙游》等用"动画 IP"形式串联节目，融入河南文旅元素，带给公众耳目一新的观感和回甘绵长的余韵。同时，选择合适的机会让 IP 形象从虚拟世界走到线下，与粉丝互动，与各大品牌联名，推出 IP 衍生产品，让《唐宫夜宴》舞蹈真正从文化内容成为文化资产，让大众通过多种渠道了解中国传统文化。此外，一些珠宝品牌和汉服品牌也与《唐宫夜宴》IP 形象合作，设计出项链、手链等饰品以及汉服，并进行线上线下售卖，让不同国家的消费者有更多机会了解中国传统文化。"锅圈食汇"推出了"唐宫夜宴"年夜饭，复原了各地经典菜系。"三草两木"与《唐宫夜宴》小姐姐合作拍摄"唐宫养颜记"奇幻片进行产品推广。河南多家酒店也尝试在酒店环境打造、接待服务、客房布置等环节融入"唐宫小姐姐"文化元素，通过沉浸式体验，让来自世界不同地方的游客有机会了解中国传统文化。

《唐宫夜宴》及其之后一系列 IP 衍生合作等都是传统文化 IP 化开发、打造文化品牌的一次探索。它不仅仅追求对历史素材的照搬呈现，而是进行趣味性解构和艺术化加工及周边开发等，使其符合当下年轻人的审美，符合国际公众的心理。《唐宫夜宴》的成功让我们看到：让传统文化"潮"起来，打造受众喜爱的 IP，就可以以一种潜移默化的方式向外界传达中国的思想理念，传播中国文化。

二、多个平台合力发声：聚合社群联动传播

新媒体时代，公众偏好独特、新奇的内容。《唐宫夜宴》打造的视觉奇观中，小宫女们在妇好鸮尊、莲鹤方壶、《千里江山图》等国宝中起舞，舞台背景从幽静的博物馆转换到山水风景和巍峨雄伟的宫墙之中，传统文化的深厚底蕴和东方气韵得到尽情展现。在先进媒介技术的加持下，《唐宫夜宴》"人行画中"般的感官体验使观看者沉浸在传统文化构筑的美学空间之中，震撼于传统文化经久不衰的魅力，获得了文化消费的快感。而华春莹在推特上的发文、人民日报在海外 YouTube 账号上上传的"唐宫小姐姐"视频等成功激起了外国友人的关注。

此外，国内外不同社交平台的"自来水"转发亦引发一波又一波热议。社交平台给个体提供了自我呈现与表达的空间，个性化的信息推送迎合了公众的价值取向和个人偏好，

满足了公众对差异化的追求。而通过平台的社交功能又能聚集起爱好相同、观点相近的公众,形成文化社群。喜爱《唐宫夜宴》的网友在社群中同频共振,相互讨论、分享,形成多级联动传播,吸引了大批中国传统文化的追随者和忠实观众。新媒体时代,公众不再被动地接收信息,亦生产信息,成为信息的生产者、传播者,在对信息进行解读、重构与传播的同时增强了传播效果。比如自媒体在哔哩哔哩等平台对《唐宫夜宴》的深度解读,深化了多元主体的参与式文化体验。

三、数字技术创新赋能:打破国际传播壁垒

在互联网时代,人们处于"数字化生存"的状态,现实环境与虚拟环境融合,利用数字技术为各类文化的传播赋能,已成为一种趋势。《唐宫夜宴》将传统元素与现代技术元素相结合,充分利用数字化技术,在顺应时代潮流的同时,创新性地利用先进的5G AR(增强现实)技术,让场景与舞台有了纵深和多维度的视觉效果,自然顺畅地实现场景转换,营造出时空对话的穿越感。国宝、国风与国潮同频共振,激荡出浓浓的烟火气,生动展示了大气磅礴的盛世文化。这种沉浸式观看,让观众可以跨越语言、时空障碍,穿越古今,置身于唐三彩、莲鹤方壶、《簪花仕女图》之中,开启一场"唐朝少女博物馆"奇幻之旅。业内人士指出,历史的色彩虽已斑驳淡去,但厚重的传统文化不应仅陈列在博物馆里,将新技术纳入创意视野,主动拥抱技术革新,是当下文化创新的必由之路。随着虚拟现实、增强现实等数字科技的发展成熟,舞台的艺术呈现方式不断更迭,让"戏剧+影视化"的表现方法有了技术基础,也让时空的穿透力变得真实可感。通过技术加持,观众从这群"唐朝小胖妞"身上看到了盛世应有的雍容气度以及小儿女情态的俏皮可爱。

随着通信技术的发展,互联网技术打破了时空界限,全球信息交流更加方便,视频信息传递更加真实。作为"热媒介"的视频比作为"冷媒介"的文字具有更高的清晰度,对于公众注意力的要求更低,也更容易使公众产生认同感。近年来,《晨光曲》《朱鹮》登上央视春晚并广受好评,《丽人行》成为电视综艺晚会"常客",舞蹈《纸扇书生》亮相央视《国家宝藏》节目,其背后都有先进影像技术的支撑。这些极具观赏性的舞蹈,精准设计了动情点和传播点,为短视频等传播新媒介提供了丰富的资源。而视频的点赞评论等功能满足了公众的互动需求,"大屏"和"小屏"融合互动,有助于打破国际传播壁垒,迅速"出圈"。

[思考]

中国文化要走出去,你认为从媒介和方式上还可以进行哪些创新?在中国文化走出去过程中政府应该扮演怎样的角色?

2. 企业国际公关

随着经济全球化的深入,跨国经营活动日益频繁,如今许多跨国公司为了赢得世界范

围内的竞争优势,都纷纷增设了公共关系机构,把公关工作当成日常管理的一项重要职能,期望通过加强与世界范围内的信息传播与沟通,塑造良好的国际形象,解决发展中的各种问题。我国企业也应学习发达国家品牌建设经验,从以下几个方面来进行国际公关,提升企业的国际地位:

(1)利用国际传媒,树立品牌形象

我国企业在国际市场上最主要的竞争优势是成本优势和产品优势,但知名品牌相对较少。这就要求企业必须加强与西方媒体的沟通与合作,借助媒体的传播效应,树立企业和品牌的良好形象。众所周知,海尔是中国的知名品牌,然而在收购美泰克时,海尔在媒体问题上却犯了公关大忌,无论当时中外媒体如何轰炸,海尔对收购一事始终保持沉默。海尔集团副总裁解释道,"之所以如此低调,是因为要警惕美国财经界掀起对中国企业跨国并购的抵制风潮"。然而,东方式的沉默却被美国媒介视为一种傲慢和一种潜在的威胁,从而加深了公众对中国公司的不信任,并最终导致了海尔收购的失败。一般情况下,公众会被媒体信息所引导,所以企业不仅要运用我国的对外传播工具,更要了解对象国及国际上知名的新闻媒介和广告界,与国外的新闻机构和广告业建立联系,懂得如何为他们提供新闻资料和广告资料来扩大自己的宣传和影响。企业还要善于分析西方媒介特点,灵活利用大众传媒来引导公众,从而形成有利于企业发展的舆论环境。

(2)重视对政府的公关,营造有利于企业发展的政策环境

对跨国公司而言,政府的角色是多样的,在招商引资活动中,政府是卖家;在政府采购活动中,政府是买家。在更多的时候里,政府还扮演立法者、监管者、批准者。这意味着政府公关对跨国公司发展具有举足轻重的作用。企业应经常与政府部门进行沟通,汇报企业发展情况,或者邀请政府部门负责人到企业来指导、座谈,以加深感情和联系,让政府部门了解企业与当地政府利益、与当地民众利益的共通性;企业还应多参与到当地公益活动、慈善活动中,树立企业负责任的形象,赢得政府和民众的好感与支持。

(3)加强与非政府组织、商会、利益集团的沟通与游说,进行跨文化的交流与合作

企业应当重视不同文化背景下的不同思维习惯与风俗,加强与非政府组织的联系与沟通,积极履行企业社会责任,将自身利益与东道国利益融为一体,利用口口相传的草根效应与平民效应来影响舆论,进而为企业发展树立良好的口碑。除此之外,企业还应当加强对国会、利益集团的游说,让其明白中国企业给中美双方经济带来的贡献,从而影响其政策的制定和执行。企业还应当加强对国外行业协会的研究和联系,了解国外同行业的竞争和行业情况,同时与之建立广泛的联系,取得同行业的支持与理解,为企业将来的发展铺平道路。

(4)聘用专业公关公司,建立风险管理制度

国际公关公司一般都很熟悉东道国的文化背景,尤其其中有不少的前政要以及各方

面的专家担当高级顾问,熟知政府的运作机制和法律条文,又与现任的政府官员和议员有着紧密的关系,拥有强大的人脉资源和海外运作经验,可以帮助跨国公司协调政府关系、媒介关系,使跨国公司更迅速地融入东道国的经济与政治生活中。在动用政界要人方面,最著名的例子也许是美国丘博保险公司(Chubb Group of Insurance Companies)聘请美国前总统老布什。在20世纪80年代,丘博保险便来到中国,但由于保险市场对外资的限制,一直无法得到经营牌照。转机出现在老布什被聘为丘博公司的政府关系顾问之后。1997年4月,老布什亲自将时任丘博公司的董事长奥黑尔(R. O'Hare)介绍给江泽民主席和中信公司。终于在1999年4月,有四家外国保险公司得到批准进入中国市场,丘博是其中唯一能以独资形式在中国设立分公司的。可见,跨国公司聘用专业公关公司或专业人士,可以起到事半功倍的效果。

企业还需要加强公关风险意识,搜集和捕捉各种与企业相关的信息,建立风险管理体系和预警机制,对可能发生的危机事先准备好对策,以使企业在遇到任何问题时都能从容面对,迎刃而解。

案例

中海油并购优尼科[①]

一、背景

中国海洋石油总公司(简称中海油)是中国三大国家石油公司之一,于1982年2月成立,是国务院直属特大型企业,负责在中国海域对外合作开采海洋石油、天然气资源,是中国海上石油和天然气的最大生产者。经过20多年的发展,中海油目前已成长为全球最大的石油和天然气勘探与生产企业之一,经营效绩连续多年在中国大型企业中名列前茅。为加速国际化进程,实现跨越式发展,中海油近年来进行了一系列与核心业务紧密相关的并购,先后并购了西班牙Reposol公司在印度尼西亚的油田,成为印度尼西亚最大的海上石油生产商,取得在澳大利亚西北大陆架天然气项目内资实体——中国液化天然气合资企业25%的股权,并获得该项目特定生产许可证,租赁所有权及勘探许可证大约5.3%的权益。

优尼科是美国第九大石油公司,有100多年的历史。其在北美洲的墨西哥湾、得克萨斯,以及亚洲的印度尼西亚、泰国、缅甸和孟加拉国等地都有石油和天然气开采资产和项

---

① 吴友富:《中国公共关系20年发展报告》,上海教育出版社2007年版。

目,公司目前的市场价值为 117 亿美元。

优尼科连年亏损,并曾经向美国政府申请破产,因此处在一个非卖不可的境地。作为一家小型企业,优尼科也不具有壳牌、BP 那样的品牌影响,因此早就被列为收购目标。而优尼科选在国际油气价格偏高的时候出售油气资产,不失为良机。同时,中海油所看重的无非是优尼科现有油气田的潜能、庞大的国外市场以及有助于完成其在美国的借壳上市。

二、过程

2004 年 12 月 26 日(美国西部时间 12 月 25 日),中国海洋石油有限公司董事长兼首席执行官傅成玉和美国加州联合石油公司董事长威廉姆斯进行了一次秘密会晤。正是这次会晤拉开了一场长达 8 个月之久,迄今为止中国企业涉及金额最多、影响最大的海外收购战的大幕。一度接近成功边缘的中海油成为各大通讯社和主流媒体争相报道的重磅新闻。

但事与愿违,2005 年 6 月 24 日中海油报价后的第一天,美国国会能源商业委员会主席乔·巴顿(Joe Barton)和拉尔夫·霍尔(Ralph Hall)致信布什,称中海油收购优尼科对美国能源和安全构成"明显威胁",要求政府确保美国能源资产不出售给中国。当日,共有 41 名国会议员向布什总统递交了公开信,要求政府对中海油的并购计划严格审查。

6 月 27 日,52 位众议员联名致信总统布什和财政部长斯诺,要求财政部外国投资审查委员会(CFIUS)依据《埃克松——弗洛里奥修正案》(EXON-FLORIA)严格审查中国政府在这一收购案中扮演的角色。

6 月 30 日,众议院投票通过财政拨款修正案,"禁止财政部将拨款用于审查中海油并购优尼科"。

面对政治压力,中海油展开公关活动以求消除"误解"。在公布报价之后的 10 天内,傅成玉先后接受了《纽约时报》《华盛顿邮报》《金融时报》等多家海外媒体的专访,反复解释中海油收购优尼科的商业动机和价值。

7 月 6 日,傅成玉在《亚洲华尔街日报》亲自撰写《美国为何担忧》一文。傅承诺优尼科在美国境内出产的石油和天然气只在美国销售。此举首开中国企业家在西方主流媒体上撰文表达立场的先河。

7 月 30 日,美国参众两院通过了能源法案新增条款要求政府在 120 天内对中国能源状况进行研究,研究报告出台 21 天后才能够批准中海油对优尼科的收购。

8 月 2 日,中海油宣布撤回对优尼科的收购要约。

三、分析

正常情况下,在购并中占更重要位置的应该是投资者关系。中海油这次竞购优尼科在公关方面的策略和实践还是可圈可点的。从聘请诸多家国际知名公关公司出谋划策、发动新闻传播攻势到中海油老总傅成玉亲自撰文，都表现出中海油这家国内领先的公司在管理方面的成熟，也是值得后来者学习的。但最终，中海油还是以每股67美元的价格输给了雪佛龙的63.1美元。这就不是简单的投资者关系所能解释的了。

上海外国语大学资深公共关系专家吴友富教授认为，国际沟通在国际企业并购中的重要作用——光有雄厚的资本是不够的，在国际经济事务中，交流的技巧往往会起到"四两拨千斤"的作用。

(1) 在国际并购中要打造中国的"形象"

我国一贯走的是"和平发展"的道路，但这条道路现在并不为一些国家所接受，更多的国家甚至对我们国家的形象有根本性的误解。我国企业可以通过重新塑造国人形象、展示国人勤劳勇敢的历史形象、提出竞争合作的发展形象、推广我国平和亲近的文化形象以及"忠孝仁义"的道德形象，来纠正外国人头脑中对中国的错误印象。

中海油超过竞争对手很多的竞价最后却不得不退出竞争，其中一个更深层的原因是长期以来中国作为一个政治经济整体在对外宣传传播方面的薄弱与落后。中国政府应当为海外并购提供更多的服务。随着中国加入WTO，中国政府更应该以非常规范的市场经济国家的形象出现在别人的眼前。

(2) 在国际并购中要加强政府沟通

政府可以给企业提供行业信息、政策环境、文化习俗等多种信息，亦应该主动和交易国政府进行面对面的沟通，来协助我国企业进行国际并购等商业行为。同时，一些非政府组织、知名人士、行业协会等也应该主动发挥积极作用。

美国前商务部长坎特曾说过，"国际只有公平贸易，没有自由贸易"。他认为，国际并购过程涉及多方，各方的利益不同。在这个过程中，各方为维护自己的利益达到各自的目的，都会用尽各种办法。所以在进行国际并购前，除了经济因素外，非经济因素，如政策、法律、政治压力、文化等因素都必须要考虑到。1997年美国波音公司兼并麦道公司按说是违反美国《反垄断法》的，因为两者合并后市场占有率超过40%。但是美国联邦政府还是批准了这项合并。这里就有政治因素，其目的是为了对付欧洲空客。所以，在国际并购中没有什么不可能发生。当一方利益受到威胁时，政治手段、双重标准等都可能被利用。

(3) 在国际并购中要加强企业之间的沟通

并购成本中，最大的成本在于文化融合上的经济付出，这是一种看不见的"沉没资本"，文化碰撞常常导致兼并的失败，所以融合他国文化是并购的关键之一。因此，兼并时最好选择企业文化较弱甚至接近死亡的企业，这样的企业容易融入我国企业文化中。

全世界的国际并购案中有80%是失败的，其中一个重要原因就是存在于企业文化整合方面。在此次优尼科收购案中，雪佛龙派出了五十多名重要位置的高管和优尼科相应职位的人进行沟通,传播自己的收购意图、管理思想,第一时间将企业文化传播到优尼科,加深了相互间的了解和信任,为此次竞购成功和以后的文化整合做足了工作。而与此同时,雪佛龙的竞争者中海油提出了比它高很多的报价,这更给了美国政界一个理由,认为中海油对优尼科的志在必得包含着其他原因。

(4)在国际并购中要加强和社会公众的沟通

让社会公众了解企业、了解企业并购的目的以及给他们带来的切身利益。树立热心当地社会发展的形象,建立遵纪守法的信誉,让当地人对其产生信赖感。并且,要争取社会舆论和大众传媒的支持。

[思考]

跨国企业应如何进行文化沟通?

(六)非营利和非政府组织以及意见领袖关系

随着社会的进步,从事社会服务工作的协会、社团、慈善基金会等民间机构即非营利(Non-Profit Organization,简称 NPO)和非政府组织(Non-Government Organization,简称 NGO)大量涌现。互联网时代,意见领袖(Key Opinion Leader,简称 KOL)日趋活跃,在政府、媒介和企业之间形成了一种新的社会力量。因其不具有官方背景,常能以"民意"代言人的身份发出声音,甚至发起相应的活动。这些声音有时指向公共政策领域,有时则直接指向某一企业的行为。虽然其意见未必一定正确,却往往形成较大声势,引起公众对某一事件的关注,形成导向性的社会舆论。组织如何与 NPO、NGO 及意见领袖打交道,已成为其公共关系的一个重要课题。比如前些年金光纸业在云南森林问题上所受到的舆论谴责,被认为是金光集团进入中国市场以来最严重的信任危机事件,正是缘于绿色和平组织的质疑和抗议。

当然,NPO 或 NGO 给企业带来的不仅是监督和批评,有时还可以成为组织与公众间的"润滑剂",在企业遇到危机的时候以"意见领袖"的身份引导舆论,从而协调组织与公众之间的关系,平息矛盾。社会组织不仅在开展公益活动、履行社会责任的时候需要 NPO 或 NGO 的合作,在其他方面也需要充分考虑其"长尾"[①]效应,将其纳入战略关系管理范畴。

首先,全面了解 NPO、NGO 等基本类别和运作情况,并分别予以考量。就我国目前的情况来看,除一些行业性的协会、学会外,NGO 主要由慈善扶贫、环境保护、公众权益保

[①] "长尾理论"这一说法由美国《连线》杂志主编科里斯·安德森(Chris Anderson)于 2004 年提出。在新的技术环境下,真正有价值的不是那些过去广泛追捧的具有权重地位的人群,而是那些极易被忽视的"小人物",虽然他们中的个体单独看起来也许是平淡无奇的,但数量庞大的小人物聚合起来形成的那条"长尾"中却蕴含着令人意想不到的能量。

护三大类别的民间组织所构成,它们的宗旨、成员组成、运作风格与组织架构等都大不相同,企业应当全面了解不同类别的NGO的运作特点以及舆论传播特点,从而选择一些具有代表性的NGO,主动联系沟通,逐步建立一些合作关系。需要注意的是,企业在选择时应当一方面考量NGO在其所属类别是否比较有代表性,以及近年来的活跃程度;另一方面要考量企业与所选择的NGO之间存在的利益相关性,比如企业的经营领域和NGO所关注的领域是否相契。

其次,认真倾听NPO、NGO或意见领袖的意见,并予以积极回应,也可建立日常沟通渠道,开展合作。事实上,许多NGO要想长期运行,也需要企业在资金等方面的有力支持。两者之间的结盟能更好地实现各自的战略目标,为双方增加显著的竞争优势。目前大多数主要的国际非政府机构均在中国建立了分支机构或有正在进行的项目。国内的民间机构也开始迅速发展起来。然而,企业与公益机构之间的合作,特别是形成战略联盟的例子还比较少见。而这种战略联盟在发达国家和地区被广泛运用并取得了很好的结果,可以说,此举在体现企业社会责任的同时,也深化了与NGO之间的关系,应该说是一种颇有战略眼光的举措。

当企业遭遇外界质疑与误解时,自己站出来辩解往往收效甚微,甚至更容易激起民愤。如果借助在社会公众中的有着良好信誉和话语权的NGO作为第三方,及时发表对企业客观而公正的言论,往往能引导舆论,为企业化解危机。

案例

宣明会与"吉之岛"[①]

从1992年开始,世界宣明会与"吉之岛"(AEON Jusco)合作开展了一个名为"旧书回收活动"的合作项目。这个项目所筹集到的港币全用于改善中国贫困地区的教学条件。合作双方都认为这是企业与NGO之间针对共同关心的问题的合作项目中最成功的案例之一。

作为一家跨国零售公司,"吉之岛"在经营利润的同时也努力争当当地社区的优秀企业公民。"吉之岛"把环保和教育列入其社会责任当中。近几年在香港,"吉之岛"在环保和教育方面开展了一系列的活动。"吉之岛"把生意做到了中国内地以后,对内地的社会责任也成为其战略规划的重要组成部分之一。贫困和环境问题成为它们首要的切入点。

世界宣明会的出色表现吸引了"吉之岛"成为其合作伙伴。从"吉之岛"的角度看,世

---

① http://finance.sina.com.cn/20060328/13272454013.shtml。

界宣明会在香港社区中的形象和声誉有助于实现"吉之岛"的公益形象。从世界宣明会的角度看,与"吉之岛"的合作将带来以下好处:为各个发展项目持续地提供重要资金来源,"吉之岛"商店所处的黄金地段对吸引公众的注意力大有帮助,与这家著名的零售公司合作可以让世界宣明会学习到特殊事件推广活动的操作手法。

此次合作强化了"吉之岛"在社区中的企业形象和品牌形象,同时提高了员工的积极性与士气,有助于留住人才;也强化了客户关系,通过对员工的影响以及此活动在中国大陆社区成功的经验,"吉之岛"与香港客户之间的关系得到加强;客流量和销售额增加,这一慈善活动已经持续了超过10年,虽然此活动的初衷不是直接的商业利益,但"吉之岛"的客流量和销售额也因此有所增加。

[思考]

企业为何要重视与NPO和NGO的关系?如何与之建立战略联盟?

第三节　公众心理分析

要建立良好的公众关系,就必须了解公众的需要,掌握公众的心理倾向,从而调整自身的行为,采取适合的方式对公众进行引导,赢得公众的青睐。公关界无数的实例也证明公关战即攻心战。

一、公众的需要层次

关于需要的层次,美国人本主义学家马斯洛的需要理论影响最深远、最广泛。马斯洛认为,人类的需要可概括分为五个方面:生理的需要、安全的需要、归属和爱的需要、尊重的需要、自我实现的需要。这五个方面的需要是一种从低到高的等级关系,但每个人的主导需要不一样。后人在此基础上又提出了更高层次的需要:认识和理解的需要、美感的需要。生理的需要包括人对食物、水、睡眠与性的需要;安全的需要包括人对被保护、被照顾,是否有安全保障的需要;归属和爱的需要,是希望给予或接受他人的友谊、关怀和爱护的需要,是渴望得到某些群体承认、接纳的需要;尊重的需要是希望获得尊重、获得荣誉或地位、博得好评等需要;自我实现的需要包括充分发挥自己的潜能,实现自己理想和抱负的需要;认识和理解的需要包括人对生活、对生命的认识和理解的精神需要;美感的需要是人对艺术、对生活的一种审美需要。

在公共关系活动中,了解公众的需要层次有助于公关人员针对不同需要的人群进行不同的公关活动,避免不必要的投入。因为公众的需要是不断发展的,因此开展公共关系活动要有预见性、战略性,防止盲目性和被动性。

二、公众心理定势

(一)心理定势的含义及特点

公众心理是日常社会生活普遍存在的一种团体心理现象,而在现实的社会团体中,人们对于某一对象的共同心理与行为倾向,就是公众心理定势。在日常生活中,人们的心理定势普遍存在且影响着人们的判断与行动。比如,当人们一听说某某小孩毕业于哈佛大学的时候,一定会认为他是个乖巧、聪明的孩子,而看不到他身上其他方面的缺点;用过某种品牌感觉不好的顾客往往对其品牌的其他产品产生不信任感,都是心理定势在起着潜在的作用。心理定势是一种不自觉的"惯性",它具有以下几个特点:

1. 潜在性

潜在性也称不自觉性。人们不一定能自觉地意识到自己的心理定势,但心理定势一定会在以后的某种活动中反映出来。比如每天晚上8点你都听到电视里某首广告歌,就会产生"每天8点广告歌会响"的心理定势,如果哪天你没听到就会感到很奇怪。而商家正是利用这种心理定势,将其产品不知不觉渗透到公众心中。像这样的心理定势是潜在的,它作为心理状态是不自觉的。

2. 固着性

固着性也称习惯性。固着性是指两个方面:一是存在上的固着,它一经产生就在人的心理活动中占据一定的位置,不会轻易地消失;二是功能上的固着,只要它存在就要发挥作用。心理学家曾做过一个有趣的实验,连续几次让被试者判断两条长短不等的直线,当长度一样的直线出现时,被试者仍然判断两根直线有长短。这个实验能够说明心理定势产生后的固着性。比如,某顾客觉得某家饭店服务很好、饭菜味道不错就会经常光顾,而不想去其他饭店。可见,心理定势是不会轻易消失和改变的,它总是固执地影响和驱动人们的行为。

3. 综合性

心理定势是认识、情感、意志等心理过程中诸因素综合作用的合成,而不仅仅是认识领域中的独有现象。"一朝被蛇咬,十年怕井绳",既反映认识上的心理定势,又具有强烈的情感色彩。正因为心理定势具有综合性、潜在性,所以它才不容易改变,才会固执地驱导人们的行为。心理定势是一种综合效应,它综合反映人的经验、知识、文化的素养等,因此对具体的对象进行心理定势的分析也可以从一个侧面了解对象的特点。而公共关系的工作就在于了解、顺应并引导公众的心理定势。

(二)心理定势的类别

心理定势表现在认知、情感、意志、行为等一切方面,我们可将其分为以下五类:

1. 首因效应

第一次或初始给人留下的印象总是非常深刻的，且总是难以改变的，这种心理定势称为首因效应。第一印象总是特别重要的，人们在与人或物打交道的时候第一次总是会给予特别多的注意，所以往往印象比较深刻，且人们往往对人或事物作评价的时候总是有意无意地根据第一印象来进行。比如，当人们到商店购买电视机没多久就发现它有毛病的时候就会对此种品牌、此生产厂家产生不良印象，而且这种不信任感是很难挽回的。因此，组织一方面要尽力把自己的"第一仗"打好，给公众留下深刻的好印象；另一方面，如果坏的印象不可避免地发生了，要努力在以后的活动中尽量进行弥补，以真诚的态度换取公众的信任。在公关活动中，利用人们的"首因效应"心理定势，抢占先机是十分重要的，只有首先想到、做到的才能给人新鲜感，那种人云亦云、如法炮制的公关活动是无法给人留下印象的。

2. 近因效应

最后或最近给人留下的印象特别深刻，这种效应称为近因效应。人们往往会有这样的感受：最近正在宣传或刚看过的东西总是记得比较深刻。在公关活动中，公关人员不仅应利用首因效应让活动从一开始就一鸣惊人，也应利用近因效应，在活动结束时采用新颖、独特的形式加深公众的印象。

3. 晕轮效应

晕轮效应指的是从对象的某种特征推及对象的总体特征，从而产生美化或丑化对象的印象这样一种心理定势。它就像月晕一样，会在真实的现象面前产生一个假象，事实上并不存在这样一个物质的、真实的光环。就像我们走进礼品店选购产品的时候，往往会挑选那些包装很精美、价格偏高的产品，因为精美的包装往往使人产生晕轮效应，认为里面的东西会像精美的包装一样好，和偏高的价格相一致。晕轮效应既是无意识的，又是固执的。所以很多商家纷纷装修门面，讲究包装，以期利用晕轮效应来影响公众。应该说，只要名副其实，利用晕轮效应来实事求是地进行宣传是无可厚非的，但绝不可借此来坑蒙拐骗。

4. 经验效应

经验效应指的是公众凭借以往的经验进行认识、判断、决策、行动的心理活动方式。经验既是一种财富，又是一种局限。经验越丰富，为人处事往往越成熟，更容易发现事物背后的真实性。但经验也是有局限的，尤其是现代社会日新月异，单凭经验做事可能会变得迂腐而缺乏创新。经验效应在公共关系领域中最典型的表现是怀疑，人们如果有过上当受骗的经历，在遇到同类对象、同类事物的时候就会凭其经验对此充满质疑。就像某位母亲用了某种品牌的奶粉而使宝宝生病的话，自然就会对这个品牌的奶粉甚至其他品牌的奶粉都产生疑虑。而企业在进行公关活动时，首先必须注意采取一些方式消除它们以往的防范心理,否则即使投入大量的人力、物力和财力,都会竹篮打水一场空。同样,如果公众以前选择的产品质量优良的话,那么凭经验他们认为以后也会好。所以公关人员需注意公关活动的持续性,利用人们的经验效应,来争取公众对组织的忠诚。据调查,发展一位新客户比保持一位老客户要耗费5倍的成本。由此可见,重视公众的经验效应,巩固组织在公众心目中的地位,是可以节省很多经费上的开支的。

5. 移情效应

"爱人者,兼其屋上之乌"。意思是说,因为爱一个人而连带爱他屋上的乌鸦。后人以"爱屋及乌"形容人们爱某人之深情及和这人相关的人和事、物。心理学中把这种对特定对象的情感转移到与该对象相关的人或事物上的现象称为"移情效应"。公共关系活动中,我们往往可以看到公关人员经常运用这一心理定势来做广告。比如请一些名人来做广告,将公众对名人的喜爱转移到产品身上。当然,运用这种方式要慎重,如果选择的对象一朝人设崩塌、声誉受损,反而有损企业形象。

三、影响公众心理的方法

心理定势就像一把"双刃剑",具有积极和消极的双重性。公关人员应重视公众的心理需求,从以下几个方面来影响公众行为:

(一)劝导

劝导是劝说和引导的意思,是主动影响公众心理的最主要、最直接的方式。劝导方法主要有流泻式、冲击式、浸润式和逆行式。四种方法各有千秋,在公共关系活动中应注意扬长避短。

1. 流泻式劝导

流泻式劝导是一种以告知为主要形式、没有严格的对象范围、没有特别的针对性的"广而告之"的手段。它对公众的影响是"知"和"导"的印象。"知"就是知道、认识的意思;"导"是引导人们对此品牌的注意和使用。这种劝导方法传播范围广,一般常常用于面向各个层次的公众进行大规模的推广活动,做的是知名度的推广,目的是将潜在公众变为知晓公众。但这种方式需要花费较高的金额,应量力而行。比如上海"力波"啤酒刚开始推出来的时候,通过报纸、杂志、电视、广播、巨幅广告等各种媒体进行流泻式宣传,"力波"二字不断出现在公众的视线和生活中,加强了人们对"力波"这个新品牌的认识与理解。需要注意的是,因其针对性不强,所以不宜长期使用,在公众对此品牌有了一定认识之后,可采取冲击式劝导。

2. 冲击式劝导

冲击式劝导是一种以说服为主要形式的专门性的劝导方法。和流泻式劝导相比,它具有对象明确、意图明确、针对性强、冲击力大的特点。冲击式劝导对公众心理影响主要是"变"和"化"的影响。"变"就是转变公众的态度;"化"就是化解公众的情绪。这种劝导方法的最大特点就是劝导方向明确、针对性强,劝导力度比流泻式大。这种"对症下药"的方式,往往能收到更好的效果,但问题在于是否能找到"症结"所在。比如"润肤露"常常面向年轻女性推广,"剃须刀"则常常面向男士推广。明确对象可以为公关活动的推广节省成本,加强推广效果。而面对有反抗情绪的公众,运用冲击式劝导方法往往可以起到澄清事实或者化解公众抵抗情绪的效果,但这里必须注意对说服对象要有充分的准备,选择适当的时机,用词要得当,态度应热情而客观。

3. 浸润式劝导

浸润式劝导是以周围舆论影响公众的劝导方法。它的特点是作用缓和而持久,不易形成表面的对抗,在潜移默化中对公众的心理产生影响。浸润式劝导对公众心理的影响主要是"从"和"同"的影响。"从"就是从众,"同"就是同化。人是社会的人,具有合群的倾向。人在不确定自己的意见的时候往往会采取从众的心理。将自己的意向寓于舆论之中,往往能起到意想不到的效果。比如美国瑞辉制药公司曾在《时代》和《读者文摘》上刊出这样一段文字:"这位母亲患有糖尿病,女儿可能也有,美国 1 100 万人都患有糖尿病,可能您就有,尤其是如果您年逾 40,而且体重过重时,您就应该去医院检查。"整段文字只字未提瑞辉制药公司,但却反映了制药公司对人们健康的关怀之意。这种"随风潜入夜,润物细无声"的劝导方法一般对文化素质较高且较为成熟的公众更奏效。

4. 逆行式劝导

逆行式劝导是指以相反的意见激起公众好奇心来劝导公众的一种方法。这种方法往往以提出不利于组织利益的意见来出奇制胜。比如某汽车公司的广告:"抱歉,只有这块车牌不是进口的。"这种正话反说、欲擒故纵的方法既突出了商品的优点,又显得老实诚恳,迎合了公众的逆反心理,起到了很好的效果。这种劝导方法适用于具有叛逆心理的公众。比如有些组织为了宣传自己的产品,往往将公众的非议和争议公之于众,一方面以引起公众的好奇心;另一方面,其实事求是的态度又能获得公众的肯定。

上述四种劝导方法各有其优点和缺点,在公关活动中应当灵活运用,或者将几种方法一起使用。

(二)暗示

暗示是以含蓄、间接的方式向公众传递思想、观念、意见、情感等广义信息,使公众在理解和无对抗状态下自然受其影响的一种社会现象及其影响公众心理的方法。它与劝导相比,虽然意图没有那么明确,但在劝说中往往比劝导更能让人接受。比如,"强生"出租车公司在《新民晚报》头版上曾刊出一条消息:"强生公司设立'未成年人保护奖'——'护花使者'涂志明首获荣誉。"然后报道了强生出租车公司职工涂志明多次保护未成年孩子回家的事迹,以及强生集团总公司决定设立一项"未成年人保护奖"专门用来嘉奖这些善良的司机的消息。通过报纸宣传,强生集团提供给各位未成年人需要乘车帮助的电话号码,并承诺将在最短时间内赶到他们身边。这则报道实际上在心理上给公众一个暗示,就是强生公司的确是一个安全且全心全意为民服务的公司,这样公众就会觉得搭乘强生非常放心,这比直接做广告说自己如何好要有效得多。只客观地描述成绩,不夸口宣传,将倾向性寓于客观事实中,不失为一种高明的公关手段。

(三)感染

以一定的方式引起人们和自己相同的或相似的感情共鸣称为感染。感染是感情的传递和传染。人都是有感情的,如何能打动人心,在公共关系活动中是特别重要的。人之所以会受情绪和情感的感染,一方面因为人要适应社会,总会有意无意地把自己同别人做比较,而为了保护自己,一般不愿意让自己的行为很突兀,总有意或无意地模仿他人,尤其模仿那些榜样者。比如,很多球星都使用阿迪达斯或耐克运动品牌,那么就会有一大批人受榜样的感染,有意或无意地模仿这些他们心中喜欢的明星,纷纷涌向这些品牌。这是移情心理定势的一种表现,也是运用榜样的力量进行感染的例子。

另一方面,人总是有这样或那样的处境和心境,总是容易被和自己相似或相同的经历所感动,也容易被自己所憧憬的东西所打动。比如,有一则这样的洗衣粉广告,说的是母亲上班很累回家以后,看到衣服已经洗好,孩子趴在桌上睡着了,旁边有一张字条,写着:"妈妈,我能帮您干活了!"母亲眼里流露出点点泪光。这则广告就是以情动人的广告,以孩子的懂事、孝顺来感动公众,从而从心理上认可这个洗衣粉品牌。感染是"以情动情",只有被感染者对感染者具有信任、崇敬的情感,才能引起被感染者的共鸣,从而产生连带效应。所以,感染者必须具有出众的才能、优良的品行,而且必须对公众的心理特征、心理倾向和心理定势有全面和深刻的认识,如此才能针对不同公众的不同情绪,而用不同的语言、表情或动作来与之交流。同时,要注意感染的情境,以起到更好的感染效果。比如,在过年时宣传代表合家欢乐的饺子,比平时宣传更让人能接受。感染是一种非常普遍的人际影响现象,如果能自觉地运用感染的方法,使它成为有意识、有目的地开展公共关系活动的一种工具,必定能提高公关活动的效果。

案例

塔吉特超市：我们能预测消费者要买什么[①]

对于塔吉特(Target)这样的大型零售商来说，它们早就在收集客户信息了。几十年来，塔吉特收集了海量的数据，记录了每一位经常光顾其各分店顾客的数据。只要有可能，塔吉特就给顾客分配一个特定代码——公司内部称为顾客号——利用它密切关注顾客所购物品。"你要是用了信用卡或优惠券，填了信息反馈表，邮寄了退款单，或者打过客户帮助热线，或者查看了我们发给你的电子邮件，或者登录了我们的网站，我们都会记录下来，并且跟你的顾客号绑在一起。"波尔说："我们想尽可能了解一切信息。"

此外，你的会员卡记录着你的个人信息，如年龄、婚姻状况、是否有小孩、家庭住址、去商店购物的车程、大概薪资、最近是否搬家、钱包里装有什么卡以及浏览的网页。塔吉特还会购买一些个人信息，如你的种族，工作经历，阅读的杂志，是否破过产或离过婚，买房或卖房的年份，读过的大学，网聊的话题，是否有偏爱的咖啡、纸巾、谷类食品及苹果酱，政治立场，阅读习惯，参与过的慈善活动和拥有的私车数量。然而，倘若无人去分析或弄懂这些信息，那么它们将毫无意义。而使这些个人信息变得富有价值，是安德鲁·波尔和塔吉特顾客市场分析部其他成员正在做的事情。

几乎每个主要零售商，从连锁店到投资银行再到美国的邮政业，都设有"预测分析"部门，它们不但分析顾客的购物习惯，还研究顾客的个人习性，以便更有效地进行促销活动。预测分析世界大会(Predictive Analytics World)主席兼顾问埃里克·西格尔(Eric Siegel)说："在这方面，塔吉特总是最睿智的。我们生活的时代是行为研究的黄金时段，竟然能对他人的想法了如指掌，实在太神奇了！"

塔吉特能够窥探人们购物习惯的原因在于，过去二十年来习惯形成科学已成为诸多医学中心和高等院校的神经学、心理学部门及资金雄厚的企业实验室进行研究的主要课题。前任亚马逊科技总监安德雷斯·韦思岸(Andreas Weigend)表示："如今招聘统计学家就像军备竞争一样。突然之间，数学家变得很抢手。"随着数据分析能力日益精进，弄清日常习惯如何影响决策已成为临床研究方面最振奋人心的课题之一，尽管大多数人几乎没有意识到这种影响的存在。杜克大学的一项研究显示，是习惯而非有意识的决策促成了每天45%的选择。

但习惯不像命运，它可能被无视，被改变，或者被替换。可是一旦确立并形成一个习惯，你的大脑将完全不会参与决策和行动，这也是确凿无疑的。除非你故意去破坏一个习

[①] http://www.shichangbu.com/article-5359-1.html.

惯,或者除非你找到了新的暗示和回馈,否则旧习惯将自发进行。

美国的公司开展了许多极具野心的关于习惯的实验。为了更好地理解为什么高管们着迷于这项科学,我们可以看看宝洁公司是如何通过洞悉习惯来将一款失败的产品变成其最炙手可热的产品之一的。宝洁的产品线大而全,旗下拥有 Downy 牌织物柔软剂、Bounty 牌纸巾、金霸王电池以及其他日用品牌,堪称业界大鳄。在 20 世纪 90 年代中期,宝洁公司的高管们开始一项研发全新除异味产品的秘密计划。宝洁公司花费了几百万美元开发了一种无色且成本低廉的液体,这种液体能够喷涂在有油烟味的衬衣、发臭的沙发、陈旧的夹克以及污损的汽车内饰上来除去异味。为了推广这种叫作"纺必适"(Febreze)的产品,公司组建了一支包括前华尔街数学家德雷克·史汀生(Drake Stimson)及其他习惯专家在内的团队,他们的工作旨在确定投放于菲尼克斯、盐湖城、博伊西以及爱达荷的测试电视广告起到了突出产品的"购买诱因"和"使用回报"成正比的效果。

在第一则广告里,一位女士抱怨餐馆的吸烟区。她说每当在餐馆吃饭,夹克上都有烟味。一个朋友告诉她,如果使用纺必适就可以去掉这种气味。广告中的购买诱因很明显——香烟的刺激气味,使用回报则是去除衣服上的气味;在第二则广告中,一位女士对她的小狗"索菲"很是苦恼,因为它总是坐在沙发上。"索菲还是索菲的味道。"她说道,但有了纺必适,"我的家具不用担心还会沾上这种气味了。"这些广告在电视荧屏上轮番轰炸。市场营销员也乐得清闲,盘算着自己的奖金该怎么花。一周,两周,一个月,两个月过去了,但产品销量仍处于低谷,并且不断下降,纺必适成了一枚哑弹。

史汀生回忆道,市场调研团队慌忙开始征询顾客,并进行深入交谈以试图找出哪里出了问题。他们在拜访了菲尼克斯城外一位女士的家之后找到了一点端倪。这间房子整洁而井井有条,女主人说她有一点洁癖。当宝洁公司的科学家步入她的起居室时,却发现里面居然有九只猫常住于此,屋里的气味之大甚至使一位科学家呕吐。

研究员问这位女士:"您是怎么处理这些猫味的?"该女士回答:"这完全不是一个问题。""那你现在还闻得到吗?""没有啊,"她说,"压根就没什么气味,不是吗?"

这种情况也发生在许多有异味出现的家庭。市场调研员意识到纺必适不畅销的原因是人们无法觉察到生活中的异味。如果你和九只猫生活在一起,就会对这种味道感到麻木。如果你吸烟,最终将闻不到烟味。最浓重的气味也会在持续的接触中消失。这就是纺必适失败的原因。人们对产品的购买诱因视而不见——每天使用该产品以去除难闻的气味,至于购买回报,对于那些闻不到不愉悦气味的人来说已经没有意义了。

宝洁公司聘请了哈佛商学院的一名教授来分析纺必适的广告营销策略。他们录制了一批人们清洁自己房间的录影带,每盘录影带都是长达数小时的定格镜头,然后挨个播放,以寻找纺必适有可能改变人们日常生活的线索。当发现看录像没有任何价值后,他们开始对顾客进行现场采访。他们在访问一名居住在斯科茨代尔市郊的女士时找到了突破口。40岁的爱丽丝有四个孩子,她的房子虽然说不上一尘不染,但总体还算干净,也没有什么异味,家里没有宠物或吸烟者。让所有人感到意外的是,她却非常喜欢使用纺必适。

"我每天都用它。"她说道。"那么你想除掉什么气味呢?"研究人员问她。"其实我并不是用它来除去某种特殊气味的,"爱丽丝回答,"在进行正常的清洁时我就会用到它,打扫完房间后喷上一些。"

在爱丽丝打扫房间的时候,研究人员一直跟着她。她在卧室里叠好床之后,拉紧床单的边角并在被子上喷了点纺必适。接着是客厅,她首先用吸尘器打扫一遍,收拾好孩子的鞋子然后把茶几清理干净,最后在刚刚打扫过的地毯上喷了一些纺必适。

"这感觉很不错,"爱丽丝说道,"喷纺必适的感觉就像是在完成清理任务之后进行庆功一样。"调查组按照她的使用速率估计平均每两周她就能用完一瓶纺必适。

调查组回到宝洁公司的总部后,研究人员再次对录像带进行了研究。如今他们已经知道要从中寻找什么,并在各种场景中寻找他们的错误。清洁是固有习惯的循环,在一段录像中,一名妇女走进一个肮脏的房间时(这就是购买诱因),她开始清扫房间,捡起地上的玩具(所谓的使用程序),最后检查房间并在结束后露出了微笑(使用回报)。而在另一段录像中,一名女子对着没有收拾的床皱起了眉头(这就是购买诱因),接着把毛毯和棉被整理了一下,不过当她抚摸着柔软整洁的新枕头时长出了一口气(使用回报)。宝洁公司试图通过纺必适来创造一种全新的习惯,实际上只是需要在习惯循环适当的位置加上一环。市场营销部门需要把纺必适定位成清洁工作的最后一环以作为使用回报,而不是创造新的清洁习惯。

宝洁公司因此印刷了新的广告:敞开的窗户和一阵清新的微风。纺必适的配方中添加了更多的香料,从而使纺必适不仅能除去臭味,本身还具有独特的香味。在新的电视广告中,女主人在完成了房间的日常打扫后,在收拾好的床上和刚洗干净的衣服上喷了一些纺必适。每条广告都围绕循环习惯展开:当你打扫完房间后喷一些纺必适,然后沉浸在它的香味中,认为自己大功告成;当你收拾完床铺后喷一些纺必适,然后相当享受地吸上一口气。正如广告中所体现的那样,使用纺必适并不仅仅是为了除去房间的臭味,更是一种愉悦的享受。

纺必适——这款最初为了除去臭味的革命性产品转变成了一款用于已经清洁干净的东西上的空气清新剂。纺必适的蜕变发生在1998年夏天,其销量在两个月内实现翻番。一年后,纺必适为宝洁公司带来了2.3亿美元的收入。此后,纺必适还催生了一系列周边产品——空气清新剂、香薰烛和洗涤剂等,这些产品的销售额如今已经超过10亿美元。随后宝洁公司还向顾客表示,虽然如今的纺必适气味非常香甜,但它仍然能除去臭味。纺必适已经成为世界上最为畅销的产品之一。

塔吉特聘用安德鲁·波尔,让他采用相同的策略来增加塔吉特的销售量。波尔的工作是分析顾客"提示—常规—奖励"的循环现象,并帮公司想出利用这种现象的方法。波尔所在部门的大部分工作很简单:找出有小孩的顾客,并在圣诞节前给他们寄去与玩具有关的商品目录;找出通常在4月份购买泳装的顾客,然后在6月份给他们寄送防晒霜的优惠券,在12月份寄送节食方面的书籍。波尔最重要的工作是确认顾客人生中的特殊时刻,因为这时他们的购物习惯会变得特别灵活,适时的广告或优惠券将使他们开始全新的购物方式。

20世纪80年代,加利福尼亚大学教授艾伦·安德里亚森曾领队研究顾客所买的最普通的商品,如肥皂、牙膏、垃圾袋和厕纸。他们发现大部分购买者不曾留意自己是如何购买这些商品的。其实,他们的购买行为都是习惯性的,并未经过深思熟虑。这说明无论提供怎样的商品目录和优惠券,或进行怎样的产品促销活动,商家都很难说服消费者改变他们的消费习惯。

但当一些顾客经历人生大事时,如大学毕业、找到新工作或搬到新城镇,他们的消费习惯会变得很灵活,这时顾客对商家来说是一座可预测且潜力无限的金矿。研究发现,当一个人结婚时,他或她更有可能尝试购买另一种口味的咖啡;当一对夫妇搬新家时,他们更倾向于购买与之前不同的谷类制品;而当他们离婚时,他们购买其他牌子啤酒的概率更大。

在经历人生大事时,顾客往往没注意到或不关心他们的消费习惯已经发生了改变。但商家很警觉,也很在意。在这些特殊时刻,安德里亚森曾写道,顾客"很容易受商家的影响"。换句话说,把准确、及时的广告寄给最近刚离婚或刚搬新家的顾客,就能改变其好几年的消费模式。

在所有人生大事中,生小孩是最重要的。顾客初为人父、人母,这时他们的消费习惯最善变。如果商家能确认那些怀孕的顾客,那么他们能大赚特赚。

唯一的难题是确认哪些顾客是孕妇,这事说起来容易,做起来难。塔吉特会登记宝宝派对的时间,波尔就从那入手,观察随着预产期一天天临近,孕妇的消费习惯是如何发生变化的。通过一次次的测试和数据分析,波尔不久就得出了一些有用的结论。

以润肤露为例,许多人都买润肤露,但波尔的一位同事发现,登记在册的孕妇在怀孕三个月后会购买大量无味的润肤露。另一位分析师则注意到,在头20周,孕妇会补充如钙、镁、锌等营养素。许多顾客会购买肥皂和棉球,但当有人除了购买洗手液和毛巾还突然开始大量采购无味肥皂和特大包装的棉球时,说明她们的预产期要来了。

根据电脑上滚动的数据,波尔能够选出其中的25种商品。在对它们进行同步分析时,他可以判断出哪些消费者是孕妇。更重要的是,他能比较精确地估算她们的预产期。因此,塔吉特能在确切的时段给孕妇寄去符合时宜的优惠券。

波尔把他的方案应用于塔吉特全国范围内数据库中记录的女性顾客身上,并且很快得到了一张名单,上面记录了成千上万名最有可能怀孕的女性顾客。如果塔吉特可以吸引这些女性或其丈夫来塔吉特购买婴儿用品,那么塔吉特"提示—常规—奖励"的演算法就能奏效,它可以开始推动顾客购买杂货、浴衣、玩具和衣服。当波尔和市场营销员分享了他的顾客名单后,波尔说他们欣喜若狂。不久,波尔收到参与高级会议的邀请,最后他的薪水等级也提升了。

这时有人提出一个疑问:当女性顾客发现塔吉特对她们了解甚多后,将会做何反应?

"如果我们寄给顾客一份产品目录,并对她说'恭祝您早生贵子!'但是人家从未告诉过我们她怀孕的事,这种做法会使一些人感到不适。"波尔告诉我说。"我们循规蹈矩,会遵守各种隐私法。即便你是合法的,你做的某些行为还是会让人反感。"

大概在波尔推出怀孕预测模式后一年,一名男子径直走进了明尼阿波里斯市郊的一家塔吉特,并要求面见经理。据一位参与这次会面的雇员说,该男子手里攥着一大把他女儿收到的优惠券,面露愠色。

"这些都是我女儿通过邮件收到的!"他怒声道。"她还是个高中生,你们就寄给她婴儿衣服和婴儿床的优惠券?你们是不是巴不得她赶紧怀孕啊?"

起初经理对此人所说之事摸不着头脑,他翻看了邮件。证据确凿,那封邮件的确发给了他的女儿,并且邮件中有许多推销婴儿服装、幼儿家具的广告和婴儿面带微笑的图片。经理向男人赔礼道歉,并在几天之后再次打电话致歉。

但在电话中,这位父亲不知怎的,反而有些惭愧。"我和我女儿谈了谈。"他说。"我发现我对家里发生的一些事完全不知情。她的预产期在8月份。我得向你们道歉。"

"我们的职责是通过出售优质商品,不断创新,提供令人满意的购物体验,让塔吉特成为顾客购物的首选。"塔吉特在一份声明中写道:

波尔的怀孕预测模型使一些怀孕者感到隐私被侵犯而愤愤不平。塔吉特发现,通过调查数据预测妇女怀孕的方案,是破坏公共关系的灾星。所以症结就成了:怎样在不让顾客发现公司在侦查他们的前提下,把产品广告递送到准妈妈们的手中?怎样在不让对方发觉你在调查其生活的前提下,利用对方的生活习惯获取商业利益?

塔吉特的一位经理说:"我们会给每一位顾客送一份专门为之设计的广告小册子,写上:'这是您上周所购商品,另奉送一张优惠券'。我们一直按照这种方法营销日用品。"但对于孕妇,塔吉特的目标是先她们所想,把婴儿用品推销给她们。

这位经理说:"不过我们后来发现,这些广告会对有些女性起到反效果。于是我们把这类广告和孕妇不需要的商品广告混杂在一起,看上去就像是随便放在那儿的。我们把尿布广告放在割草机广告边上,把酒具优惠券放在婴幼儿服装优惠券旁边,这样就显得不那么刻意了。

"我们发现,只要孕妇觉得没人察觉,她就会用优惠券。她只是假设街区里的人都收到了尿布和婴儿床的广告邮件。只要别拆穿她,这招就管用。"

换句话说,只要塔吉特坚持利用顾客原有的习惯——利用之前诱使顾客购买清洁用品和袜子的暗示——那他们也就能使顾客养成新的行为习惯:购买婴儿用品。于是暗示("哦,优惠券,我正好需要这种东西的优惠券!")、行动("买!买!买!")和回报("购物清单上这一项不用再买喽")都得以成立。一旦购物者进入商店,塔吉特就用暗示和回报诱使她购买通常在别处购买的物品。只要塔吉特假装对顾客没有太多了解,只要她的购物习惯改动不大,新的购物行为就会形成。

新广告活动开始不久,塔吉特的母婴商品销售呈爆炸式增长。公司没有透露具体部门的销售数字,但从2002年波尔受聘至2010年,塔吉特的收入从440亿美元增长到670亿美元。2005年,公司总裁格雷格·斯坦哈菲尔(Gregg Steinhafel)对投资者大谈特谈公司"进一步关注特定客户群喜欢的商品项目和类别,比如母婴群体。"

波尔受到提拔,应邀在会议上发言。在上一次聊天时他告诉我:"我真没想到(这)会成为如此大的一笔生意。"

[思考]

塔吉特在观察消费者习惯方面有何独到之处?对于侵犯公众隐私的质疑,你认为该如何改进?

思考题

1. 如何理解"公众"这个概念?它与大众、群众有什么区别?
2. 如何理解媒介对于组织而言就像一把"双刃剑"?
3. 有人说创新是公共关系工作的灵魂,你怎么看?应当如何创新?

第五章

公共关系的传播管理

传播一词同公共关系一样，也是一个外来语，其英文"Communication"源于拉丁文"Communis"，原意包括"传布""沟通""交流""交往"等多种含义。它强调传者与受者的同等地位和相互作用，强调"双向"和"交互"的词义。公共关系活动的过程，其实就是组织与公众之间进行信息传播和沟通的过程。现代传播技术的迅猛发展尤其是网络等新媒体的广泛应用，进一步丰富了公共关系的传播手段，为公共关系的发展开辟了更为广阔的空间。能否有效地利用各种传播媒介，遵循沟通活动的基本原则，营造有利的舆论环境，是组织公关目标能否顺利实现的关键。

第一节 公共关系传播类型

按照传播的方式和内容，公共关系传播一般可分为四种类型：人际传播、大众传播、网络传播和组织传播。

一、人际传播

人际传播是指发生于个人与个人之间的互通信息、交流思想、沟通感情的社会行为。它是构成并维持社会的前提，是人际关系得以实现的基础，也是最常见、最普遍渗透于人类生活的基本传播方式。其表现形式分为面对面传播和非面对面传播两种。前者一般通过语言、动作和表情等媒介进行交流；后者则通过电话、电报和书信等媒介进行交流。公关活动往往涉及大量而频繁的人际交流，公关人员在许多场合也需要个别地与顾客、专家、记者等进行交往。因此，人际传播是公关人员最直接、最具体的工作，也是公关工作中最广泛的一种传播方式。它的特点是：

1. 私人性，易于情感沟通

由于人际传播一般仅限于个体之间的信息互动，因此具有明显的个人性、私人性，最便于表达对交往对象的关注，与对方进行情感沟通。因此，在所有的传播方式中，人际交往的情感色彩最浓，最容易达到晓之以理、动之以情的效果。

2. 交流手段丰富，信息交流充分

人际传播多以面对面传播为主，在交流中，传播双方除了使用口语，还可以大量地使用表情、体态语进行交流，使彼此之间的信息交流更为通畅，不易造成误解。

3. 反馈直接、迅速

人际传播是传播双方的双向互动过程，在这一过程中双方同时充当传者和受者的双重角色，使各自都能不断根据对方的反馈调整传播内容，从而有效地控制交流的速度、广度和深度。

当然，人际传播毕竟是个体对个体的传播，其传播的范围是极为有限的，如果信息需要广泛地进行传播，就必须借助于其他传播方式。

二、大众传播

大众传播是指通过报纸、杂志、书籍、电视、广播等大众传播媒介，将大量经过复制的信息传送给广大受众的过程。大众传播是公关活动中最主要的传播方式，其主要特点是：

1. 传播主体的组织化、专业化

大众传播的传播者一般都是拥有现代化大众传播媒介的专业化的组织机构，它集中了大量经过专业训练的职业人员，对采集的信息进行选择、过滤和加工，按传播者的意图和受众的需要予以传播。

2. 传播手段的现代化、技术化

现代大众传播运用了当今世界大量先进的技术成果，特别是电子技术、通信技术、印刷技术的飞速发展和在传播领域的广泛采用，使大众传播能够高速度、大范围地复制和传播信息，促进公关活动的顺利进行。其传播的速度、广度和海量信息是人际传播所无法比拟的。

3. 传播对象的广泛性

大众传播面对的公众是十分广泛和分散的，通过无线电波、同步通信卫星，大众传播的受众可以跨越地域、超越民族和国家，数量难以计数。因为对象是广泛而分散的，传播内容自然无特别针对性，具有较少的个人感情色彩，任何人都可以共享。这使一些公众无法了解到自己需要的信息，而人际传播则可以满足特殊信息的需求。

4. 信息反馈比较缓慢、间接

大众传播过程中因为信息传递距离远、范围广,得到信息反馈十分困难,无法进行及时纠正或补充,并且因为缺少面对面的各种体态语或表情的表达,所以稍有不慎则可能造成公众的误解。而在人际传播过程中,信息可以迅速得到反馈,传播者可以根据反馈来评判自己发出信息的效果,从而及时加以补充、纠正、解释、澄清,保证信息传播准确无误。因此,选用大众传播这一形式尤其需要注意传播内容和表达方式的选择,保证信息传递的准确性。

由此可见,大众传播与人际传播在传递信息上有各自不同的特点。公共关系人员应准确把握两者的特点,根据实际情况选择传播方式。要想取得理想的传播效果,往往需要两者同时使用、取长补短。

三、网络传播

网络传播是一种以多媒体为终端,以光纤为通道,把所有的个人和组织联结在一起的,并能与"个性化"受众进行互动、沟通的先进的现代信息交流形式。随着现代科技革命的突飞猛进,特别是信息技术的快速发展,互联网已成为世界上规模最大、覆盖面最广、信息资源最丰富、运用最便捷的信息传播网络。中国互联网络信息中心(CNNIC)在京发布的第50次《中国互联网络发展状况统计报告》显示,截至2022年8月,我国网民规模达10.51亿人,互联网普及率为74.4%。互联网对个人生活方式的影响进一步深化,从基于信息获取和沟通娱乐需求的个性化应用,发展到与医疗、教育、交通等公用服务深度融合的民生服务。未来,在云计算、物联网及大数据等应用的带动下,互联网将推动农业、现代制造业和生产服务业的转型升级。互联网为现代公共关系提供了新的思维方式、策划思路和传播工具。其主要特点有:

1. 不受时间、空间限制

由于数字化技术的应用,使传播告别了传统媒介形式的传递工作,信息的储存、传递、处理变得简易、快捷。网络给公关活动提供了巨大的机会。如企业可以在网上通过微博、微信公众号、网络论坛、BBS(电子公告板系统)、E-mail等发布企业新闻。这样一来,全世界就有200多个国家和地区的网上公众有可能接收到该信息。互联网可以24小时发布企业信息,公众可以全天候进行点击,比报纸、杂志、电视等媒介更方便接收信息,更具有时效性。世界上任何地方发生的任何事情,任何国家的任何用户只要上了网,就可以在瞬间传遍全球,网络传播打破了时空界限,随时随地向公众传播信息,从而成为企业在新经济时代树立形象、创造名牌的重要手段。利用网络优势"制造新闻"、扩大影响,是公共关系实施过程中的一种手段。一些社会组织利用网络不受空间、时间的限制,通过制造新闻,引起轰动效应,从而扩散信息,提高企业与产品的知名度。例如,可口可乐用近一个世纪才建立起来的知名度,网络世界的一些著名品牌如微软、腾讯等仅用几年就建立起来了,这不能不说网络传播劳苦功高。

2. 互动性更强

网络与传统传播媒介相比的优势之一就在于信息交流、互动大大加强,企业可以及时获得公众的反馈。而传统的传播是单向的信息输送,对公众是一种"灌输",要了解公众的反映,必须进行专门的市场调查,耗时长,付出的人力、财力多。网络成本低廉,可以迅速地确定受众的数量、时间、分布地域,许多网站采用电子问卷等形式给公司提供访问者的反馈意见,为企业确定公关对象和制定公关策略提供依据。如2007年底,国家法定假日调整就利用了这一方式。因为这个涉及所有国人切身利益的调整方案,无论如何设计都可能遭到一些人的指责。为此,国家发改委设计了国家法定节假日调整方案网上调查问卷,从11月9日到15日在新华网、人民网、国家发展改革委等网站上公布方案并开展民意调查。此举引起社会强烈反响,155万多名网民参与了调查,还有几十位专家学者参与了方案的在线访谈。从调查结果看,网民基本上对该方案持肯定态度。尽管存在一些不同意见,但这个具有广泛民意基础的方案的最后敲定,有效地规避了舆论风险。

网络还可以创建企业与顾客"一对一"的关系优势,根据细微的差别进行公众细分,为公众提供个性化的服务。人们还可以在网站提供的数据库里选择对自己最有帮助的资料,在不同讨论区与有相似爱好的人进行讨论,构筑"双向对称性"的公共关系模式,强化组织与公众的互动与交流。在网络上,传播主体与客体的界限变得非常模糊,参与传播活动的人不受种族、性别、职业、地位、年龄甚至容貌的限制,真正成为信息交流的平等伙伴。在传统媒体的传播理念中,传者和受者是严格区分的,但网络传播的最大特点是信息传播的双向(乃至多向)互动性。"去中心化"是互联网的基本属性之一,网络空间给广大网民提供了平等表达自己意见的"新公共领域"。网络传播中的传播者和受传者不仅完全处于平等的地位,而且受传者可以成为信息的传播者,传播者也可以成为信息的接受者。这就对传统的传播理论研究提出了一系列新的课题,如传播者与受传者关系互换后怎样实现信息的控制、新的信息环境对个人和群体的行为和心理会产生怎样的影响、传播者怎样达到最佳效果等。

3. 超大信息容量和窄播

互联网将全世界的计算机和计算机网络连接起来,从而形成了一个巨大无比的数据库。网上的信息可以说是无所不包,与传统媒体有限的信息量相比,网络媒体的信息含量优势是显而易见的。现代人在忍受自己并不十分需要的信息的"狂轰滥炸"时,又苦于很难找到自己所需要的特殊信息,网络媒体为用户解决了这个问题。网络媒体的海量信息解决了信息的广度问题,而它的个性化服务功能则解决了信息的深度和专业化问题。用户可以从网络媒体"拉出"(Pull)自己所需要的信息,并通过链接获得更多相关信息,媒体也可以通过"推送"(Push)技术,将用户需要的信息直接送到用户的计算机上。这种针对公众细分理论而提出来的有针对性的传播方式——"窄播",是传统媒体无法提供的。企业可以借助网络来拓展公共关系的舆论空间,突破时间和空间的障碍,使各方面的意见及时、广泛、深入地进行交换、汇集,形成有利于企业发展的良好社会环境,从而在公众中树立良好的形象。

4. 多媒体传播,信息更丰富

印刷媒体通过文字和图片传播信息,广播通过声音传递信息,电视则通过画面和声音的有机结合而成为最受欢迎的传统媒体。这些传播方式各有各的长处和短处。计算机信息技术的发展,提供了综合性处理文字、图形、声音和图像的新技术——多媒体技术。多媒体技术能够同时采集、处理、存储和传递两个以上不同类型的信息,把以自然形式存在的各种媒体数字化,并利用计算机对这些数字化的信息进行处理,以最容易被用户接受从而也是利用率最高的形式提供给用户。网络媒体正是应用了多媒体技术而集所有传统媒体的长处于一身。对于用户来说,信息最终以何种媒体形式出现,是文字、图片、声音还是图像,完全由用户根据信息的内容、自己的喜好以及接收条件自行决定。

当然,网络传播也有其缺点:

第一,网络的高度开放性与虚拟性使企业形象随时可能被人恶意丑化。因为匿名是网络使用者的网络行为特征,网民的真实身份与真实行为不具有明显的对应关系,这就加大了网络公关的难度。

第二,网民与网民之间未能面对面地沟通,使网络在缩短人们信息距离的同时,也扩大了人们心理上的距离。

第三,网络的安全问题突出,稍有不慎便受到黑客的攻击,就会使组织或企业的形象受损。

四、组织传播

前三种传播方式主要是对外的传播,组织传播是一种对内的传播方式,是指组织系统内部按一定程序和网络所进行的信息传播。它是实施公共关系传播的重要方式之一。

社会组织的传播方式一般有下行传播、上行传播、平行传播三种。下行传播是自上而下的沟通形式,是上级领导将政策、命令等传达给下级的沟通方式。上行传播是自下而上的沟通形式,是下层员工向上级领导反映情况、汇报工作和提出建议的正常渠道。平行传播是同级之间的沟通形式,是组织内外的同级机构或同级人员之间的横向沟通,其特点是有事先确定的程序、制度和方法,并局限于一定的组织系统内。这种传播方式经常使用组织自控媒介,如黑板报、内部刊物等媒介来进行信息传播,其目的是使组织内的公众能有共同的信念和目标,同心协力完成组织任务。日本著名企业家松下幸之助先生曾制定过一份组织传播计划。他每日按时地利用公司内部闭路电视系统向全体员工进行一次简短的讲话,通报公司发展进程中存在的问题和要求,使全体员工都能及时了解当天发生的事情,对凝聚组织内部员工的力量很有帮助。各组织通常都需要使用组织传播这种方式来进行内部工作的交流与合作。

第二节　传统传播媒介

人们按照传播媒介的不同,把媒体的发展划分为不同的阶段——以纸为媒介的传统报纸、以电波为媒介的广播和基于电视图像传播的电视,它们分别被称为第一媒体、第二媒体和第三媒体。这三大媒体也被称为传统媒体,各有各的特性。了解和掌握这些媒介的特性,公关传播才能扬长避短。选择最适合的媒介或媒介组合,才能取得最佳的传播效果。

一、纸质媒介

(一)报纸

报纸是以刊载新闻和时事为主,评论现实生活,引导社会舆论的定期的公开出版物。它是国内外十分重要的一种新闻传播纸质媒介。报纸的优点主要有:

第一,普及性。报纸一般不受数量上的限制,如果有需加以报道的内容可以增加版面,而广播的频率却不能任意增加。在我国上千种报纸中,读者可以根据自己的喜好、职业、年龄等进行广泛的选择,这就使报纸成为比较普及的传播媒介。

第二,可选择性。广播和电视都在固定的时间播放,错过时机就难以再次接收,自己没有多少选择的主动权,而报纸的读者却可按照自己的需要、阅读习惯和时间自行决定阅读的时间、地点、顺序、速度和次数,并且还可以把几种报纸对同一事件的报道进行对比,将某一种报纸在不同时间里的报道进行对比。

第三,深刻持久性。广播和电视在传播上注重时间,往往比较直观、表面,而报纸却因为时间充分、篇幅充足,可以对事件进行更深入、更详尽的报道,甚至可以反映某些用口语和图像难以表述的事物。人们还可以把自己感兴趣的资料进行保存,作为历史资料和专门知识反复使用。

第四,方便性。制作容易,成本较低,读者接收信息时不需要任何设备。

但报纸也有缺点:传播新闻不如广播、电视迅速及时,在传播速度上无法与广播、电视相比,报纸还缺少同时性,不能像广播、电视那样迅速报道新闻事件;在生动形象方面,报纸传递信息主要以文字形式表达,有时附以图表,需要抽象思维,不够生动形象,不能直观地报道,感染力相对较差;报纸要求读者有一定的文化水平,因为阅读需要一定的文化水平和阅读能力,专业性印刷品更需要有专业知识才行,而且人的习惯是听多于读,所以接受者数量受限,不比电视和广播普及。

(二)杂志

杂志又称为期刊,是定期或不定期成册连续出版的印刷品。它是受到普遍欢迎的一种印刷类大众传播媒介。按其内容,杂志可分为知识性、趣味性和专业性三类。它的优点是:

第一,全面性。在我国,各类杂志达几千种,涉及各行各业,发行量大,读者范围广。

第二,深入性。杂志由于编辑时间较长,可以免受时间因素的影响,因此在报道事件时可以有充分的时间去采访和分析,广泛收集资料,详加解释,还可以配置必要的图片和图表,提供详尽而深入的报道,比报纸等媒介完整系统,具有独特的参考价值,能给读者留下深刻而完整的印象。

第三,专业性。杂志的专业性是十分明显的,针对性强,使公众便于选择自己所感兴趣的类型。社会组织可在周年庆等特殊时机,利用杂志来进行详尽报道,使公众全面了解组织的经营理念、组织精神及各方面情况。

杂志的缺点也是十分明显的:一是出版周期长,因而不能迅速报道新闻事件,缺乏时效性。二是杂志要求读者具有相当的文化水平和理解力。对于专业性杂志来说,还要求读者具有一定的专业知识,限制了读者的接受程度。

二、广播媒介

广播是覆盖面最广的一种电子类大众传播媒介。特别是在我国,无线电广播与有线电广播的结合,构成了一个遍及全国城乡的大众传播网络。广播的优点是:

第一,收听不受环境限制,活动性强。广播媒介可以随身带、随身听,几乎不受空间和时间的限制。

第二,收听对象广泛。文化程度稍低、视力不佳或行动不便的公众都可以收听,人们甚至可以边干活边收听。

第三,制作成本低。其广告制作成本是电子类大众传播媒介中最经济的。

但广播传播信息稍纵即逝,如果不及时录音,内容就无法保存;而且广播能有效利用的电波频道是有限的,不能像印刷那样无限量地增加。另外,广播自由选择节目的范围有限,也不能任意改变收听的时间、顺序,听众的地位很被动。

三、电视媒介

电视是很具感染力的一种大众传播媒介。它集音响、图像、动作、色彩于一身,在传播信息过程中,能同时诉诸人的听觉和视觉,形象生动,现场感强,最能激发人的兴趣和抓住人的注意力。电视媒介艺术性强,可以使用多种艺术手法表达信息,感染力强,制造舆论,引起共鸣的效果大。

电视与广播媒介有着共同的缺点,即不易保存,频道有限,必须在固定时间按时接收等,且传播的内容较浅显,不能全面而深入地阐述信息内容,而且信息传递速度无法控制,受者没有太多思考的时间。电视节目制作费用比较高,需要一定的经济承受能力。

案例

矿泉水"报纸"包装设计唤醒关心时政意识[①]

全世界的纸媒业都面临边缘化的挑战。日本的报业再一次做了一些微小而善意的改变,让更多的年轻人重视读报纸的习惯。

大概在2014年的时候,日本《每日新闻》发现,每天买报纸的年轻人越来越少,但买瓶装矿泉水的年轻人却越来越多。于是他们决定,将报纸变成饮料瓶的包装。这样就多了一种渠道,让年轻人看报。在活动的过程中,他们特意降低了瓶装水的定价,使每一位消费者都能负担,原来大约6元人民币才能买到的矿泉水,现在只需3元钱。一个意外收获是,用报纸做包装,设计品位不仅没有降低,而且在货架上的识别度也相当高。为了保证新闻的可读性与更新,日本《每日新闻》在一个月的时间内,共推出了31款包装,同时在瓶身上印有二维码。消费者可以通过扫描二维码,在手机端读到最新新闻。与其说这是在拯救纸媒,不如说是对年轻人关心时政新闻意识的唤醒。

在一个月的时间里,每个超市平均售出3 000瓶这样的News Bottle矿泉水。受到这个想法的启发,《每日新闻》又利用这样的形式,推出了募捐瓶。他们将慈善项目分为几个不同的主题,如菲律宾台风受灾救济基金、柬埔寨艾滋病治疗基金、富士山环境保护基金、日本大地震灾后重建基金等。

消费者可以选择自己感兴趣的项目,购买特定包装的矿泉水,其利润将捐献给相应的慈善组织。而为了支持募捐,该款水除餐馆和商店售卖外,在一些政府性的活动中,募捐瓶装水也被定为官方指定用水。

[思考]

你认为纸媒未来是否会逐渐消失?为什么?

---

① http://sh.edushi.com/bang/info/2-9-n2338541.html.

第三节　新媒体传播媒介

一、新媒体的概念和特点

何谓新媒体？学术界众说纷纭，至今没有定论。美国《连线》杂志对新媒体的定义是："所有人对所有人的传播。"通俗地说，新媒体就是在新的技术支撑体系下出现的媒体形态，如网络媒体（包括博客、播客、视频等）、数字媒体（包括数字杂志、数字报纸、数字广播、数字电影、数字电视）、手机媒体、移动电视等。

（一）互动性

互动，作为新媒体最重要的特性，已经从根本上转变了传统媒体单向传播的状态，宣告了传播方式的革命。它集个人传播（如电子邮件）、组织传播（如电子论坛）和大众传播为一体。新媒体公关也正是对这些传播方式重新进行的整合公关方式。由此，线上、线下的交互整合也成了新媒体公关的突破口。互动媒体有一个最重要的特点——双向，有时甚至是多向的。这样我们就能及时了解受众接收信息之后的反馈意见。这种互动媒体环境能够创造组织与受众之间的对话与交流。这一点是公关传播极为重视的。网络空间"新公共领域"的特征有助于成为社会冲突的"安全阀"，良好、通畅的对话空间有助于缓解社会矛盾，促进社会和谐。

近年来，我国政府积极倡导、引导网络参政议政，广大网民通过互联网评论时事、反映民生、建言献策，网络已经成为推进社会主义民主政治建设的重要力量。

（二）透明性

北京大学经济学院教授薛旭说过，新媒体时代的最大特点是每个公民都有了对公众的发言机会，这不仅是媒体形式的创新，更是媒体与受众关系的创新。传统媒体充当"舆论喉舌"的信息权威时代已经结束了，取而代之的是舆论民主的时代，大众不仅仅是媒体的消费者，也是资讯和意见的创造者和发行人。日益透明的传播环境使组织必须更加透明化运营，传播真实信息，在遇到危机时必须说真话、赶快说。在新媒体环境下，公关传播必须更真实、更诚信。对组织来说，最好能建立危机预警系统，以便能应对突如其来的公关危机。

（三）病毒性

相对于旧媒体，新媒体的一个特点是它的消解力量——消解传统媒体（电视、广播、报纸、通信)之间的边界,消解社群之间、产业之间的边界,消解信息发送者与接收者之间的边界等。传播由一点对多点变为多点对多点,甚至每个人都可以进行大众传播,四通八达的信息高速公路使信息通过有效的"二次传播"呈现出"病毒式"传播的特点。空中网总裁杨宁说:"新媒体带来的二次传播是对公关行业一个很大的挑战,用户看到一个轰动新闻后很可能转发给亲朋好友,无论是通过彩信还是通过网络的链接,这种二次传播将有更加庞大的人群得到消息。二次传播的力量非常大。"公关传播必须重视二次传播的力量,发动有影响的人,并通过他们去影响网络舆论。

(四)经济性

较之传统媒体,新媒体的优势在于近乎零费用的信息发布成本,对受众多为免费。这对传统媒体的新闻产品制作成本带来巨大的挑战。有时,一种新产品的发布几乎不用花费多少成本,只需策划一场独特的网络公关活动便可被推上热搜,影响受众。

党的十八大以来,以习近平主席为核心的新一届中央领导集体高度重视互联网发展和新媒体建设。习近平在不同场合发表了"新媒体思想舆论工作的正道,在于化解负效应,激发正能量,成为治国理政、凝聚共识的助手"、"加快媒体融合发展,占领信息传播制高点"等一系列重要论述。可见,新媒体已成为一种不可忽视的公关传播力量。它向传统的公共关系传播提出了挑战,也带来了机遇。

二、手机媒介

如果说20世纪90年代初期手机被定义为移动电话和奢侈品的话,那么,今天随着手机功能的不断丰富和用户的不断增加,其功能已经超越通信工具的意义,成为跨越报刊、广播、电视、网络四大媒体的"第五大媒体"。截至2022年6月底,我国手机网民规模达10.51亿人,互联网普及率为74.4%。随着手机终端的大屏化和手机应用体验的不断提升,手机作为网民主要上网终端的趋势进一步加强。作为随身携带的个性化媒体,手机以移动性、互动性、个性化、多媒体融合、传播范围广、效率高的特点满足了受众对信息传播和获取的几乎所有要求。手机上网不再是电脑上网不便时的替代和时间填充,而成为人们习惯的生活方式。APP的大量应用重新解构了我们的生活,手机成为举足轻重的传播媒介之一。

(一)可更好地增强与公众之间的黏度

智能手机如今日渐成为满足人们随时随地随心购买和使用各种软件的平台,产品供应商可通过手机精准地向目标公众投放信息或进行交易。手机的私人性特征使组织逐步意识到可摒弃传统的粗放型传播思维,而进行精准传播。目前,"准告"(就是准确、准时、准许的告知)是利用手机媒介进行商业信息精确投放的一种服务,是企业开展"移动定向营销"的最佳选择。准告采用领先的 MDE 移动数据引擎技术,通过分析手机用户的各种特定属性,使企业可以轻松地从手机用户中准确找到自己的目标客户。再根据企业的需求以及目标客户的特性,综合利用短信(SMS)、闪信(FlashSMS)、彩信(MMS)、蛙扑(WAP-Push)等技术手段,向目标客户提供"量身定做"的咨询和信息。这种"精准性传播"可以极低的成本获得极高的投资回报,并能迅速获得由公关传播带来的品牌效应。

如今微信可提供公众平台、朋友圈、消息推送等功能,用户可以通过摇一摇、搜索号码、附近的人、扫二维码方式添加好友并关注公众平台。越来越多的用户通过智能手机微信平台快速发送语音、视频、图片和文字,与微信圈中的朋友分享,无疑增加了用户的关注度和黏度。很多品牌开始突破"内容为王"的局限,把内容、服务、社区等有机结合,试图构建用户与媒体之间、用户与用户之间的牢固关系。比如有些城市的社区已开始应用老年人专用的 APP 软件,包括协助老人就近医疗、社会福利分析等内容,满足不同人群的社交需求,实现健康功能管理。

(二)可更好地与公众进行分享互动

微博、微信等手机媒体支持的微媒介因"草根性"的特点,决定了组织在使用该媒介进行表达时要更注重平等沟通和理性引导,在面对舆论危机时不缺席、不失声,更好地了解民意,进行对话。近年来,政府通过使用智能手机平台了解网络舆情,倾听民意反馈,并给予合理回复和解决,使民众与政府之间的信息进行了良好的分享,双方的互动也增加了民众对政府施政效率和态度的认可,增加了对政府的信任度。

如今,传统媒体依靠精英控制内容的模式已逐步被行业意见领袖、草根以及大众内容创造者所改变,如何吸引这些人的加入是关键。这样的现状促使更多传统媒体思考如何借助手机媒体进行传播内容与方式的创新。上海的《新闻晨报》手机版就曾邀请读者拍图片参与新闻互动。读者接触手机媒体提供的报道时只要扫一下二维码,就可以成为《新闻晨报》的微信好友,第一时间接收该报的新闻信息。此外,各大卫视也加强了与受众互动的移动社交应用平台建设。报纸、电台、电视台等传统媒体进一步与手机自媒体融合,使报道信息更加及时准确,趋向零时差,与受众实现高度互动。所有的尝试都昭示着传统媒体与新媒体融合的变革正在悄然进行。

三、新媒体公关管理

新媒体公关管理是指社会组织如何利用新媒体传播的特性,开展公关活动、处理公众关系、塑造组织形象的管理活动。

(一)信誉管理

《经济学家》曾发表文章说:"在电子世界中,企业与其顾客从地理位置上来说往往相距甚远,因而信任就更为重要。"由于网络一方面改变了传统的自上而下的垂直传播路径,公众可以在网上自由发表意见;另一方面,网络的虚拟性又使公众面临信任的困惑,所以组织在网络公关过程中要努力树立客观、公正的良好形象。除了坚持在网络中任何时候都说真话的原则外,还应积极承担企业社会责任,树立热心公益的网络形象。比如在网络上公布企业参与公益活动和赞助的各项具体行动和资金流向,或者结合本企业的优势,利用网络推动公共服务,如汽车制造厂家可以在网络上提供有关交通安全、环境保护的专栏,饮食企业可以在网络上提供健康生活的各种信息等。组织还可以运用网络无限的空间,将不同详细程度的信息放在网络上,使公众可以随时获得这些信息,还可以在这些站点上设置双向对话环节,随时对公众的问题进行反馈等。当然,信誉的建立是一种累积的过程,只有经过长期的努力,才能建立公众的忠诚度。

(二)个性化管理

由于网络受众可以根据自己的需要和兴趣选择信息,企业的目标从过去的大众市场转化为个人市场,企业开始满足个性化的消费者。这促使企业的经营理念开始由"全面质量管理"改为"全面关系承诺",即从"不惜任何代价来推销产品",演变为"与每位消费者发展长期的关系,并以替消费者终身服务为目标"。企业只有针对不同的受众制定不同的策略,才能达到良好的效果。

企业可以通过微博、微信、网络论坛、公众号、E-mail等方式直接发布企业新闻与信息,也可以通过文字、声音、图像等多媒体技术全方位展示商品外观、商品功能,还可以通过网上自动服务系统,适时地提供有关服务信息,如汽车商在网络上提醒客户有关定期保养的通知、银行提醒客户定期存款到期的通知等。企业还可以建立咨询系统以了解公众需求,可以请公众自己设计产品等,通过一对一的对话进行交流与沟通。如销售户外活动商品的商家,可以在网络上开展定制旅行袋的业务,允许顾客利用自己的电脑和网络,自行设计或选择旅行袋的样式、颜色、材料和尺寸等,也可以绣上自己的姓名或其他标志,还可以根据客户的个性化需求特制个性化旅行袋。

(三)危机管理

任何企业都无法避免危机。在网络时代,任何人在任何时间都可以发布新闻,引起舆论关注,这就使组织必须懂得如何利用网络来进行危机管理。企业应建立危机监控预警系统,一方面密切关注公共论坛和各种对企业不利的言论,及时采取措施消除不良影响;

另一方面,可以通过发行网络电子报与网络媒体结盟,以电子邮件的方式与新闻媒体及公众进行经常性的沟通,建立企业防护网。一旦危机来临,企业一方面可运用网络的个性化服务,与消费者、新闻记者等及时沟通,快速向其提供真实、准确的信息;另一方面可运用论坛、电子公告板等随时更新企业处理危机的进程,或利用企业代表的博客向公众致歉来表明其诚恳态度,以化解公众的情绪,求得公众谅解。

天下互联董事长兼CEO张向宁认为,网络媒体有三个发展趋势值得公关业界人士关注:第一是互动媒体占据的比例将不断上升,比如游戏、社区、视频、音乐等;第二是分众媒体(如垂直性、本地化的媒体)将快速发展;第三是网络媒体颠覆了传统媒体的精英模式,舆论话语权转移至草根阶层。网络媒体的这些趋势将在三个方面影响公关专业:一是公关的形式会多样化,如视频发布会、Flash演示新闻稿等;二是网络传播更加分众化,同样是销售汽车,对婚前和婚后的人士采取的沟通策略就不同;三是信息传播的循环,企业必须聆听消费者的声音,并高度重视他们的反馈意见,不断开展信息的发布—反馈—发布的循环过程。

网络媒体的发展为公共关系行业带来了巨大的发展机会和光明的事业前景,但也对公关人员提出了挑战:一是掌握网络媒体群的图景、分类和不同特点;二是具备对网络媒体和数字世界的监测能力;三是如何有效地与网络媒体对话,如何发现和培养在新媒体环境下的新型公关人才,传统公关和新媒体公关如何实现有机组合等,都是公关行业亟待解决的问题。

中国有句古语:"工欲善其事,必先利其器。"现代传媒的发展促使社会组织必须选择更有效的传播工具来进行公关。面对如此丰富的传播载体,组织如何才能实现公共关系的有效传播呢?首先,必须深入了解和研究各类媒介的特性,这是做好公关传播的基础;其次,针对不同的目标客户和顾客群体,制定更精准的传播策略和方案;最后,对各种媒介的传播效果进行分析组合,选择最优的媒体组合进行"出击"。只有这样,才能增加受众的"黏度"和"忠诚度",实现传播的价值和公关的目标。

案例

从《后浪》《入海》看B站的新媒体公关[①]

2020年5月3日晚,B站于五四青年节前推出短视频《后浪》,以"B站献给新一代的

[①] 哔哩哔哩(英文名称:bilibili,简称B站)是中国年轻一代高度聚集的文化社区和视频平台。该网站于2009年6月26日创建,粉丝亲切地称为"B站"。B站早期是一个ACG(动画、漫画、游戏)内容创作与分享的视频网站。经过十年多的发展,围绕用户、创作者和内容,构建了一个源源不断产生优质内容的生态系统。B站是涵盖7000多个兴趣圈层的多元文化社区,获得Quest Mobile研究院评选的"Z世代偏爱APP"和"Z世代偏爱泛娱乐APP"两项榜单第一名,入选"Brand Z"报告2019最具价值中国品牌100强。案例参考:https://mp.weixin.qq.com/s/ZM-MJ3ZzprNoEvC-s35HPYw,https://mp.weixin.qq.com/s/pKZnWxAUP6xuXT6T8BKijg,https://mp.weixin.qq.com/s/JwapwE5Llho6LN20qpS_cA。

演讲"的名义刷爆朋友圈,引发网民广泛关注和讨论,成为一个新的现象级话题。对于这个视频,网民对其褒贬不一。这个视频究竟是说给"前浪"还是"后浪"听,也存在争议。随后,B站于5月20日发布《入海》——一个"献给即将或已经毕业的人们"的短片。不同于十六天前《后浪》引起的轩然大波,《入海》收获众多正面评价。网友纷纷表示感动,认为这才是真正的后浪生活。两个短片在舆论领袖、宣传渠道、内容的选择及受众方面各有侧重。以下从新媒体公关的角度展开具体分析:

一、舆论领袖的选择上——分众化的公关策略

舆论领袖的选择在新媒体传播中起至关重要的作用。合适的舆论领袖可以与受众引起共鸣,制造话题热度。具体到B站的此次策划,《后浪》邀请了阅历深厚的演员何冰,以前浪的视角进行演讲,着重描述青年群体中佼佼者的生活,大胆而真挚地鼓舞青年去拼、去闯、去创造。

这个视频真正的受众究竟是年轻人还是中年人?表面上看,这个视频是说给"后浪"听的。视频标题《后浪》就取自"长江后浪推前浪",意指年轻新一代,而视频一开始就出现字幕——"bilibili献给新一代的演讲"。B站用户年龄段绝大部分集中在青少年,而这个视频的投放时间恰逢五四青年节。

熟悉B站的朋友都知道,这个视频的风格和B站一贯的风格并不符,过于正经和严肃。邀请国家级演员何冰出镜,而他在青少年心目中并不是一个能够取得高度共鸣的人物。B站还有一个时长2分钟的央视版本,选择在央视《新闻联播》前投放,这个时间段和渠道也不是针对年轻人的。

与网络中许多人的反映一致,真正转发和评论的大多是中年人,甚至有文章戏称这个视频是"前浪"的狂欢。拉起"后浪"这一幌子,最关键的作用就在于使真正的受众(即中年人)不知不觉间接受视频的论证和观点,从而改变自己的态度。

与《后浪》不同,《入海》则将视角重新拉回现实,着眼于"后浪"中的普通人。这个短片邀请青年音乐人毛不易演唱歌曲,以干净的音色和极强的感染力直击心窝,在浅唱低吟与娓娓诉说中深深打动听众。不同于何冰长者式的教诲,毛不易同龄人的身份更能让《入海》的目标受众(青年人)接受和触动。

二、制作内容与目的——潜移默化的价值认同

新媒体给企业提供了更多元的公关角度和宣传内容,为企业根据不同受众更有针对性的信息展示提供了可能性。在何冰的演讲中,他指出"美美与共,和而不同",要有"多元的审美与价值观"。我们仍需要更深入的分析。其实,何冰一定程度上只是B站这一组织的代言人,其演讲内容的背后体现了B站的现实考量。B站的真正传播意图,是作为年

轻人聚集的互联网平台,希望为其"二次元""宅文化"甚至"戏谑恶搞"等内容进行一定程度的"正名",以获得中年人群体的理解和肯定,改变对B站的负面看法。

不同于《后浪》侧重打造的鲜衣怒马、激情澎湃的氛围,《入海》则选取了年轻人更喜欢的歌曲MV形式。"跃入人海,各有风雨灿烂",这个短片聚焦生活的无奈、疲惫与希冀,带着复杂的情愫和持续的迷惘翻涌。"毕业分手、朋友分离、面试被拒、社区工作、宠物重病……"形形色色年轻人奔忙的是最普通的生活。他们承载压力、承认平凡、承继希望,都在自我的小生活里奔腾。

B站策划两则内容侧重不同甚至略有争议的短片的目的是什么呢?从其出品过的其他短片可以看出,B站策划方不是不清楚年轻人的真实生活状态、真正的感伤点。而《后浪》的意义也正在此——引发舆论讨论、留足发酵空间;提高曝光度后趁此出圈,进入"前浪"们以及各大官媒的视野。也许这场讨论的规模超出了B站预期,但仍在其策划之内。紧接着,借助五四青年节与"5·20(我爱你)"这两个特殊日期,B站按照原先部署发布了短片《入海》。"后浪入海",年轻有激情,更有生活的无奈,但我们仍将带着梦想奔赴人海。B站在这里回应了自己的消费主力——年轻人,巧妙地借助两个短片诉说着自己对年轻人的理解——五四青年节热爱青年生活的兴奋与无畏,"5·20"时拥抱生活的疲惫,带着爱意拥抱自己。前后两个短片的主题既是一种对冲,又是一种衔接。

《后浪》引发舆论造势,顺带出圈;《入海》借助这股力量一跃而出,击中消费主力泪点,引发对前一个短片的反思,赢得赞许;最后平稳收力,获得更高的知名度、更多的用户群体、更大的投资吸引力。

三、设置议题互动——形成二次传播机制

互动性强也是新媒体传播的一大亮点。在维持话题热度方面,给了公关人更大的操作空间。随着《后浪》的出圈,争议一直未曾休止。《三联生活周刊》曾发文质疑:"B站的《后浪》出圈很成功,唯独缺了质疑与反叛。"文中提到"它鼓励和描述的年轻人的世界太乖、太顺了,不是年轻人该有的和现实中的样子,而是前浪们渴望的样子"。又比如部分青年人"认为《后浪》中长者式的鸡汤鼓舞割裂了年轻人的现实困境"。凡此种种,B站并未视而不见,都在《入海》中给予回应,这就让公众的关切得到了反馈,形成有效的二次传播。

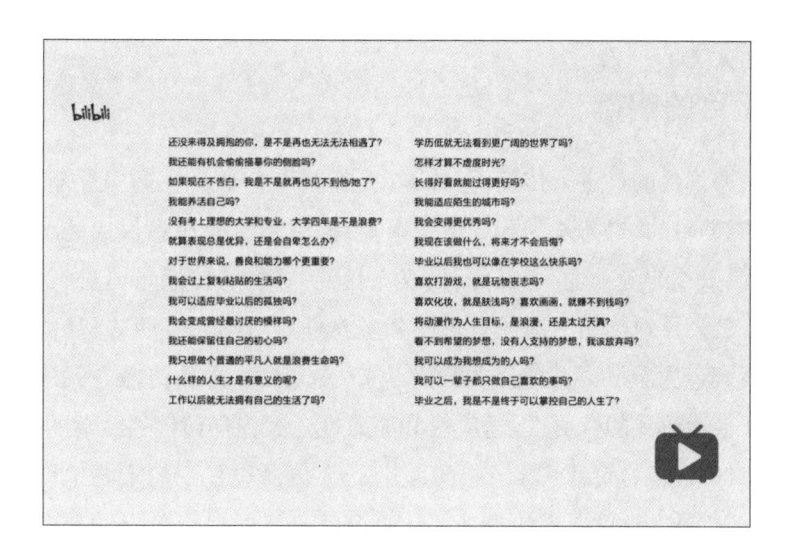

在议题互动方面,《入海》更加直白、高效。从两个短片聚焦的青年群体来看,我们可以捕捉到的讨论点有:"精英文化与平凡生活的碰撞""长者视角的鸡汤鼓舞究竟能不能掩盖当代青年的现实困境?""面包和理想,平凡和伟大,我的局促生活值不值得被歌颂?""梦想终将为生活让步吗?"

B 站还采访了 100 位毕业生,将更多的困惑和讨论点直接放在《入海》的片尾,但没有给出答案。答案在哪里? B 站官方早已有组织、有计划地推出一系列实用型视频内容,解答"后浪"们的种种生活疑惑。人们的目光触及入海的种种困境,随后便会"惊喜地"发现在 B 站可以找到答案。B 站这盘棋局的布置,正是深谙用户心理、巧妙借助外力、为后期发展铺下长远之路的杰作。与《后浪》相比,《入海》更具情节性,也更加"中庸",其本身的定位即非《后浪》的破圈功能,而是对 B 站现有群体的固化,也是开启新思路的起点。议题互动为用户思考和讨论留足了空间,将热度的余温发挥到极致。用演讲激发代际讨论,用音乐回荡现实共鸣。成功地将品牌广告引向社会性议题,创造了更大的公关价值。

[思考]

物联网、人工智能、5G 技术将对公共关系产生何种影响? 未来的新媒体如何与公众进行更好的连接?

第四节 公共关系的传播影响因素

在公关活动中,常常出现这种情况:对同样的活动、类似的信息,选择不同的媒介在不同的时间和条件下进行传播,产生的效果大不一样。甚至同样的信息,传播的频率和次数不同,也会在公众中引起不同的反响。如何使公共关系的传播更有效,是公共关系实务研究特别重要和关键的内容。

一、传播目的明确

了解对象、明确目的是进行传播活动的前提条件和基础工作,也就是解决"对谁说"的问题。确立明确的目的,搞清楚为什么传播,包括搞清楚所要达到目标的层次,并且考虑经济效益与社会效益的统一性,考虑传、受双方目的一致性,传播才能进行。如果目标不明确或不具体,就会导致传播活动的盲目性和随意性。目标只有明确、具体,才能确定传播活动的目标公众,从而根据目标公众的特点来处理信息,选择传播方式、传播媒介和传播时机,以保证传播活动的针对性、适应性和有效性。因为任何传播活动的开展都以特定的目标公众为对象,所以,传播者要充分尊重公众在传播过程中的重要地位和能动作用,重视公众的反馈意见。这就要求传播者要认真分析自己的目标公众,充分了解他们的需求、态度、知识、能力、信仰、价值观、媒介习惯等情况,才能有的放矢地选择传播方案,达到传播的预期效果。

二、传播者权威

公众对传播者的评价如何,直接影响信息传播的效果。传播者的形象往往影响受众对所接收信息的效果。一个具有影响力的传播者应该具备以下几个基本条件:

1. 权威性

影响传播者权威性的因素有社会地位、专长和知名度。一般来说,传播者的地位越高,公众对其信赖度就越高,他所传播的信息越容易被接受。大量实践证明,在专业性、技术性的问题上,专家的意见是最具说服力和影响力的。比如,对新产品的宣传,广告主往往利用有关权威机构的鉴定、产品获奖的名次等来提高其广告信息的可信度。知名度能增加权威性,社会名流因其受关注度高,作为传播者其影响力也是非常大的,即所谓的"名人效应"。

2. 认同性

传播者能否被公众认同,也会影响传播效果。如果受众在情感和理智上认同传播者,把他当成自己人,其传播的信息就容易被公众接受。有时候,社会组织会把自己的意图请"意见领袖"来传达,以增强传播效果。因为"意见领袖"在群众中认同程度高,群众容易接受其传播的信息。他们不一定是知名学者、明星、媒体人士,可能只是我们身边再普通不过的市民,但他们的力量有时也能影响企业的声誉。比如很多妈妈族意见领袖的经验和心得,可为母婴产品的厂商和相关网站创造更多的商机。

3. 客观性

具有影响力的传播者往往与事情本身无明显的利益关系,他可以站在客观的角度评断传播信息,其传播的信息就具有可信度,容易被公众接受。比如,企业常常借助第三方的认证来宣传产品质量。

三、传播方式科学

传播方式科学主要是指如何科学地选择传播媒介。媒介是传播信息的载体与工具,是公共关系传播过程的要素之一。熟悉各种媒介的性质、特点和用途,了解并恰当地选择媒介,是公共关系工作的一项重要实务。我们可以从以下三个方面来考虑选择何种媒介工具:

1. 传播对象

一般来说,受教育程度较高者多选用印刷媒介获得信息;反之,受教育程度较低者常选择电子媒介渠道获取信息。年龄较大者常选择传统媒介接收信息,而年轻人常选择新媒体获取信息。经济生活水平高者可能通过费用较高的媒介获取信息,经济生活水平低者多接触费用低廉的媒介。另外,还要分析受众的生活习惯,喜欢在什么时候通过什么方式接收信息。

2. 传播内容

要传播的信息是较难理解、需深入分析报道的,适用印刷媒介;相反,传播信息简单、易理解的,则使用电子媒介。信息有较大的参考价值,必须保存,宜采用印刷媒介;相反,没有收藏价值、不需要记录和保存的,则使用电子媒介;如果信息要求较详细但趣味性较小,宜采用印刷媒介;如需声情并茂易引起兴趣的,则运用电子媒介。一般来讲,年龄大、文化水平高者愿意接受知识性、政治性、公共事业性较强的信息,应多使用印刷媒介;而年龄小、水平低者更喜欢接受趣味性较强的信息,宜多用电子媒介。

3. 经济情况

运用大众传播媒介传递信息都需支付一定费用,其水平与效果大小大致呈正比。公关人员在选择传播媒介时,还应考虑组织的经济负担能力和传播价值,精打细算,充分利用现有条件,以最少的费用来争取最好的传播效果。此外,传播时还应考虑受众的心理因素。在不同的情感状态下,人们接收信息的效果是不一样的。心理学揭示了这样一条规律:"愉悦"的情绪体验能使活动得到强化,而"不满意"的情绪体验则使这种活动受到抑制。因此,传播者应该考虑传播者的情绪反应,选择最艺术的传播方式。

四、传播时机恰当

传播时机分为时间环境和空间环境两方面。

时间环境主要是指选择的传播时机是否恰当。时间的恰当选择有时能使公关传播产生事半功倍的效果。比如,谈判时间的选择一般应注意:

第一,避免在身心处于低潮时进行谈判,如午饭后是人们需要休息的时候。

第二,避免在休息日后的第一天早上进行谈判,因为这时人们在心理上可能仍未进入工作状态。

第三,避免在连续紧张工作后进行谈判,这时人们的思绪比较零乱。

第四,避免在"体内时间"进行谈判。从现代心理学、生理学角度看,16—18时是所谓"体内时间",即是最没有效率的时间,一天的疲劳在心理、生理上已达顶峰,因而焦躁不安、思考力减弱。其实在不同的时间,公众的心理会相应发生变化。如何把握这种变化,是传播者需要考虑的。比如,夏天电视上一般不会出现取暖器的广告,服装的广告总随着季节变换。

空间环境主要指传播活动的空间物理环境是否存在干扰,是否有利于受众接收信息。传播信息总是在具体的空间环境中进行,不同的环境条件会使人对信息有不同的感受,并产生不同的传播效果。空间环境一般包括两个方面:一是座位的排列;二是交流环境的气氛。

座位的排列应该根据信息传播目的来安排。一般来说,隔桌相对而坐会造成一种防范性的竞争氛围,一般用于谈判;而在桌的同一边相向而坐,则体现出一种亲切、信赖的交谈氛围,显示出双方意见相投、亲密和平等的关系。对于组织来说,与员工谈心、征求消费者意见常采取这种位置,有利于相互沟通。领导向员工作报告,宜采用教室型座位排列,以吸引员工的注意力。举办联谊活动,应采用围桌而坐的方式,利于彼此之间的交流。

交流环境的气氛包括音响、照明、室内温度和整洁程度等。比如,商场装潢得十分舒适,在细节方面给消费者细心的体贴,可以使消费者安心选购,并对商场产生好感。银行的柜台高度从过去需要客户站着改成现在可以坐着,便可体现对公众的关怀和体贴,使双方的交流更为舒畅。

美国著名公共关系学者斯科特·卡特李普(Scott M. Cutlip)、阿伦·森特(Allen H. Center)、格伦·布鲁姆(Glen M. Broom)在《有效公共关系》中就组织与公众之间如何更好地实现沟通提出了"7C"理论,值得借鉴:

1. 可信赖性(Credibility)

沟通应该从彼此信任的气氛开始。这种气氛应该由作为沟通者的组织创造,反映了能否真诚满足被沟通者的要求。被沟通者应该相信沟通者传递的信息,并相信沟通者在解决他们共同关心的问题上有足够的能力。

2. 一致性(Context)

沟通计划必须与组织的环境要求一致,必须建立在对环境充分调查研究的基础上。

3. 内容(Content)

信息的内容必须对接受者具有意义,必须与接受者原有价值观念具有同质性,必须与接受者所处的环境相关。一般来说,人们只接受那些能给他们带来更大回馈的信息,信息的内容决定了公众的态度。

4. 明确性(Clarity)

信息必须用简明的语言表述,所用词汇对沟通者与被沟通者来说代表同一含义。复杂的内容要列出标题或采用分类的方法,使其明确与简化。信息需要传递的环节越多,越应该简单明确。组织对公众讲话的口径要保持一致,不能多种口径。

5. 持续性与连贯性(Continuity and Consistency)

沟通是一个没有终点的过程,要达到渗透的目的,必须对信息进行重复,又必须在重复中不断补充新的内容,这一过程应该持续地坚持下去。

6. 渠道(Channels)

沟通者应该利用现实社会生活中已经存在的信息传送渠道,这些渠道多是被沟通者日常使用并习惯使用的。要建立新的渠道是很困难的。在信息传播过程中,不同的渠道在不同阶段具有不同的影响,应该有针对性地选用不同渠道,以达到向目标公众传递信息的作用。人们的社会地位不同,对各种渠道都有自己的评价和认识。沟通者在选择渠道时应该牢记。

7. 沟通者的接受能力(Capability of Audience)

沟通必须考虑被沟通者的接受能力。沟通信息越容易被沟通者接受时,沟通成功的可能性就越大。被沟通者的接受能力主要包括接收信息的习惯、阅读能力与知识水平。

第五节　数字时代的公关传播思考

进入 21 世纪,人类社会迈入第四次工业革命,大数据、人工智能、量子计算等新兴科技驱动着人类社会的快速数字化转型。后信息社会(又称比特时代或数字化时代)是继工业时代和信息时代之后的一个新时代,是美国麻省理工学院教授尼葛洛庞帝在《数字化生存》一书中提出的新概念。随着以大数据和人工智能为代表的第四次工业革命的推进,人类社会正在经历一个"快速、大尺度、深层次"的数字化转型浪潮。"大尺度"意味着这种数字化转型是全球范围的数字化,而不是个别区域的数字化。"深层次"反映了新技术对人类社会组织方式、运行机理和价值体系有革命性影响,而非仅仅影响表层。尤其是新冠疫情爆发以来,数字与智能技术深刻影响人们的社交、交易以及日常生活。技术的每一次革新都给媒体传播、人们的交互方式带来颠覆性影响,也促使公共关系理念和实践发生变化。

一、运用海量数据,帮助科学决策

大数据是数字化时代生产最为重要的能源。人们的行为、位置、经济、身体等变化都可能成为被记录和被分析的数据。人们在进行网站浏览、下载、手机通信、网上社交、电子购物时,大量的用户信息(包括个人资料、购物喜好、评价观点、浏览偏好、地理位置、感知情绪等)都会留下痕迹,变成数据。消费者的形象被勾勒得更加清晰,消费的需求、习惯与兴趣也能更精准地被捕捉。组织可以通过海量数据,细分公众群体,对其进行有的放矢的精准公关。由于大数据能对瞬息万变的数据洪流进行实时、准确、跨界的动态存储、运输、挖掘和处理,有效降低了人类信息搜寻和处理的成本,为组织科学决策提供了更有价值的参考。

比如美国 Netflix 公司通过分析用户数据所得到的收视习惯,让企业实现了成功转型,从一家线上 DVD 租赁公司发展为当今世界上最成功的流媒体平台之一。这家以数据为导向的公司不仅在推荐系统设计上体现了大数据的作用,而且在原创内容的全球化创作与制作上也得到了大数据的强力支持。它将每个用户的观看喜好类型进行符合数据库逻辑整合,梳理出大约 2 000 个被称为"品味集群"(Taste Cluster)的用户相似口味交集区域。例如,平台将观看《暮光之城》和《吸血鬼日记》的用户归类到超自然力量与浪漫爱情两个类型相交叉的口味集群中。这样的集群不仅有助于向用户推荐相应视听内容,更直接影响内容立项决策。在推荐系统上,充分体现了对用户数字体验的重视,在首页设计上采用两级排名系统:每一行的最左边是最强烈推荐的,页面从上往下的推荐级别呈递减状态。它还采用趋势排序算法,根据现在流行事件为用户推荐内容。例如在新冠疫情期间,Netflix 向用户在显著位置推荐纪录片《流感大流行》《冠状病毒解密》等,增加公众黏性。

二、打破时空障碍,实现即时连通

数字技术促进了社会的连通,个体、组织、区域、社会都可以进行即时连通、异地连通、持续连通。它改变了传统线性发展的累积模式,任何个体都可能因为个人特质一夜成名,成为社会关注焦点,改变人生轨迹;任何组织也可能因其独特行为,瞬间成为社会热点议题,影响组织形象。

比如 2021 年 7 月河南部分地区受台风影响损失惨重,鸿星尔克在企业亏损的情况下捐出了 5 000 万元物资。最开始没人知道他们捐了 5 000 万,很多网友是在别的微博热门评论下面看到了鸿星尔克捐款,纷纷在微博下面评论留言,把鸿星尔克顶上微博热搜榜。为了拯救这一国货品牌,网友纷纷献出自己的爱心,有的网友不仅给其微博充了 100 年会员费,还在其线上线下门店进行野性消费。除了微博热搜,鸿星尔克的直播间也爆了,抖音直播间有1亿点赞,鸿星尔克一夜之间成为"低调、良心国货品牌"的代表。

大数据虽然带来大连接、大合作,也可能带来大危机。2022年国庆前夕,有网友在社交平台发布视频称,国外售卖的海天酱油配料表上只有原料水、大豆、食盐、砂糖、小麦,而国内售卖的酱油则含有多种食品添加剂,并质疑海天味业实行"双标"。两种配料表的强烈反差引发网友热议。面对舆论质疑,海天味业虽迅速回应,却选择了"正面硬刚",态度强硬,非但没有将食品添加剂一事说清楚,反而避重就轻,消费者显然并不买账。10月10日,受食品添加剂"双标"风波影响,"酱油一哥"海天味业开盘大跌7.99%,一天之内海天味业市值蒸发358亿元。在数字时代,信息传递的迅捷、透明促使品牌方在公众面前更需谨言慎行,一方面可结合社会热点议题策划富有创意和责任感的公关活动,一方面可运用"爬虫系统",自动监测敏感词提及率和潜在风险,及时应对危机。

三、穿越现实虚拟,注重沉浸式体验

近年来,"元宇宙"一词横空出世,引发热议。元宇宙的定义来源于国外小说《雪崩》,意思是人类运用数字技术构建的、由现实世界映射或超越现实世界、可与现实世界交互的虚拟世界,具备新型社会体系的数字生活空间。在元宇宙的虚拟世界,其数字化程度远高于现实世界,经由数字化技术勾勒出的空间结构、场景、主体等,实质上是以数据方式存在的。在技术层面,元宇宙可以视为大数据和信息技术的集成机制或融合载体,不同技术与硬件在元宇宙的"境界"中组合、自循环、不断迭代。元宇宙的本质是社会文明在虚拟空间的重塑。在平行于现实世界的虚拟空间中,可以拥有搭载自我意识的虚拟形象,深度沉浸式体验社交、游戏、赚钱、购物等各方面的活动。

清华大学新闻与传播学院教授沈阳认为,元宇宙将为公共关系带来三个变化:第一是沉浸传播,因为传播的形态变化了;第二是共情传播,因为人机融合之后情感性增加了;第三是信任传播,因为有了区块链技术,人和人之间基于智能合约产生的信任度提升了。

比如潮宏基彩金新品元宇宙发布会就多维度采用了实时虚拟交互技术,让"过去与未来""传统与现代"在同一时空进行对话,带来了品牌发布会全新的沉浸式体验。它还在虚拟空间搭建自己的概念店,用虚拟技术将已毁坏的"花丝风雨桥"复刻出来,让精致的花丝工艺和壮观的廊桥景观融合再现,给观众全方位的视觉体验。凭借3D虚拟技术,主持人可直接走进虚拟店铺展示和介绍,动漫中的虚拟人物与现实中的人物联动演绎,虚实辉映,开启全新发布模式。

数字时代的技术发展给组织在内容、形式上进行创新提供了无限可能,当然也不可避免带来潜在风险。然而,无论媒介与技术如何变化,能产生共情的内容才能真正抵达公众内心,达成情感链接与交流。未来如何更积极运用数字技术来发展公关形态,创新内容,对每个组织都是挑战,亦是机遇。

思考题

1. 你认为传统媒体与新媒体应如何更好地融合共赢?
2. 在媒体平台如此丰富的时代,组织应当如何与公众进行沟通更有效?

第六章

公共关系工作程序

公共关系的过程是组织与公众的双向传播与沟通过程。公共关系的实践和理论表明，一个相对完整且富有成效的公共关系工作程序通常包括前后相继的四个基本程序，即公共关系的调查、公共关系的策划、公共关系方案的实施、公共关系效果的评估，亦称公共关系"四步工作法"，它们构成公共关系工作的基本运行模式。必须指出的是，这四个过程并非泾渭分明，而是相互渗透。为了研究的需要，本章将分别阐述。

第一节　公共关系的调查

在公共关系活动中，调查是了解情况、制定计划、实施计划及评估效果的基础。要树立和维护组织的良好形象，就要首先了解组织的实际形象和自我期望形象的有关信息；要想赢得内外公众的支持与合作，就要搜集内外公众不同的需求信息；要监测环境、预测环境、利用环境，就要综合分析组织所处的自然环境和社会环境的有关信息；要想了解公共关系活动的实施效果，就要了解公众对活动的接纳程度以及活动的影响范围等。只有充分及时地掌握准确的信息，从中找出问题和差距以及导致问题的种种原因和相关因素，才可能制定出切实的公共关系活动方案，才可能对公共关系活动的效果进行客观而科学的评估。调查工作实际上是一种获取各方面信息的工作。在公共关系活动中，调查是必不可少的一个环节，也是贯穿于整个公共关系运行过程中的一种手段。

一、公共关系调查的内容

美国著名市场学教授菲利浦·利特勒说过这样一个故事：美国一家制鞋公司为开拓

国外市场,派工作人员到非洲的一个国家了解市场情况。第一个工作人员说:"这里的人不穿鞋,无市场。"第二个工作人员说:"这里的人不穿鞋,市场巨大。"第三个工作人员说:"这里的人不穿鞋,是因为有脚疾,需要鞋——宽鞋,这里的部落首领不让做买卖,除非搞大市场营销,向他们的金库进贡,才能获准营销,估计大约需要1.5万美元投资,才能开放市场。每年估计可卖约2万双鞋,投资回收率约为15%。"从这个故事我们可以看到,具体、全面、系统的调查工作是公关活动顺利进行的重要基础。组织在进行公关活动之前,要注意广泛收集各种相关信息。

(一)组织形象调查

组织形象包括组织的自我期望形象和组织的实际形象。

1. 组织的自我期望形象

组织的自我期望形象是指一个组织对自身社会形象的自我认识、自我追求及自我评价。它包括对自身现实的形象认识和评价,以及对未来形象的期望与追求。

首先,要了解决策层的目标和期望。组织的决策层和领导者对组织目标和信念的形成、组织形象的选择及建立,具有决定性的意义。公关部门必须详尽研究决策者和领导者所制定的目标和政策,领会他们的决心和意图,研究他们的思想和经营管理方法,测定他们对组织形象的期望水平和具体要求,以此作为设计组织形象的重要依据。

其次,要了解组织员工对组织自我形象的认识和追求。决策层的意见与普通员工对组织的评价与追求并非总是一致的,员工对组织的看法往往反映着组织的士气和战斗力,所以公关调查中也不能忽视员工对组织的期望。只有把两者之间的差距尽量减小,确立内部统一的形象,才能在公关活动中有明确而实际的目标。

2. 组织的实际形象

组织的实际形象指的是社会公众对组织及其产品的认识和评价。我们通常说的组织形象,事实上多指组织的实际形象。要了解组织实际形象,可以从以下几个方面进行:

第一,公众分析。组织的公众是处于不断变化之中的,为了正确地找到调查对象,获得准确信息,必须对本组织的公众范围、公众类别等进行调查分析。通过对公众的辨认,确定调查对象和范围。主要需要了解和分析以下几个方面的情况:

(1)本组织公众的构成情况。特别是目前的公众构成情况,哪些是主要公众,哪些是次要公众,他们同组织之间的利益结合点是什么,对组织的期望和要求有什么不同。

(2)本组织公众的地理分布情况。各类不同公众分布在什么地方,同组织之间的距离有多大,最有效的联络办法是什么。

(3)本组织公众的态度行为资料。他们目前对组织持什么样的态度,这种态度是如何形成的。公众已经在采取什么行动,这些行动对本组织是有利的还是不利的,应保护还是应制止。

（4）本组织公众的社会文化背景。了解公众的政治态度分类状况，了解他们的文化传统、民族习俗、职业状况、兴趣爱好、经济收入、教育状况等。

（5）本组织公众使用传播媒介的习惯，接收信息的渠道和信息编码的规则。

（6）本组织公众的主要消费方向、消费习惯、主要的消费群体以及消费者组织的状况。

（7）社区范围内公众的流动情况。尤其是社区内部公众的稳定状况和外在公众的流动状况。

公众的复杂性决定了在进行公众调查过程中宜采取多种方法和渠道进行，而且要在日常的各项工作中注意随时积累各种有关信息。

第二，形象地位测量。在对公众进行调查分析的基础上，根据知名度和美誉度两项指标，综合分析内外公众评价意见，运用形象评估坐标图，测定组织的实际形象地位。

因为各自所处的位置不同，组织内部成员和外部公众对组织形象的认识并不是完全一致的。组织内部成员由于对自己所属团体以及和自己所从事工作的偏爱，常常在下意识中对组织产生好的印象，或不自觉地维护组织的利益。但同时，由于他们生活在其中，对组织的各方面情况都相当了解，也很容易发现其中的问题。所以，在了解和分析来自组织内部的信息时，要注意剔除其中的感情成分，深挖其中有价值的、真实的内容。而组织的外部公众则因置身于组织之外，往往能以第三者、旁观者的身份考察和思考问题，得出的结论一般较为公正、客观，指出问题也很严厉、冷峻，有时甚至毫不留情。当然，由于他们对组织的内部情况不完全了解，只是根据各种外显信息来做出判断，有时难免与实际情况有所偏差。如果能将上述两个方面的信息加以综合考虑，则可互相弥补，得出较为可靠的结论。

在公关调查中，对组织形象的考察，可通过以下方法进行：

一是制作"组织形象地位象限图"。根据知名度和美誉度两项指标，综合分析公众的评价意见，运用形象评估坐标图，测定组织的实际形象地位，参见图6-1。

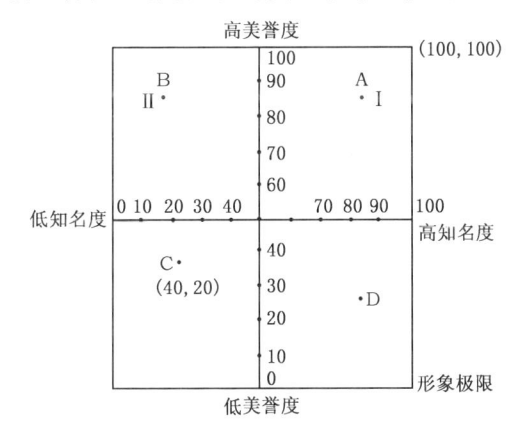

图6-1 组织形象地位象限图

如图6-1所示：

A区表示高知名度、高美誉度。说明组织公共关系处于最佳状态，但即使在公众中已经树立了良好的口碑，也不能掉以轻心，组织仍然需要通过各种传播媒介，持续不断地向公众传递组织的各种信息，注重与公众之间的日常交流与沟通，加深公众对品牌的信赖与忠诚。这也是一种声誉投资，也只有如此，一旦危机来临，则能凭借平时良好的声誉而获得公众的谅解。

B区表示高美誉度、低知名度。说明组织具有良好的发展基础，但缺乏公共关系宣传，其知名度尚待提高。组织可利用各种传播媒介和交流方式，让各类公众充分了解组织，从而形成有利于组织发展的社会舆论，使组织获得更多的支持与理解。如果能策划一些"不鸣则已，一鸣惊人"的公关活动，则能达到投入低而收效大的公关效果。当然，这要求公关人员须具有创新意识和公关智慧。

C区表示低美誉度、低知名度。说明组织公共关系的状态不佳，即公众对组织的评价不高。处于这种状态中的组织一方面应努力完善自身建设，逐渐提升美誉度；另一方面应积极向社会各界宣传自己，提升知名度。新产品上市往往处在这样一种状态中：公众了解度低，也还没有建立良好的口碑。要想引起公众的注意，必须通过多种方式，比如广告（路牌广告、车船广告、印刷广告、幻灯广告等）、新闻发布会、新产品展览会等一系列"轰炸"来使公众加深印象。而要改变公众的认知结构，引起公众的好感，则需在宣传中不断注重自身的完善。

D区表示低美誉度、高知名度。说明该组织处于臭名远扬的尴尬地位，为了扭转公众对组织的不良印象或已经出现的不利局面，组织最重要的是先踏踏实实改善自身，然后遵循公众利益第一、及时沟通等原则，采取一系列有效措施，并协同组织的其他部门一起努力，才能再次获得公众的信任。

二是制作组织形象差距图，如图6-2所示。

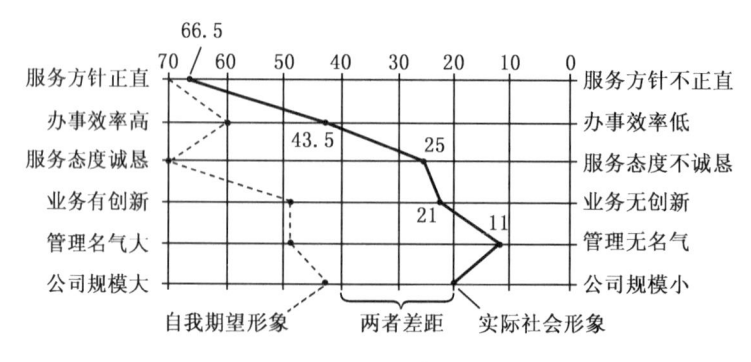

图6-2 组织形象差距图

在图6-2中，将影响组织形象的各项指标进行分解，并使每一项指标的量化数据连成曲线,从而形象地发现组织实际社会形象和自我期望形象之间的差距所在,为公共关系策划提供科学可行的依据。

(二)组织环境调查

公关本身是一项社会性很强的工作,它非常依赖于良好的环境支持,而成功的公关工作在适应环境的同时又必然承担着改造环境的任务。在这里,组织环境的调查,既包括组织的外在环境,即自然环境、人文环境和社会环境等的调查;又包括组织内部环境,即组织现状及基本条件的调查。

自然环境是指与社会组织所处的地理位置相关的各种自然条件,如内陆、沿海、气候、山脉、河流、矿产资源等。从公关工作的角度看,一些经过人工改造而形成的自然物也可看作自然环境的内容,如街道、建筑物、道路交通、车辆等。自然环境是社会组织生存和发展的必要的、经常性条件,也是开展公关活动的必要的、经常性条件。在公关活动中,应考虑如何充分地开发和利用有利的自然环境,避免和克服不利的自然环境。比如,苏州某饭店将一龙舫作为饭店,使游客既能吃到可口的饭菜,又能通过窗口领略太湖美。公关活动在实施前应将天气、交通等情况尽量调查清楚,选定合适的时间、地点进行。如果某汽车公司欲进行一场大型的露天新车展览会,却因事先未对天气进行调查,而让一场暴雨阻碍了顾客的脚步,则得不偿失。在任何公关活动中,公关人员对可能涉及的各种自然环境因素都应有所认识和了解,从而将各种有利条件自然而巧妙地运用于策划之中,将那些不利条件可能带来的困难降到最低限度。

人文环境是社会组织所处地理环境中的人口与人的活动所形成的种族、民族以及社会风气、文化传统、生活方式、意识形态等各种社会条件。人文环境不是像自然环境那样自然形成的,而是经过人类长期的劳作逐步创建形成的,在不同的地域之中,人文环境也就有相应的差别。在进行调查分析和公关策划时,要注意特定地区的特殊人文现象。比如独特的生活方式、宗教信仰、图腾崇拜、各种忌讳和讲究等。特别是在面向外国和多民族地区进行公关活动时,更要考虑到这一点。像日本人爱菊,但欧美在送花卉时,却忌送菊花,因为在这些地区,菊花通常是悼念亡人的,菊花被看成是不祥之花,它意味着死亡。所以在进行公关活动前一定要将对象的文化背景进行一番调查,要了解其内在寓意,以免造成不必要的尴尬与损失。

社会环境的调查内容包括调查分析与本组织有关的政治、经济、法律、新闻媒介、同行业环境等。社会组织对政治环境的调查,包括对现在和未来一定时期内国内外的政治态势以及有关的已出台和将可能出台的方针、政策、法规、规章制度等的调查。对社会环境进行调查研究,有利于从环境的动态发展中不断把握对组织有利的机会,消除不利的威胁,使组织与环境处于一种相对平衡的状态。对新闻媒介的调查,包括对各种传播手段进行分析研究,了解每一特定传播媒介的工作过程、工作特点、工作手段,最大限度地利用传播媒介,发挥传播媒介的作用。对同行者基本状况的调查分析,可以看到同行未曾考虑到的问题,寻找更适合自己的发展模式。比如,北京一家火锅店老板在经过对北京千余家火锅店进行调查后发现,大多数火锅店都普遍存在室内环境脏杂的问题,很多顾客感觉空气不好,吃得浑身都是汗和火锅味。于是,他在这方面下功夫,进行了空气畅通改造。通过调查,他还注意到了别人没有关注的一面,就是如何处理用过的火锅底料和废油。很多火锅店都将废油卖给一些小贩等,将其重复利用,生产一些不利于大众健康的食物。于是,他张榜征求废油处理化工厂,以表明其对公众的负责态度。所谓知己知彼,百战不殆,对同行的调查研究既能看到对方的优势和劣势,又能为自己特点的发挥提供有利的依据。

组织的公关活动不能脱离组织的客观现状和现有条件来进行,因此还应该全面、完整地掌握本组织各方面情况。对企业而言,应调查分析组织的经营方针、管理政策、生产计划、财务制度、营销状况、用人制度、人才培训、领导及管理人员素质等,以保证公关活动顺利进行。组织的人员素质决定其能否胜任公关策划活动,营销状况决定其是否能保证公关活动必要的物资设备及开销等。

总之,在进行环境和条件的调查研究时,要本着实事求是的原则,正视各种积极、消极因素,不能因为急于求成而夸大或隐瞒所存在的问题。

(三)公关效果调查评估

整个公关活动完成之后,必须进行调查评估,以总结经验教训。公关效果的调查需要了解公众对本次公关活动的评价、公关效果等信息。比如通过召开座谈会、问卷调查、摘抄公众来信、接待来访等,分析公众对公共关系活动评价的好坏。关于这一点,我们将在本章第四节详述。

二、公共关系调查的原则

社会组织会面临多种问题,但在实际的公关调查中,只能找出最关键的部分作为研究对象,否则调查的成本可能会远远超出调研得出的实际价值。不仅如此,错误的研究方向所导致的错误结论,还会给该组织带来无可挽回的损失。所以如何选择调查内容,在调查中应该遵循什么样的原则是很重要的。

(一)科学的原则

科学的原则是指调查研究必须根据系统、有序的要求,选择和确定公共关系调查的内容。现代有效的公关调查是通过定性和定量两种分析方法进行的。公关调查不仅要有针对性地揭示组织特有的公关状态,同时要主动建立完善的信息网络,形成系统的信息数据库。在收集信息后，进行大量的分析、综合、判断、演绎、推理，使处理后的信息更全面、更科学，以提高调查资料的有序化程度，并以科学的公关调查结果为组织的整体战略服务。

(二)效用的原则

效用的原则是指根据组织的具体要求选择和确定公共关系调查的内容。在信息社会，每时每刻都有大量信息出现，面对滚滚而来的信息，如果没有针对性的一概采集调查，绝大多数组织都没有这样的人力和财力，也没有这个必要。因此，组织的公关部门在采集信息时，一定要注意信息的效用性，根据组织迫切需要解决的问题，来确定公关调查的范围、水平和规模。

(三)可行的原则

可行的原则是指根据组织具备的调查能力选择和确定公共关系调查的内容。确定公关调查的范围和深度必须符合组织的实际情况，如果组织没有相应的人力、财力、物力作为条件保证，那么确定大范围的公关调查往往是纸上谈兵，或者流于形式，很难达到预期目的。同样，若进行的公关调查选题既难且深，组织并不具备相应的专业技术和文化素养的话，不仅无法圆满完成调查任务，甚至可能导致调查结果产生偏差。当然，组织可以聘请公关专家帮助完成调查项目，但也必须考虑投入和产出之间的平衡关系。在保证公关调查结果质量的前提下，应尽可能节约费用开支。

三、公共关系调查的过程

公共关系调查是一种实务操作，在调查过程中，一般有四个基本程序，即调查课题的确定、调查方案的制定、调查结果的分析、调查报告的撰写。必须注重每一个调查程序，以保证调查结果的科学性和可靠性。

(一)调查课题的确定

公关调查的第一步，就是要确立调查研究的主要内容和调查对象。课题的选择是多样的，可以是与经营、销售有关的问题，如公众的消费习惯、消费倾向、消费情趣、市场现状等；也可以是社会组织与各类公众之间的关系状况，如公众对组织的评价、同行的看法、新闻界对组织在一段时期内的报道倾向等。重要的是选择与社会组织密切相关的、实用、急需和针对性强的课题。对于每一项具体的调查工作而言，首要的是必须明确：通过这项调查，试图达到什么样的目的？对这个课题的研究，能够帮助我们解决什么问题，其意义何在？调查的课题，大致可以分为两种类型：

第一，描述性课题。这类课题通常是因调查者对对象情况知之甚少，需要通过调查来详尽地描述对象轮廓和细节。比如,生力啤酒公司要调查华南地区过去四年内消费者享用啤酒品牌的情况,就是描述性课题。调查显示:(1)在过去的 4 年中,享用高档啤酒的消费者比例总体呈上升趋势(生力属高档啤酒),而其中 18—25 岁的年轻消费群的啤酒饮用率在显著上升。(2)整个啤酒市场占有率(广州)中,珠江以较大优势(47.7%)高居第一,而生力仅有 15.3%。(3)百威、喜力等国际化品牌不断渗透,市场占有率和品牌偏好度增加,直接威胁生力的市场份额,在 DISCO、酒吧等年轻人较多的现饮夜场成为消费主导潮(百威以 24.7%的份额居第一,生力为 13.7%,居第二)。以上两地调查数据表明:生力品牌认知度很高(第一提及率和偏好度均排第一),但市场占有率消费者最常饮用率相对低,证明除价格等因素外,也可能是在终端销售或消费者的接触点上做得不足。此类调查有助于组织了解公众消费的一些基本情况。

第二,解释性课题。这类课题的目的是力图通过详尽阐述既成事实为何或如何发生,来解释某些急需了解的现象的因果关系,并采取对策。仍然举生力啤酒为例,"生力啤酒面临的挑战和机遇是什么?"即为解释性课题。调查资料显示:(1)生力啤酒市场竞争日趋激烈,各类竞争品牌大打营销战,对生力现有市场形成强大威胁。(2)生力啤酒在年轻消费群中的品牌形象老化,品牌偏好度和销售都有所下降。通过调查了解,各类本地及外国啤酒品牌充斥,消费者尚未出现对某个品牌的绝对偏好,这为生力啤酒争夺市场留下了充分空间;18—25 岁的年轻人消费市场是一个正在形成的未来消费主流。随着年轻人市场的快速成长,出现了个性化新口味的需求;在美国、欧洲等地,享用清啤成为时尚人士追逐的潮流。此类调查则往往可以为组织进一步的公关活动实施做参考与指导,比如生力啤酒公司据调查结论,决定针对 18—25 岁的年轻人市场,推出口味清爽顺喉的生力清啤,令生力啤酒品牌年轻化。

无论采用何种类型课题,一旦确定课题,就要以科学调查来得出结论,不能受传统思维方法和观念的束缚,尤其要避免主观因素在验证假设中的影响。

(二)调查方案的制定

调查课题确定以后,接下来的工作步骤就是制定调查方案。一个调查方案应该包括以下几个要素:调查对象、选择范围、调查方法。

公关调查应根据组织的实力或者需要来进行,应选最有针对性的对象和范围来进行。比如,生力啤酒 1991 年起在广州设厂,是珠三角的强势品牌,华南地区是其重点市场,生力公司确定目前以这一市场为业务的重点,自然调查的范围就仅限于华南地区,而不波及全国范围;又因消费者以年轻人为多,所以其调查对象也以年轻人为重点来进行。确定了大致的对象和范围后,就需要确定调研样本,以保证调查的科学性。一般来说,有普查和抽样调查两大类。

普查是对调查对象进行逐一无漏的全面调研,此法获取信息的准确性较高,但人力、物力、财力的耗费相对也较高。一般用于两种情况的调研:一是相关部门进行的宏观调研,目的是了解和掌握基本的公关资料;二是对机构内部员工调研及范围不大的目标公众情况的调研。

抽样调查是在众多调查对象中抽取部分样本调查,然后根据统计推断原理,用样本提供的信息推论总体的方法。此法费用相对较低,便于设计多种复杂的调查项目,获得的信息量大,准确性程度高,一般适宜做公共关系的定量调查。

在公关调查中,选择何种调查方法是非常重要的,合适的方法往往能起到事半功倍的效用。一般来说,有资料研究法和民意测验法两大类。

资料研究法是利用与组织相关的各种资料和数据,如行业内各类组织的情况、社会发展、市场行情等各方面的文字资料、统计资料、图片资料等进行调查、分析和研究。它是一种间接调研方法,获取信息的速度比较快,比较节省费用,能为其他调查做准备,也可弥补现场不足。但是资料研究法的针对性、准确性、客观性不高,需要采用适当的方法来验证这类资料。

民意测验法是运用科学化的调研方法,如座谈(访问)、问卷设计、抽样技术等,对社会舆论进行广泛的调研。这种调研方法直接了解相关公众对某一组织、事件、问题的需要、认识、看法、意见和反映。民意测验法是获得第一手资料的基本方法,一般有座谈(访问)法和问卷调研法。

座谈(访问)法是由调研者直接与被调研者接触,通过面对面交谈了解情况,收集相关信息资料的一种实地调研方法。这种方法的具体形式多种多样,可以进行个别交谈,也可以组织小组式座谈;可以让调查人员走出去,也可以把被调查者请进来;可以事先约定时间、地点,也可以随机采访;可以一次完成,也可以反复多次进行。在公关调研中,应该根据具体调研项目的需要,选择合适的形式。座谈(访问)法机动灵活,访问者可以根据特定的访问环境、访问对象,随机应变地提出不同问题,或者变换提问的方法和顺序。对不清楚的问题内容,可以当即做出必要的解释和说明,这样不仅使被调查对象充分发表自己的意见,还能根据需要,深入追寻,有利于获取进一步的有用的信息。另外,由于面对面直接访谈,一般不至于遭到对方的推脱和拒绝,再加上访问者可以通过对方的语言、表情、动作判断被访问者合作的真实态度,所以座谈(访问)法的回答率比较高,可以提高调研结果的可信度。但是,座谈(访问)法调研成本比较高、时间比较长、调研范围有限。面对面交流极易渗入双方的主观情绪等因素,要求调研者有较高的素质和能力。同时,主持调研者预先必须充分准备好调研的问题以及认真选择与调研主题相关程度最有代表性的目标对象,这样才能避免调研流于形式而获得真正有价值的信息。

问卷调查法是用书面提问的方法直接了解被调查对象的反应和看法,并以此获得信息资料的调研方法。一般预先根据调查内容设计好问卷,然后当场请调查对象自己填写问卷或者由调查者口问并笔录,也可以用通信的方法请被调查者填好后寄回问卷,最后根据集中后的问卷资料进行定量分析。能否收集到足够、适用和准确的信息资料,在很大程度上与调查问卷相关;能否设计一份科学、合理的问卷直接影响公关调查的效果。一份问卷的设计是一个系统工程,涉及规范技术和整体技术思路。在问卷设计时,应充分了解该项调查需要收集的信息内容,保证问卷的最高使用率;正确判断调查对象的类型,针对对象的特点进行设计,以得到调查对象的配合;保证问卷的合理、严谨等,以便实现调查的目的。

(三)调查结果的分析

公共关系调查本身是一种手段,其真正的目的是通过调查活动,获取足够的信息资料,为组织做出正确的公共关系决策和实施有成效的公共关系活动提供依据。然而,再详尽的信息都不可能自动地显示全部问题。一般而言,公关调查是由相关人员设计主持的,免不了带有一定的主观色彩。同时,大量复杂的社会联系往往都隐藏在显露的现象背后,需要人们用客观的理性思维去发现和确认。所以,对于公关调查结果,必须进行全面的综合分析,从而形成完整的调查报告,真正成为公关决策和活动的依据。

1. 准确性

公关调查收集资料是为了满足组织开展公关活动的需要,歪曲和掩盖客观实际情况,很可能成为导致组织公关决策和公关活动失败的原因。所以,评价公关调查结果的基本标准是准确性。凡是虚构、欺骗、偏颇、夸张、混淆、想象等与事实有出入的资料都属于不准确的资料,需要公关人员运用本身的知识和经验,对其进行分析和判断,从中发现疑点和问题,或者把信息资料同客观事实、佐证材料、不同表现的信息进行比较核对,最终对信息资料做出相对正确的评价。

2. 时效性

现代社会中的一切瞬息万变,信息也具有很强的时效性。过时的信息犹如"雨过送伞",时过境迁而起不到作用。大量杂乱无章的信息资料不仅无济于事,还可能干扰决策者的思路。所以,评价公关调查结果的关键标准是时效性。时效性不仅指及时掌握与特定时间相结合的信息,还包括随时注意相关信息的产生,以辩证的、运动的眼光收集信息,以保证信息传递的快捷性。

3. 适用性

现代社会呈现出多渠道、多功能的开放式市场状态。公关活动所需信息渗透在社会各个领域中,然而并非所有信息都能为组织所用。所以,评价公关调查结果的重要标准是适用性。信息资料的适用性,表现在它在时间上、空间上、内容上与组织经营活动的相关性。在公关调查结果评价过程中,必须找出真正能反映组织公关状态与组织公关活动相关的信息资料。由于公关活动的特殊性,决定了公关调查除了要进行一般调查研究相同的资料整理之外,更重要的是还要通过调查资料,分析发展变化的原因,并找出影响事物变化的各种因素之间的相关情况。通过研究、分析后发现趋势性问题和有价值的线索,为组织做出公关决策和实施公关活动,提供翔实的材料和可靠的依据。

案例

北京长城饭店的"全方位"调查

一提到北京长城饭店,人们立刻会想到那举世闻名的里根总统的答谢宴会、北京市副市长证婚的 95 对新人集体婚礼、颐和园的中秋赏月和十三陵的野外烧烤等一系列使长城饭店声名鹊起的专题公关活动。长城饭店的大量公关工作,尤其是围绕为客人服务的日常公关工作,首先源于它周密系统的调查研究。

长城饭店日常的调查研究通常由以下几个方面组成:

一、日调查

(1) 问卷调查

每天将表放在客房内,表中的 32 项内容涉及客人对饭店的总体评价,故地重游再来北京时再住长城饭店的可能性有多大;对十几个类别的服务质量的评价,对服务员服务态度的评价,以及是否加入喜来登俱乐部和客人的游历情况;等等。

(2) 接待投诉

几位客服经理 24 小时轮班在大厅内接待客人反映情况,随时随地帮助客人解决困难、受理投诉、解答各种问题。调查表和投诉意见每天集中收回,由客房部和公关部进行统计整理,其结果当晚交给饭店总经理,使决策层及时了解情况,次日早晨在各部门经理例会上通报情况。

二、月调查

(1) 顾客态度调查

每天按等距抽样向客人发送喜来登集团在全球统一使用的调查问卷。每日收回,月底集中寄到喜来登集团总部,进行全球性综合分析,并在全球范围内进行季度评比。根据量化分析,对全球最好的喜来登饭店和进步最快的饭店给予奖励。

(2)市场调查

前台经理与在京各大饭店的前台经理每月交流一次游客情况,互通情报,共同分析本地区的形势。

三、半年调查

喜来登总部每半年召开一次世界范围内的全球旅游情况调研会,其所属的各饭店的销售经理从世界各地带来信息,互相交流、研究,使每个饭店都能了解世界旅游形势,站在全球的角度商议经营方针。

这种系统的全方位调研制度,宏观上可以使饭店决策者高瞻远瞩地了解全世界旅游业的形式,进而可以了解本地区的行情;微观上可以了解本店每个岗位、每项服务乃至每个员工工作的情况,从而使他们的决策有的放矢。

综合调查表明,任何一家饭店,光有较高的知名度是远远不够的,要想保持较高的"回头率",主要靠优质服务,使客人满意。怎样才能使客人满意呢?经过调查研究和策划,喜来登集团面对竞争推出了"SGSS"(Sheraton Guest Satisfaction System)方案,中文直译为"喜来登宾客满意系统",意译为"宾至如归方案"。提出要在3个月内对该店上至总经理,下至一般服务员进行强化培训,不准请假,合格发证上岗。在每人每年100美元培训费的基础上另设奖金,奖励先进。随着这一方案的推行,长城饭店更加闻名遐迩了。

[思考]

面对激烈的市场竞争,长城饭店为何能赢得长久的"回头率"?其公共关系调查给我们什么启示?

第二节 公共关系的策划

任何成功的公关活动都离不开高水平的策划。公关策划是以公关人员为主体进行的一种艰苦细致、复杂有趣的创造性活动。它以客观的公众分析为前提,以最好的活动效果为目标,是"公共关系四步工作法"的灵魂和核心。

一、公共关系策划的含义与意义

古人说:"凡事预则立,不预则废。"预,实际上就是事先做好充分准备,并进行必要的策划。公关策划,是公关人员在公关活动之前,为了逐步实现公关工作塑造组织形象、改善组织环境这一根本目标,在认真调查研究、全面准确地掌握信息的基础上,找出组织需要解决的具体公关问题,分析比较各种相关因素和条件,遵循科学的原则与方法,运用自己的知识和经验,充分发挥想象力、创造力,确定公关活动的主题与战略,并制定出最优活动方案的过程。

公共关系策划既然是一种对未来公共关系活动进行布局的思维过程,那么它的作用首先就在于帮助我们在纷繁的信息中去整理思路,确定方向与目标,并且对将要进行的活动每一步骤、每一行动细节做好安排和设计,做到胸有成竹。因为策划是经过认真调查研究、分析比较各种相关因素和条件来完成的,因此,它是公关科学决策的重要前提和依据。可以说,没有精心的公关策划过程,公关活动注定失败。

在公关策划过程中,因为渗入了公关人员的创新精神和开拓精神,因此,公关策划的好坏将成为组织形象竞争的最重要因素。随着市场竞争的不断发展,组织间的竞争越来越向高层次发展。从初级的产品竞争到中级的市场营销竞争,再到今天的形象竞争,越来越多的社会公众把组织是否具有良好的形象作为其选择的前提。公共关系是塑造组织良好形象的艺术,而公关策划则是组织形象的"总设计师"。组织通过公关策划来确定形象战略目标,制定组织形象发展战略,通过持之以恒的策划和实施,逐步实现组织的形象战略目标,提升组织的知名度和美誉度,使组织在形象竞争中立于不败之地。

二、公共关系策划的原则

公关策划是一个相对完整的过程,根据任务和目的的不同,可大致分为两种类型:一种是为了解决某个具体问题,围绕一次或几次公关主题活动进行的策划。它侧重于具体的战术性策划,一般由组织的公关人员来进行。另一种是围绕组织总体形象的设计和塑造而进行的整体与系统策划。它侧重于组织公关工作的基本战略和长远规划,必须有组织决策者的参与和领导,并广泛听取职业公关专家和内外部公众的意见,进行缜密的策划与论证。不管是哪种类型的公关策划活动,都必须遵循以下几个原则:

(一)目标的原则

目标的原则是指在公关策划中要明确公关目标。公关目标不仅是指导和协调公关工作的依据,而且还是评价公共关系活动方案实施效果的标准。在确定目标时,应注意公关目标应与组织的整体目标相一致,即一切公关策划活动必须紧扣组织的知名度与美誉度的结合这个总目标。这就要求公关人员必须具有全局观念,不仅要通过公关活动来实现特定目标,同时也应有助于提升组织的整体形象。在公关活动中不仅有定性的目标,即要塑造一个什么性质的形象;也要有定量的目标,即在多长时间内、多大范围内争取多少公众的理解与支持,达到一个什么数量的具体目标等,作为实施的准绳和评价标准。公关目标还必须明确对象公众,如对什么人、解决什么问题、选择什么手段,都应该有明确的规定。当然,公关目标通常不是通过一次公关活动就能实现的,必须通过坚持不懈的积极努力才能赢得公众的信赖,树立组织的良好形象。

(二)创新的原则

创新的原则是指公关策划要敢于突破人的思维定势,以新奇和独特的主题内容和活动方式来吸引公众,调动公众的参与与合作的热情,以提高组织的知名度和美誉度。创新是公关策划的灵魂,是公关策划成功与否的关键,同样也是衡量公关机构和人员水平高低的主要标准。在这个信息化的时代,各种信息不断冲击着人们的生活,要想在纷繁复杂的信息中引人注目、独树一帜,所设计的公关方案就必须标新立异、别具一格。比如一则表白广告曾登在《南宁晚报》头版:"柠哥:默默暗恋你一年,最终决定以这样的方式向你表白,可以做我的大白么? 泉"。这则深情表白迅速引爆南宁社交圈。有人猜,这版广告至少价值30万元。"晚报体"一炮而红。各种借势,各种移花接木,各种PS,热闹了QQ群,刷爆了朋友圈。一夜之间,各路商家以迅雷不及掩耳之势,派生出各种版本,占领LED屏,换了公交车亭广告,"顶上"出租车顶。能跟"柠"和"泉"扯上点儿关系的,都纷纷跳出来,高呼自己就是"柠哥"或泉。有人说这广告价值3 000万元都不止。几天后,晚报终于站出来再次在头版公布真相:"不用再猜,柠为宁,泉为圈"。原来"泉"代表的是南宁圈,"柠哥"就是《南宁晚报》。用这样一个特殊的公关方式点燃公众关注度,希望彼此合作,打造一个开放、互联、共享的全媒体南宁生活圈,开创传统媒体和自媒体融合的典范。可见,公共关系既是一门科学,又是一门艺术。科学是可以重复的,但艺术必须具有独创性,具有其他人和其他社会组织不可模仿、无法重复之处,才能真正给公众留下深刻的印象。创造性的策划要求公关人员具有敏捷的思维能力和敏锐的观察分析问题的能力,要有敢为天下先的勇气和信心,还要有大量的公关资料积累。从思维方式看,要善于打破常规,多采用逆向思维和超常思维,才能另辟蹊径。

(三)可行的原则

策划再好,若似海市蜃楼,不可行的话就没有实际的意义。成功的公关策划是公关理论和原则的深化实践过程,这个过程的最后落脚点就在于可行性。方案的可行性主要可以从以下几方面来衡量:

1. 方案的合法性

对公共关系的策划,首先必须考虑是否合乎本国国情和法规,是否符合党的路线、方针、政策;其次要考虑是否有违当地的民族习俗、宗教信仰、文化传统等。那些坑蒙拐骗、违法乱纪的策划不但会遭到公众的谴责,而且一旦败露将使组织遭遇灭顶之灾,所以在策划时必须熟悉国家现行法律、法规,熟悉当地的风俗民情。

2. 方案的经济性

公关策划必须对组织自身资源有充分的认识,必须根据组织的经济实力量力而行。

必须注重提高公关活动的效益与效率,即采取哪种方式能以最少的经济投入取得最快、最好的效益,从而顺利实现组织目标。策划时要权衡方案的得失、考虑方案的风险程度,尽量选择合理的方式,设计周全的方案,争取收效的显著。

3. 方案的可操作性

策划是否便于操作,直接影响公关活动实施的成败。只有好的创意是不够的,必须要有可实施的具体措施和条件。首先,对公关活动的每一个步骤与环节,以及它们之间的衔接呼应关系,都应有具体的表述和规定,而且必须与操作者的观念意识、文化水平、工作技能等素质水准相适应,不致曲高和寡;其次,对于目标受众要有明确认识,有明确措施;再次,对于具体时机、地点以及采取何种传播渠道都要有具体的规定,以便实施。

(四)诚恳的原则

诚恳的原则实际上是指要尊重事实,尊重公众利益的原则。公关策划必须重视公关调研中掌握的事实,针对问题制定公关对策,无视事实的存在必然使公关活动遭到失败。而尊重公众的利益则会获得公众的支持。在整个公关策划活动中,公关人员一定要注重职业道德修养,对待公众要诚恳,向他们提供的信息要真实可靠,所做出的承诺要及时兑现,对同行竞争对手要开诚布公,公平竞争,不以非正当手段牟取暴利。

三、公共关系策划与创新

创新意识对于公关策划有着举足轻重的作用,它直接关系到公关策划活动的成功与否。创新作为公关策划的灵魂与核心,是公关活动必不可少的,但究竟什么样的创新才是真正的创新,才是好的创新?在创新活动中我们又必须注意哪些方面呢?

首先,创新必须考虑科学性。科学性要求公关人员必须摆脱主观随意性,深入系统地进行调查研究,尊重事实,制定健康、明确的公关目标。科学性也包括创意必须可行,只有能转化成实际活动的策划方案才能体现创新的价值和意义。这就要求公关人员不仅要做纸上谈兵的"书生",更要做冲锋陷阵的"勇士"。

其次,创新必须考虑社会性。创新的方案始终是要面对广大公众的,所以它必须具有社会的广泛性:第一,要能适应和满足广大公众普遍的心理需求,满足人们独立自主的人格需求,满足人们不断升华的精神需求,唤起公众的兴趣;第二,要向广大公众提供健康向上、有较高品位、符合社会发展趋势和民族文化传统、符合普遍的社会心理和审美标准、具有时代特色的公关活动。要把实现组织的目标同履行社会责任有机结合起来。只有高品位的创意和公关活动,才具有持久的生命力和较高的社会价值,才能在公众中起到宣传和提高组织美誉度的作用。这一点对于社会主义中国的公关事业来说尤为重要。因为在我国现阶段,公关事业是在一个逐渐成熟发展的阶段,有的人打着"公关"的幌子,以荒唐怪诞的活动来哗众取宠,或有意迎合、刺激少数人不正常的心理和消费需求,极易使人对公关本意造成误解。

最后,创新必须考虑艺术性。与科学的求真不同,艺术主要是在追求美、创造美中体现善、体现人类的美好理想。所以,艺术往往能以其非功利性悄然对人的感情、心态、意志等给予多方面的积极影响。公关活动其实并非只是一种商业活动,从根本上来说,它是组织和公众共同进行的一种现代文化活动。它既不靠法律手段,也不靠经济手段来进行工作,而主要依靠本身对公众的吸引力来感染公众。要具有这种吸引力,就要求公关创意一定要讲究艺术性,努力去创造美,构思出合乎公众审美情趣的公关活动。公关活动的艺术性必须具有文化的特点,应该是一种美的、能使人们产生新鲜感的文化活动。公关人员可以学习、借鉴并运用中国文化传统中的优秀元素,并注入时代特色,使活动更加贴近民心。一个国家、一个地区、一个民族的信仰、习俗、风土人情、生活方式等,都集中体现了它的文化特点,每个民族都有自己的传统节日、历史故事、神话传说、文学艺术等,如果公关人员具有深厚的知识素养、谋略意识和想象力,就可以好好地利用它们,形成具有艺术性的创意。

《孙子兵法·势篇》中说:"凡战者,以正合,以奇胜,善出奇者,无穷如天地,不竭如江河。"公关亦如此,只有不断创新,方能出奇制胜。

四、公共关系策划方案的内容

公关策划方案是指公关人员将公关策划内容按照一定格式、以文字形式写成的书面报告。一个完整的公关策划方案是组织开展公关活动的指南。调查研究、采集信息、分析信息是策划的基础,公共关系的策划也是针对信息分析结果来制定的,一份完整的公关策划方案包括以下几个方面的内容:

(一)主题的设计

主题原指文学、艺术作品中所要表现的中心思想,是作品思想内容的核心。公关主题是指某项公关活动所要表现的中心内容,是整个公关活动的核心。设计主题是公关策划中最富有创造性的一个步骤,是对公关目标的一种精炼表述。组织通常会面临树立新形象,或是改变不良形象,或是扩大知名度和美誉度,或是开展简单的促销活动等公关任务,公关人员可根据组织的不同需求确定不同的活动主题。主题设计应遵循以下几个原则:

首先,公关主题必须与公关目标高度吻合,能充分表现目标的实质。

其次,公关主题应新颖独特,具有鲜明的个性,既符合公众心理的需要,又容易引起公众的认同,激发公众的热情和想象力。

最后,公关主题的文字表述应尽量高度凝练,朗朗上口,使用明确具体的语言,不宜使用冗长拗口抽象的词句,让公众难以辨认和记忆,影响传播效果。

(二)目标的确定

公关策划活动一般要达到的目标有两类：一类为公共关系战略目标，它以协调关系、塑造形象为主要目标，为组织的总体目标服务，是需要长期不懈地为之努力的目标；另一类为公共关系战术目标，它是通过本次活动将要达到的具体目标。为了保证组织战略目标的实现，公关人员应该按照战略目标的要求设计出相应的战术目标，并尽可能完成每一次的战术目标。

公关目标是策划活动渴望达到的一种状态或标准，也将作为实施的准绳和评价的标准，因此公关策划的目标应当明确、具体、具有可行性。首先，组织要塑造一个什么性质的形象，以什么样的特色投入竞争，要有宏观定位；其次，组织打算通过多长时间、在什么范围内实现多大目标也应该有基本的规定；然后，针对某一局部问题而设计的战术目标在可能的情况下最好可用一定的量化标准来表示，以使其实现起来更加有效率。目标的量化能够给公关人员造成一定的压力，促使其不断努力去完成既定的目标，但所定的目标必须符合客观实际，不能凭主观臆断。因为数值过高会挫伤公关工作人员的积极性，数值过低又会造成公关工作人员的惰性。目标应高于现实，又不能脱离现实，应建立在科学预测的基础上，任何脱离现实的目标都将如空中楼阁，使公关工作陷入无序和无效的境地，造成巨大的浪费。

(三)公众的辨认

在公共关系活动策划过程中，公关人员不仅要对公众进行分类，而且最重要的是通过分类来选择公关活动的目标公众，进行公众的辨认。所谓目标公众，是指那些对组织关系和组织活动的开展十分重要，其态度和行为对组织影响极大，但他们对组织及其活动又缺乏应有的了解，需要组织对其集中施加影响的公众。目标公众是组织开展公关活动的重点对象，因为他们的意见和态度对组织十分重要，而本身又缺乏对组织的必要了解，有些甚至因为不了解而持有怀疑和反对态度，所以公关人员必须选择适当的方式与之沟通，并促使其改变态度。如果一项公关活动没有明确的目标受众，而企图去吸引所有公众，其结果一定是收效甚微的。只有辨认相关公众，才能设计出公共关系活动的主题，才能有效地选择传播媒介。

从传播角度来看，不同类型的公众对信息的接受是千差万别的，因为他们各自的特点不同，而且选择的传播渠道也有很大差别。只有首先确定目标公众，才能根据他们的特点、需求，以及对组织的态度等制定相应的对策，有效地利用有限的资源和经费。

(四)媒体的选择

公关策划要把信息传播出去,就必须面临媒体的选择问题。不同媒体具有各自不同的特点,这就要求策划者必须知晓各种媒体的优缺点,并善于利用各自的优势,通过巧妙的组合方式来使传播效果达到交相辉映的效果。如何选择媒体要考虑几种因素:首先,根据传播对象选择媒体,也就是说,本次活动的目标公众是谁,他们习惯接受哪种媒体传达的信息,对什么形式和内容比较感兴趣,对信息的理解能力如何,接收信息的条件如何等。如开展一次针对出租车司机的公关活动,选择广播媒体就较为恰当。对化妆用品,一般选择妇女喜欢的报纸、杂志等媒体比较好。其次,根据产品种类选择媒体。按产品种类,可分为消费资料和生产资料,一般来说,日用消费品价格便宜、性能简单、易于说明,便于在电视媒体这种形象直观、与消费者距离较近、重复性较强的媒体上播出。一般的生产资料,产品性能复杂,价格昂贵,则可采用报纸杂志等印刷媒体,既可详细介绍产品的性能、特点、使用方法等,又可供人反复考虑,效果较好。最后,根据组织的经济预算来选择媒体。刊登广告是一项很花钱的投资,要根据组织的经济实力选择不同的媒体。经济情况不同,广告的预算也不同,在选择媒体时,要选择几种媒体的广告价格和效果进行比较和预算,以求用最低的费用获得最大的宣传效果。

(五)具体的措施与步骤

一项公关活动在主题明确,目标公众、媒体等确定以后,就要将公关任务细化,不仅要列出公关活动的进程安排,而且要将每一项活动明确责任部门。制定公关活动工作日程推进表时,应注意以下几个问题:第一,确定各部门或各小组的活动内容、所需人员、设备、材料,各自活动所需时间总量以及时间的分配;根据个人特长、工作性质来进行人员配置,做到人尽其才;第二,建立协调组和特别行动组,以保证信息的畅通和各执行机构之间的相互配合,或者应付意外事件的发生;第三,对于长期的公关活动要分阶段来安排,对于时间较短的公关活动要逐日安排,对于一天之内须完成的公关活动要按小时来安排。

(六)经费预算

公关活动中的预算是公关策划方案的重要组成部分,它是公关活动顺利进行的实际保证。通过预算可以使公关活动经费得到合理的使用,杜绝浪费。美国著名传播学教授罗伯特·罗雷在《管理公共关系学——理论与实践》一书中指出:"公共关系活动往往由于以下原因归于失败:第一,由于没有足够的经费,难以为继,关键时刻不得不下马;第二,因经费不足,只得削足适履,大幅度修改原计划;第三,活动耗资过大,得不偿失。"这是我们在策划时应引以为戒的。公关活动经费预算主要包括下面几项:

(1)主体活动费用以及整体活动所用设备和材料费,如购置、租借或维修各种通信器材、摄像摄影器材、工艺美术器材、布展、接待参观等费用;

(2)广告宣传费,主要包括媒介广告和印刷材料费;

(3)工作人员劳务费,主要包括组织内部的公关人员的薪资或工资、奖金及其他各种福利费等;

(4)其他工作费用,如电话费、差旅费、交通费等;

(5)活动机动费用,主要用来应付突发事件;

(6)策划费,这主要是针对专业公关服务公司而言的,如果策划是由企业或组织内部公关人员进行,则此项费用不计。

公共关系经费预算是一件非常琐碎复杂的事情,为了达到公关目标,应本着精打细算、勤俭节约的原则,列出详细的开支预算清单,保证所有开支项目都是必要的、可检测的。

(七)方案的审定和效果预测评估

方案经过上述几个步骤后,应当见诸文字,形成公共关系策划活动的实施方案。为确保计划的可行性,对方案进行审定是策划中不可缺少的一个步骤。审定方案一般由组织领导、专家以及其他工作人员对方案进行咨询和论证,进一步完善方案。首先,要对计划方案涉及的资金、人力、时机、传播渠道等进行分析论证,看是否恰当适宜;其次,要对方案实施过程中可能遇到的问题、补救措施等进行分析论证,以保证在应对时游刃有余;最后,对方案实施的综合效益进行预测评价,看是否值得付诸实施。

案例

盖娅传说 四时流转[①]

2020年中国高级女装品牌盖娅传说(HEAVEN GAIA)第四次代表中国亮相巴黎时装周。盖娅传说以完美融合古今时尚的大气华服,登上国际舞台,一展国粹底蕴。品牌创始人熊英表示,盖娅传说的目标是做"令世界瞩目的中式华服,让当代华服在国际时尚舞台留住赞许目光"。从2016年到2020年,盖娅传说在巴黎时装周策划四个不同主题的秀,打造"起""承""转""合"四个乐章的东方视觉盛宴,形成持续性影响,传播中国传统文化,让世界聆听更多 Made In China(中国制造)的声音。

---

① https://mp.weixin.qq.com/s/oNoyc-wdB0aFZRTTXBcAhw.

一、"起"——"圆明园·万缘之源"

2016年,巴黎歌剧院——世界上最大的抒情剧场,东方女子从这里缓缓步入一场旭日初升的曼妙美梦,不复存在的圆明园以另一种方式重现于世界。朝阳初升,层层殿宇错落排列,东方女子穿梭于皇家园林,远远望去如同海市蜃楼,明媚的阳光洒落其中,转瞬便是虚无,呈现一场难以企及的梦境。本次发布旨在展现中国古代盛世,品牌希望由此暗示世人铭记历史、正视历史。设计者将被毁灭的圆明园化作花纹与图案,让它们在服装上若隐若现,尤其是由深色至白色的渐变,给人"由生存至毁灭""由丰富到苍白"的层次感,表达力极强,似乎将观众带回到那场逐渐被人们淡忘的历史,其中一组深蓝与白色的碰撞成为场上令人赞叹的搭配,它结合中式风韵与西式裁剪,将历史"穿"在身上。盖娅传说还通过纹样搭配的不同展现其历史内涵。设计者没有一味追求重现"场景",而是将动物、景物等巧妙结合在一起,赋予整个系列以"生命"。设计者大胆选用经典的"中国红",让一组服装成为全场惊艳的存在。圆明园是被烧毁的,而这组红色恰好运用了"烧"字,如同历史重演。设计者还运用如青花瓷一般的配色基调,结合中华文化传统中"龙"与"祥云"的图案,在提醒人们铭记历史的同时,寓意中国正迈向更加强大的未来。品牌汲取圆明园不同风格的景观印象,以倒序的方式从"当下""追忆""重现"三个层面解读东方美学文化,使不复存在的圆明园以另一种方式重现于世界,给人带来一场心灵震撼。

二、"承"——"四大美人"

2017巴黎时装周春夏大秀,盖娅传说再次大放异彩。中国古典文学中传颂不衰的"四大美人"(西施、杨贵妃、貂蝉、王昭君)"穿越千年",以沉鱼落雁、闭月羞花之态在巴黎歌剧院惊艳重现。盖娅传说以"承"为主题,分成四幕:初见(西施)——亭亭玉荷,出尘不染;问情(貂蝉)——花枝繁华,明月如霜;醉梦(贵妃)——水袖丹衣,醉人惊梦;相思(昭君)——琵琶遮面,犹含相思。每一幕都拥有超越国度的艺术美,将西方设计理念与中国古典文化完美融合,展现出独树一帜的东方大气之美。中国自古喜欢用荷花比喻美人清丽、高雅。初见(西施)系列采用了荷、鹤的元素,寓意"和美"的改良版云纱秀荷服将传统工笔绘画融合壁画着色技巧,在薄纱上进行图案块面式表达,局部结合苏绣工艺,装点玉露水滴,达到清荷在薄雾间亭亭玉立、云鹤悠然在荷间仙舞的幻妙画卷。问情(貂蝉)系列采用花卉图案,衣袖处用中式回纹穿插于百花之间,犹如凭栏的花团锦簇,与腰间手臂的圆形装饰形成对比,方圆之间意趣盎然。花卉采用勾线、卡绲花的方式刺绣后,再进行盘银勾勒,花朵之间采用贝壳珍珠、水晶石等进行装饰,衣摆白纱间好似清晨薄雾下花开凭栏处,唯美浪漫。醉梦(贵妃)系列采用中国古代宫廷的明黄色调与牡丹、菊花等华贵花卉,在丝光锦缎上使用明度肌理不一的各色棉花、丝线进行立体刺绣,在经典廓型间尽显肌理营造的美感,体现花开富贵的大唐盛景。相思(昭君)系列以黑色底料为主,衣身进行对比鲜明的白银刺绣,琵琶图腾融入其中,附一厢思念,承一世和平,琵琶遮面、随风尽逝的是对寒梅的恋想。

三、"转"——"画壁·一眼千年"

2019年盖娅传说在巴黎时装周举办了主题为"画壁·一眼千年"的春夏大秀,将敦煌壁画搬上T台,让世界领略了一番穿越千年的风景。这次作品呈现了螺纹褶塑、几何图腾、盘绣图腾、百蝶刻画等17个丰富多彩的系列,其中羽绘系列采用3D羽毛拼贴画工艺,把传统中国梅兰竹菊结合本身色调与意韵,进行多层次纱幔晕染。缂丝系列采用绝版缂丝孤品,从敦煌壁画图案中摄取灵感,融合古法布料的多重工序,用纱线、织布、上色、抽纱、缂花、盘绣、勾金等刺绣手法还原了敦煌的绝美。戈壁系列则采用敦煌壁画的提取色系,用线迹和粗纱工艺体现绵延的自然地貌,粗麻面料肌理形象描绘了戈壁的苍美。

这场秀充满创意地融合了敦煌壁画中的图案、色彩等元素,结合了菩萨、飞天等佛教元素,向大家呈现敦煌壁画中博大精深的历史与人文画卷,呈现敦煌一望无际的苍美景观。其"如星辰,如烟霞,如天使羽翼"的主题,点缀些许敦煌壁画特有的纹理,让人一眼难忘,被称为"穿在身上的敦煌文明"。把华服的极致呈现与敦煌壁画的色彩元素、内容材料、创意设计相融合,浑然天成,引起敦煌学界代表的极大关注,赞誉"盖娅传说以色彩搭建了一条世界时尚之都与中国千年文明的桥梁"。熊英说:"希望2019春夏系列可以带大家遁入画壁一样的恢宏梦幻。"

四、"合"——"戏韵·梦浮生"

盖娅传说携手燕京八绝在巴黎小皇宫开启"戏韵·梦浮生"2020春夏系列发布会,主题为"翩若惊鸿""宛若游龙",横跨华夏5000年文明之旅,可谓恢宏收官之作。[①] 该秀围绕2020春夏系列创作主题"戏韵·梦浮生",以中国戏曲元素为灵感主线,划分创作层次分明的服装章节。秀场共呈现12个服装系列。其中,"比翼鸟"系列是国画花鸟构图与西式立体裁剪版型的融合,勾画出"比翼鸟"和"连理枝"。"牡丹亭"系列采用镂空雕刻几何空间工艺,还原江南园林窗格的意境之美,映入暮雨青烟的纹饰图案,缥缈出尘,幻美绝伦。"云肩听香"系列将传统云肩四方八合的样式融入西式20世纪60年代经典服饰结构之中,让服饰焕发英挺气质。"爱莲说"系列加入水晶丝线的新型科技面料,用传统工笔绘画和壁画着色技巧在薄纱上进行图案幻化的表达,将图案浮于纱面,还原荷塘月色唯美秘

[①] 清朝解体后,造办处的工匠流落民间,逐渐形成以金漆镶嵌、花丝镶嵌、景泰蓝、牙雕、玉雕、雕漆、京绣、宫毯为代表的八大绝技,称为"燕京八绝"。它们充分汲取各地民间工艺的精华,开创了中华传统工艺的新高峰,已列入国家级非物质文化遗产名录。

境。此次大秀分"昆曲""川戏""京剧"三个篇章。观众可以穿过故事感知意境,通过曲目了解文化,透过服装欣赏中国。独具特色的宫廷艺术秀始于缠绵婉转、柔曼悠远的昆曲,终于韵味醇厚、耐人寻味的京剧。50套华服以戏曲的故事脉络、戏文台词、意境灵性为灵感来源,融入燕京八绝,结合当代精湛的裁剪技术,辅以墨染、流苏等经典元素,随着或婉转或激昂的唱腔一一呈现,有声有色,纵情恣意。

以文化做媒,以服装为介,"起""承""转""合"这四场时装秀串联起世间的悲欢离合,重现了一幕幕经典的中国传说,叙述出如梦的百态人生,同时传达出品牌主旨:华夏之美,融而不同,合而共荣。

[思考]
在盖娅传说四次巴黎时装秀中,其公关策划与品牌传播有哪些经典之处值得借鉴?

第三节 公关方案的实施

公共关系方案的实施是把方案变为现实的过程。这个过程是公共关系"四步工作法"中最复杂、最为多变的一个关键环节。一个方案能否顺利地实施成功,对于公共关系活动效果具有举足轻重的作用。

一、公关方案实施的意义

公共关系工作的终极目的不是研究问题而是解决问题。调查、策划都只是在研究问题,而真正解决问题的步骤在于能否很好地将策划加以实施。公共关系的实施程度决定了公关工作的成功程度。在实施过程中,公关人员采用多种灵活方法和技巧,其创造性努力往往能弥补策划中的不足之处,使公关效果更好。

任何一项公共关系活动都会在社会上产生或多或少的影响。公共关系策划活动应注意在实施过程中产生的问题和反馈,注意吸取其成功的经验和失败的教训。这些经验教训可以成为后续方案制定的重要依据,以使其更完善。

二、公关方案实施的特点

(一)动态性

公共关系实施活动是一个动态的实践过程。它的动态性体现在两个方面:一方面,不管计划多么周详、具体,都无法预见实践过程中所有可能遇到的问题。理想与实际情况都会存在或多或少的差距,需要公关人员在实施过程中用动态的眼光创造性地解决问题;另一方面,外界环境是千变万化的,如果不考虑环境的变化而一味地、机械地按照原来策划中的各个步骤进行,有时反而会给组织带来极大的危害,这就需要公关人员根据环境的变化,对公关计划进行修改和完善。当然,这种动态性并非意味着实施人员可以随意更改策划中的内容,而是要根据实际情况采取更有效的方法去解决问题。

(二)创造性

公共关系的实施过程是一个不断变化和需要调整的动态过程,这就要求公关人员必须具有创造性。实施者应根据整个方案中的原则和自己所处的环境、面临的条件来确定自己的实施策略。如选择最适当的时机、最适合的传播渠道、媒介等,灵活地控制实施节奏。实施人员不但要按章办事,也应充分发挥自己的积极性、主动性。在公关方案实施过程中,常常会遇到一些意想不到的问题,而在原定的公共关系计划中可能很难找到如何处理的具体措施,这就需要公关人员发挥自己的创造性和主观能动性,艺术地解决好问题。但需要注意的是,公关人员并不能随意篡改方案,发现问题应及时与决策者进行沟通,以使方案得到更好的实施。

(三)广泛性

这里的广泛性是指在公共关系方案的实施过程中,会对目标公众产生深刻的影响,有时甚至还会对整个社会的文化、习俗产生深刻的影响。一项公关计划一旦得到成功的实施,常常可以在目标公众的心目中建立牢固的良好形象,并进而引导目标公众的消费行为。

三、公关方案的有效实施

影响公关方案实施的因素是复杂的,一项公关方案在实施时能否达到预期效果,还要注意以下几个方面:

(一)有效排除沟通中的障碍

公共关系活动的实施过程实际上是向公众传播信息,与其进行双向沟通的过程。但实施过程往往并不像想象中那么顺利,沟通工具运用不当、传播方式不妥或传播渠道不畅等常常会使实施效果大打折扣。在沟通过程中,有不少障碍因素如语言障碍、习俗障碍、观念障碍、心理障碍等都会影响组织与公众之间的沟通。研究社会沟通的障碍并将之排除,是有效开展实施活动不可缺少的环节。

1. 语言障碍

语言是人类最重要的沟通工具之一。公共关系的交际工具主要是语言,如何使公众"服",必须使"说"具有技巧性、逻辑性、艺术性和情感性。从表述层面我们可以将语言分为有声语言和无声语言两个方面。有声语言是以语音为物质外壳,它表现为言辞和文辞两种:言辞表现为口语,文辞表现为书面语。无声语言,是伴随着有声语言而出现的交际语言,它包括体态语言、眼神语言、服饰语言等非自然语言。在公关中,无声语言传递信息,往往比有声语言表达得更充分、更直接、更神秘。正因语言的复杂性,又使公关活动在沟通过程中常常遇到阻碍。比如生活在不同文化背景中的人,具有不同的言语行为模式。不了解这一点,就免不了出现互不理解、信息在传递与接收中变质等问题,惹出许多麻烦。

例如,在20世纪50年代,赫鲁晓夫作为苏联政府首脑对美国进行了一次正式访问。这位苏联政治家到达美国走下飞机时,对着机场上迎候他的美国新闻记者们高举双手在头顶上拍动,表示友好致意。这个姿势却使美国人大吃一惊。因为这个姿势在美国人看来,表达了征服者、胜利者的得意扬扬。尽管后来赫鲁晓夫为弥补失误做了许多努力,但他始终没有能够赢得美国人的好感。不同国度、不同民族之间的沟通遇到语言上的障碍是经常的,即使在同一国度,同一民族也会因地域不同而造成语言不通的情况,公关人员在实施过程中必须考虑到目标公众的语言习惯,排除语言上可能引起的误解。

2. 习俗障碍

习俗即风俗习惯,是在一定文化历史背景下形成的具有固定特点的调整人际关系的社会因素,如道德习惯、礼节审美传统等。习俗世代相传,是经过长期重复出现而约定俗成的习惯。忽视习俗因素有时会导致很尴尬的局面,甚至带来无法挽回的损失。比如,希腊总理科斯塔斯·卡莱曼利斯在接待来访的土耳其总理埃尔多安夫妇时,按国际礼节惯例拥抱并亲吻土耳其总理夫人两颊。按照国际惯例,这本无可厚非,但在一个以穆斯林礼教为主的国家,可闯了大祸。这一举动在土耳其引起了轩然大波,并导致土耳其舆论和政界对希腊总理的猛烈抨击,尤其是保守主义媒体和反对派政治家们,群起抨击希腊官方不懂外交礼仪,有的甚至指责希腊蓄意羞辱土耳其。其中土耳其发行量最大的大报之一《民族日报》,在头版的显著位置上刊出了总理夫人被亲吻的大幅照片,并且以一行巨大的标题写着颇具煽动性的文字:礼教的危机。它指责希腊总理严重违反礼俗之约,侵犯了穆斯林异性之间不得握手,更不能亲吻的教规。最后,土耳其总理夫人亲自写了一份声明,才使这场争议渐渐得到了平息。可见,事前多了解不同文化的风俗习惯有助于公关实施的顺利进行。

3. 观念障碍

观念属于思想范畴,由一定的经验和知识积淀而成,是一定条件下人们接受、信奉并用来指导自己行动的理论和观点。由于不同背景的人在价值观念上往往存在着较大差异,有时可能也会成为沟通的障碍。比如谦逊是中国人的美德,谁不遵守这一规范,就会被视为"傲慢无礼"。中国人习惯在发言前说:"看法不成熟,让大家见笑了!"或者邀请别人到家里吃饭时总会谦虚地说:"没什么好吃的,随便吃点。"但西方人的观念却大相径庭,他们认为应充分肯定自己的价值,他们会认为既然看法不成熟,何必耽误大家的时间?既然没准备好吃的,为什么要邀请客人?这种观念上的差异如果不加以重视,就会产生一些误解。公关人员必须要了解不同民族在观念上的差异,用真诚、巧妙的手段加以排除。

4. 心理障碍

心理障碍是指人的认识、情感、态度等心理因素对沟通过程的阻碍。"杯弓蛇影"这个成语就说明了心理障碍的作用。人一旦受过某种打击和伤害,就很容易产生对此事物恐慌的心理障碍。所以在公共关系实施活动时要注意了解公众的心理障碍,排除公众的心理障碍,进而实现公共关系的沟通目标。

(二)及时妥善处理突发事件

公共关系方案的实施干扰最大的莫过于重大的突发事件。这里的突发事件包括两大类:一类是人为的纠纷危机,如公众投诉、新闻媒介的批评报道、竞争对手的陷害等;另一类是不以人的意志为转移的自然灾害,如地震、火灾等。因为突发事件往往是不可预料的,所以总让人猝不及防;而且一旦到来,影响范围大,后果严重,易给组织带来恐慌和混乱。一个组织如果不及时妥善地处理好突发事件,那么公共关系策划方案将毁于一旦,甚至影响组织的生死存亡。

(三)正确选择方案实施时机

正确选择实施时机是提高公关方案成功率的必要条件。比如有些卫生用品的广告选在收视率较高的晚饭前后这一黄金时间播放,就会使很多人大倒胃口,愤然将电视机关掉。而有些社会组织却懂得如何抓住最佳时机,使公关效果事半功倍。比如,20世纪50年代,法国白兰地为了打入美国市场,选择了在美国总统艾森豪威尔的67岁寿辰上赠送两桶极为名贵的窖藏67年的白兰地酒作为贺礼,并由专机送抵美国。美国公众在总统寿辰一个月前就从不同传播媒介获得了这一消息,一时间,法国白兰地成了新闻报道、街谈巷议的热门话题。在总统寿辰这一天,华盛顿的主要街道上都竖起了大幅标牌:"欢迎您,尊贵的法国客人!""美法友谊令人心醉!"在各大报纸的显著位置频频出现"总统华诞日,贵宾驾临时"和"美国人醉了!"等大标题。在白宫的花园举行了隆重的白兰地酒赠酒仪式,四名英俊的法国青年身着法兰西传统的宫廷侍卫服饰,抬着两桶白兰地正步前进,步入白宫,装着白兰地的酒桶也是法国著名艺术大师的精心之作。霎时,群情沸腾,欢声四起,甚至有人还大声唱起了法国国歌《马赛曲》。当天,为了观看这个赠酒仪式,华盛顿竟出现了万人空巷的罕见景象,机场通往白宫的沿途街道,挤满了数以万计的观众,盛况空前。关于名酒"驾到"的新闻报道、专题特写、新闻照片挤满了全美当天各报的头版版面。从此,法国名酒白兰地在轰轰烈烈的氛围中,昂首阔步地迈进了美国市场,走上了美国的国宴和普通市民的餐桌。法国白兰地选择美国总统寿辰的重要时机，借法美人民的友谊做文章，其公关效果自然不同凡响。

那么，在实施公共关系策划方案时，应怎样选择正确的时机呢？

首先，要注意利用或避开国内外重大事件。凡同重大节日无关的公关活动应避开节日，以免为节日气氛所冲淡。比如，某电器公司开展大型的公关活动如果与奥运会同时进行的话，无论计划的实施者采取怎样得力的宣传措施，都难免黯然失色。相反，凡是同重大节日有直接或间接联系的公共关系活动，则可以考虑利用节日为自己烘托扩大活动影响的辐射范围。比如，婴儿用品选在"六一"儿童节左右开展公关活动，则能引起妈妈们的关注。

其次，要注意运用各种固定的特殊时机，如：重大节日，中国的春节，西方的圣诞节、情人节、母亲节等；重大纪念日，如纪念爱国诗人屈原的端午节以及传统的教师节等。或者运用偶然的机遇和热门事件来做文章，比如"鸽子事件"。美国联合碳化钙公司一幢52层高的新造的总部大楼竣工了，一大群鸽子竟全部进了一间房间，并把这个房间当作它们的栖息之处。不多久，鸽子粪、羽毛就把房间弄得很脏。有的管理人员建议把窗子打开，把鸽子赶走。这件奇怪的事情传到公关顾问那里，他立刻敏锐地意识到：扩大影响的机会来了。他认为举行一次记者招待会，设计一次专题性活动，散发介绍性的小册子等，都能把总部大楼竣工的消息传播给大众，但只是常规办法，最好的办法就是让公众迫切想听，想看，想知道；现在一大群鸽子飞进52层高楼，本来就是一件新奇的事情，如果在上面再做点文章，就能产生更大的轰动效应。于是，在征得领导同意后，他立即下令关闭所有的门窗，不让一只鸽子飞走。接着，他设计并导演了一场妙趣横生的"营救鸽子"活动。首先，他与动物保护委员会联系，告诉他们为了使这些鸽子更好地生栖，请动物保护委员会迅速派人来处理这件有关保护动物的大事。动物保护委员会十分重视这件事情，郑重其事带着网兜，准备小心翼翼地一只只捉。接着，公关顾问给新闻界打电话，告诉他们这个具有新闻价值的奇事，并且告诉他们在联合碳化钙公司总部大楼将发生一件有趣又有意义的动物保护委员会来捕捉鸽子的事件。于是，从捕捉第一只鸽子开始，到最后一只鸽子落网的3天里，各新闻媒介对捕捉鸽子的事件进行了连续报道，吸引了广大读者争相阅读。这些新闻报道，把公众的注意力也吸引到了联合碳化钙公司上来。结果，联合碳化钙公司总部大楼名声大振，而且公司首脑充分利用在荧屏上亮相的机会，向公众介绍公司的宗旨和情况，加深和扩大了公众对公司的了解，从而大大提高了公司的知名度和美誉度。可见，如何抓住时机，主动策划媒介公关活动对于组织的宣传是十分重要的，这需要公关人员具有较强的新闻敏感性，了解新闻媒介的规律。

此外，公关活动不仅可以造势，还可以借势。比如 HM 当年与新疆棉登上热搜后，大众的愤怒情绪及爱国热情高涨。鸿星尔克官方宣称：坚持使用中国棉，用中国好棉花，选中国好产品。海澜之家在微博表明立场:国民品牌海澜之家选用祖国好棉,支持新疆雪白的棉花。注意把握时机、重视借势和造势,可以使创意者更好地发挥自己的主观能动性和创造性,灵活地审时度势,掌握好活动的进程和节奏,巧妙地借助各种相关因素,使公关活动产生在一般情况下难以企及的奇效。总之,具备天时、地利、人和,公关活动才能顺利而精彩地进行。

(四)科学控制目标导向和活动进度

在公共关系计划实施过程中,实施人员可通过目标手段对整个实施活动进行引导、制约和促进,按照一定的程序,掌握工作的进展速度,以把握实施活动的方向和进程。因为一项公共关系计划实施的环境往往是复杂多变的,若要成功地实施公共关系策划方案,必须不断地把该项计划与实施结果相对照,如有偏差,及时调整才能避免失误。

在公共关系计划实施过程中,由于分工不同的实施人员各负其责地开展工作,往往会出现多方面工作不同步的现象。例如,某项赞助活动在电视和报刊已经传播开了,但赞助的纪念品尚未完成,这样必然造成工作的脱节,以至延误赞助活动的正常进行,影响主办单位的声誉。因此,在公共关系实施过程中,应经常检查各方面工作的进度,及时发现超前或滞后的情况,随时注意反馈信息,使各方工作同步进行和平衡发展,有效推进公共关系活动的进程。

案例

肯德基的随"鸡"应变

肯德基是全球最大的炸鸡公司之一,在世界各地有1万多家分店,备受各国人民喜爱。以哈兰·山德士上校形象设计的肯德基标志,成为世界上最出色、最易识别的标志之一。它的成功与其强烈的公关意识和公关活动是分不开的。

一、把握"鸡"关

肯德基炸鸡有它独特的工艺和特制的工具,味道鲜美可口。炸鸡店精选重量相同的肉用仔鸡,加入11种香料调配,放入特制的自动高速气压炸锅中烹制。炸制前,须在蛋白液中浸7下,在裹粉里翻动10次,再按压7回方能入锅。肯德基认为,原味炸鸡出锅半小时内味道是最完美纯正的,过时即逊色。于是规定,食品烹制后一个半小时卖不掉必须丢弃,不准廉价处理或给员工吃。违反规定者,轻则受罚,重则被辞退。

在美国,肯德基每年举行一次"白手套奖"的评选活动。这个奖是一块闪闪发光的牌子,上面写着:"本店是美国最清洁卫生的商店。"参加活动的炸鸡店必须接受两次严格的卫生检验,检验须间隔超过60天,卫生洁净度高达95%以上,并且一些主要食物(如鸡和色拉的样品)要送交权威检验部门去化验,以确定细菌含量。公司经常派代表检查各地的炸鸡店,如果发现获奖的店在抽查或顾客反映中低于"白手套奖"标准,立即收回奖牌。"白手套奖"的颁奖典礼异常隆重,到处张贴海报,散发宣传品,邀请政府官员及社会名流参加,犹如盛大节日。

二、危"鸡"公关

2005年肆虐的"禽流感"曾使肯德基面临前所未有的危机。政府公关是肯德基在"禽流感"暴发初期打出的一张牌,典型的例子是几个国家的高层官员在肯德基上演"吃鸡秀"。疫情伊始,流言四散,视听混淆,大众传媒的公开报道和"意见领袖"的登台往往可以起到引导舆论的积极作用,在权威导向明显的亚洲效果尤为突出。肯德基在几个疫区国家请高官出镜的主要目的即在于此。尽管老百姓对政府官员"亲自"吃鸡的显性评价可能不高,但内心或多或少会产生些许安全感,这在一定程度上有助于减少恐慌气氛,让人们不再"谈鸡色变"。肯德基还约请权威人士现身说法。在北京召开新闻发布会时,肯德基邀请北京市商务局饮食管理部门领导、农业大学营养专家和畜牧业专家品尝产品。中国农业部总畜牧师贾幼陵在会上指出,经过高温的食品不存在活性病毒,禽流感病毒在56℃时加热10分钟就能杀灭,100℃时用2分钟就杀灭了。肯德基的所有鸡肉产品都需要经过2.5—14分钟、170℃以上的高温加工,所以食用肯德基的鸡肉是安全的。

品牌传播是肯德基化解危机的又一妙招,产品宣传和形象塑造并举的方法颇见成效。一方面,肯德基通过店面等宣传方式,详细介绍原料选择、制作加工的每一细节,传递"肯德基为您把关,让您安心享用"的信息;另一方面,肯德基加大电视广告、店内张贴画报等投放力度,让消费者明白,经过高温加工的肯德基产品没有传播"禽流感"的可能。

三、随"鸡"应变

作为洋快餐,肯德基深知在餐饮行业,本土化的原则是关键。对于不同国家,肯德基融入当地元素,推出不同口味的产品,展现随"鸡"应变的能力。比如在越南推出的"鱼餐"获得了极为不错的市场反应。为了积极将中式餐饮元素融入自己的产品中,特地组建了"中国肯德基食品健康咨询委员会",邀请40多位国家级食品营养专家,专门开发适合中国人口味的产品。比如陆续推出粥、豆浆、油条、烧饼、老北京鸡肉卷等充满中国特色的早餐,还推出了中国年轻人喜爱的奶盖茶和粽子。肯德基中国版的菜单不仅比美国的要长很多,而且部分产品还回流到美国。可以说,无论是小孩还是中年人,在肯德基都能找到适合自己口味的中餐料理。2017年肯德基推出主打绿色健康的子品牌KPRO,这是特意为中国都市白领量身打造的,特点是店面更时尚、现点现做、随季节更新,主打沙拉、三明治等健康食品。2019年肯德基宣布上新品串串和卤味,整体走川味路线。值得注意的是,肯德基的卤味新品目前只有通过宅急送才能吃到,不提供堂食。一向以炸鸡为主的肯德基,为何推出串串？据《中国城市夜宵消费趋势大数据报告》,在夜宵消费人群中,90后占6成,而且在吃夜宵时普遍选择小吃,肯德基推出川味新品是因为不想错过中国正在崛起的"夜宵经济"。夜宵外卖订单增速逐渐高于正餐,成为外卖消费的重要增长点。而且中国各地出台的政策对夜宵经济都持鼓励态度。比如北京颁布了《北京市关于进一步繁荣夜间经济促进消费增长的措施》,一口气推了13项措施发力夜经济,目的是打造具有全球知名度的"夜京城"消费品牌。在这个节点上,肯德基宣布进军夜宵市场,可谓顺势而为,前途大好。

除了开发新品,在品牌传播上,肯德基为了迎合中国年轻人的喜好,邀请了鹿晗、TFboys、朱一龙等当红流量明星做代言,大大拉近了与年轻人的距离。此外,它还与电影、动漫、电竞等众多IP联名、追热点,推出微信小程序"口袋炸鸡店";和蜘蛛侠电影合作,推出了一系列的联名营销;携手上海美术电影制片厂开展"肯德基猴王当道"系列跨界合作,推出衍生产品;发起"肯德基四宝闹新春"活动,经典IP孙悟空携手黑猫警长、葫芦娃、哪吒一起亮相,刷爆年轻人的社交圈……这些另辟蹊径的跨界合作,让肯德基在时代变化的浪潮中以变应变,成功地建立了自己的生态体系。

[思考]
肯德基在智能时代可以采取哪些措施来应对变化？

第四节　公关效果的评估

公共关系评估,指的是有关专家或机构依据某种科学的标准和方法,对公共关系的整体策划、准备过程、实施过程以及实施效果进行测量、检查、评估和判断的一种活动。其目的是获取关于公共关系工作过程、工作效率和工作效益的信息,作为开展、改进将来工作的依据。在我国,评估是经常被忽略的一个环节,很多社会组织并未意识到评估的重大作用和意义,认为活动已经结束了,没必要再投资一笔钱来进行无谓的评估活动。实际上,在整个公共关系活动程序中,评估控制着活动的每一个环节,它在公共关系实践活动的准备阶段、实施阶段以及效果分析阶段都发挥着重要的作用。

一、公共关系效果评估的意义

公共关系评估工作不仅是"四步工作法"中不可缺少的环节,而且是改进公共关系工作的重要手段。任何一项公关活动实施后都会有成功或失败的方面,对之进行全面、彻底、客观的事后评价,可以了解成功或失败的原因,以便为下次的方案设计提供经验和教训,成为下一次公共关系活动或环节改进的基础。如果不对公共关系实践活动进行认真、科学的评估,不对公共关系工作的策划、实施以及效果进行充分的研究和分析,盲目地调整计划及实施的方法步骤,必定会导致公共关系实践活动的失败,造成恶性循环。

从公共关系工作的连续性来看,任何一项新的公关工作方案的制定与实施都不是孤立存在和产生的,它总是以原来的公共关系工作及其效果为背景。前一项工作没有解决的问题或是产生的新问题都将成为后续工作的重要依据。只有客观、准确而全面地了解公关活动中各个环节的反馈,才能使后续公关活动借鉴成功的经验,吸取失败的教训,从而开展得更为成功。

公共关系工作的实施效果往往十分复杂,既涉及公关目标的实现程度与否,又涉及公众的态度倾向如何,还涉及新闻媒体的报道状况等各个方面的内容。一般来说,内部公众很难对公关活动的影响有深刻的认识。如果公关人员能将公关活动的目标、措施、实施过程和效果向内部员工进行分析、解释和说明,就能使他们认清本组织的利益和实现途径,从而将实现本组织的战略目标与自己的本职工作紧密地联系到一起,并变成一种自觉的行动。与此同时,公共关系评估的另一重要意义还在于使组织的决策者看到开展公关活动的明显效果,从而使他们能更自觉地重视公共关系工作。很多公关活动不受领导的重视,就是因为忽略或取消了评估这一环节。正如公共关系学者切斯特·K. 拉塞尔说的那样,许多公共关系工作的唯一致命弱点就是没有使最高决策者看到这一活动的明显效果。只有进行实事求是的分析和客观的评估,才能使决策者真正了解公关的作用,从而支持公关工作,同时也能使内部公众团结一致,共同奋斗。

从公共关系评估的作用来看,评估实际上是贯穿于整个公共关系活动的全过程的。在公共关系活动的准备阶段,通常可以对项目背景材料是否确实和详尽、调查的信息内容是否正确充实、表现形式是否恰当、公关策划是否可行等方面进行评估测定;在公共关系的实施过程中可以对传播信息的数量、信息被传播媒介所采用的数量、接收信息的目标公众的数量等方面进行检验和评估。

二、公共关系效果评估的内容

公共关系效果评估是对公共关系活动的全方位检测,评估内容是非常具体和精细的,我们主要总结为以下三个方面:

(一)对公关目标的评估

分析目标是否实现,就是详尽、客观地分析公共关系活动实现了哪些具体的公关目标,解决了哪些问题,与期望的目标之间有哪些距离以及实现的程度如何等。实际评估时,最好用定量分析,这样才能比较准确地反映公共关系活动的效果。有时公共关系活动产生的结果并非与计划目标相一致,但这些结果同样是积极的,也应该作为评估公关活动效果的根据。

(二)对公共关系状态的评估

对公共关系状态的评估包括受公关活动影响的公众数量的评估、目标公众态度的评估。公共关系活动的目的之一,就在于增加目标公众对组织的认识、了解和关注。目标公众对社会组织传播的信息内容是否关注以及关注、了解的程度,直接影响他们对组织的态度和可能采取的行动。要评估公众对组织的了解程度,就要在公共关系活动开展前后,对同一组公众进行重复测验。或者在一组中开展公共关系活动,在另一组中不开展这项活动,然后将两组测验结果加以比较。而了解改变观点、态度的公众数量情况,是一种更高层次的评估。因为态度所涉及的范围很广,内容丰富而复杂,而且不容易在短时间内发生变化。所以,评估一项公共关系活动在改变人们长期行为方面所取得的效果,一般需要较长时间的观察,才能使评估结果有效。比如评价一个人的态度,要根据一段时间内他在所有有关问题上的立场和观点,而不能凭一时一事,判定一个人的态度发生变化与否。这就要求公关评估活动应该保持一贯的连续性,而不是只停留在一时的工作应付阶段。

(三)对公共关系活动效益的评估

对公共关系活动效益的评估包括对公共关系活动的经济效益和社会效益两个方面的综合评估。经济效益是指组织的经营成果与组织的劳动消耗、劳动占用之间的对比关系。事实上,公共关系的每项活动都要花费一定的人力、物力和财力,必须争取以最少的投入获得尽可能多的效益。如果不注意公共关系的经济效益,即使达到了传播的效果,也会造成对组织资金的巨大浪费。公共关系活动的经济效益是"硬性指标",一般可以通过数量表示出来。比如,通过公关活动,某组织的销售额增长了 10%,资金利润率提高了 5% 等,这些都是该组织公关活动的经济效益。

公共关系的社会效益是指组织作为社会组成部分,为公众谋求福利而承担的社会责任,同时由此而促进组织良好形象树立的公共关系活动效果。由于社会效益带有明显的滞后性表现特征,对社会效益的评价不能简单用数字式的"硬性指标"来衡量,应该在考察其是否达到公关活动目标的基础上,综合衡量人力、物力、财力是否得到最有效的利用以及是否带给社会以积极的影响。有时,评估公共关系活动对社会和文化发展的影响,并非仅是公共关系人员可以完成的,它需要社会学家和心理学家等共同参与。

三、公共关系效果评估的方法

(一)舆论评估法

舆论评估包括对公众舆论、员工舆论的评估。首先,公关人员可以通过对亲历公共关系活动过程的公众进行考察,询问他们对活动的评价。这种方法的优点是直接迅捷,缺点是有时目标对象不一定会回答真实的感受,尤其是涉及一些敏感问题的时候,公关人员很难得到客观的测量结果。组织还可以通过调查问卷、读者来信、接待来访、座谈会等方式来了解公众对公共关系活动以及组织形象的看法。公众的舆论仍然可以采用组织形象地位的变化图来评估,看知名度和美誉度的百分比是否有上升趋势,上升了多少。其次,考察员工舆论。可以通过调查员工对活动的了解情况,通过实施者本身对活动策划实施的期望与感受,从而对公共关系效果进行评估。这种评估往往能比较及时和充分,但因为员工或计划实施者难免出于个人目的,尽量报喜不报忧,从而影响评估效果。

(二)专家评估法

专家评估法是由公共关系及有关方面的专家来审定公共关系计划,观察计划的实施,对计划实施的对象进行调查,与实施人员交换意见,最后撰写出评估报告,鉴定公共关系活动成效的一种评估方法。这里的专家还包括组织的领导,因为决策者往往拥有更多的经验,而且对组织的目标及情况有深刻的了解,因此通过专家调查、分析,可以对组织公关活动效果进行较为客观的评定,同时还可以对组织今后公关活动的开展提供有价值的建议和咨询。采用专家评定法时,需要注意的是,一定要聘请那些名副其实的专家;否则,将无法做出正确的评估,反而造成组织各方面的浪费。

(三)媒体调查评估法

媒体调查评估法是指根据媒体的报道情况来评估的方法。因为新闻媒介报道迅速、敏感且有很大影响力,对新闻媒介报道进行分析,也可以了解公关活动的效果。具体包括:在报刊、广播、电视等大众媒介上刊登或播放的数量;在报刊上所占版面大小及位置;广播、电视播放时间的长短;新闻媒介的级别及重要性;新闻媒介是否与组织目标公众接近;新闻报道的内容如何;是重点报道还是一般报道;是正面报道还是负面报道;报道的次数和篇幅如何;报道时机是否及时恰当;等等。

公关评估说到底就是为了获得反馈的信息,利用其结果作为改进工作的依据。但因为公关人员的素质局限、准备工作不充分、样本选用不当或者信息系统不完备等种种原因的干扰,可能使评估结果与事实有一定偏差。所以,一方面,我们应该对评估结果保持审慎的态度;另一方面,在评估中力求采用科学先进的调研方法,使评估效果最大限度地接近事实,实现其最佳效应。

案例

广州地铁"与市民安全同行,为城市凝心聚力"公关传播项目 [①]

一、项目简述

广州地铁自1997年开通运营以来,为社会公众提供了安全、准点、便捷、人性化的轨道交通服务。时至今日,纵贯全城、辐射湾区的地铁网不仅是满足人们出行需求的交通设施,更是一份情怀、一种文化:它是沉淀个人情感、集体记忆的"城市记忆空间",也是承载地域特色、时代精神的"城市文化展厅"。当前,新冠疫情尚未结束,人们的日常生活为疫情重塑,焦虑不安的情绪亟须正向疏导。广州地铁集团有限公司立足社会公益视角,以"与市民安全同行,为城市凝心聚力"为主题,整合现有传播资源,创新传播方式方法,精心组织策划了一系列公共传播活动,旨在践行企业"全程为你"的服务理念,于特殊时期抚慰人心、提振信心、传递爱心,进一步强化地铁与市民之间的情感联系,丰富企业公关形象内涵,提升企业社会美誉度。

二、项目背景

广州地铁集团有限公司(以下简称"广州地铁")成立于1992年,是广州市政府全资大型国有企业,业务实现从地铁新线规划建设到铁路建设投融资,从地铁线网到城际铁路、有轨电车全制式覆盖。目前,广州地铁负责运营的轨道交通线路为21条,总里程达676.5公里,除本地线网外,还在江西南昌、海南三亚以及巴基斯坦拉合尔提供轨道交通运营管理服务,从广州一地走向粤港澳大湾区、国内主要城市乃至"一带一路"沿线重要节点。公司正全力推动"轨道上的大湾区"建设,力争早日实现"一张网、一张票、一串城"的愿景。

自新冠疫情爆发以来,广州地铁在切实做好疫情防控各项工作的基础上,回归"服务社会、造福市民"的公益初心,致力打造一批"有温度"的公共传播活动,于特殊时期向全社会发出携手共进、团结向前的积极信号,进一步强化地铁与市民之间的情感联系。

本项目自2020年12月初开始执行,至2021年中暂告一段落,项目以广州为活动主

---

① 资料来源:《国际公关》2022年8月第147期。

执行地，联动广州呼吸健康研究院等权威机构及腾讯公司、《新周刊》等国内知名品牌，充分利用公司现有的车站PIDS(车站及车载乘客信息显示系统)、地铁线网广告灯箱以及官方新媒体平台等自有传播资源。

三、项目调研

1. 内部调研

通过一线走访、员工访谈、内部资源摸查等方式，梳理疫情常态化防控以来乘客公众信息获取界面存在的短板与提升需求，结合评估地铁线网及公司内部现有可开展公共传播活动的资源渠道，整理出广州地铁当前的传播侧重点及可使用的媒介资源。

2. 公众调研

通过意见领袖访谈、服务热线事务统计分析、乘客满意度问卷调查等，深度挖掘市民对广州地铁最敏感、最新鲜的热点、焦点、盲点、需求点，从而梳理出公众对广州地铁的品牌理解与内容期待，制定有针对性的传播策略。

3. 行业调研

通过收集近年来轨道交通同行、其他行业开展公益传播项目的实施情况和效果反馈，分析当前公众认知度高、传播力强的信息渠道，提炼最新、最受欢迎的传播形式和内容，整合企业内外部优质资源，打造紧贴时代潮流、公众喜闻乐见的传播形式和内容。

四、项目策划

1. 目标公众

本项目主要面向日常搭乘广州地铁的市民，或是对广州地铁、广州有所了解的社会公众。借助互联网传播渠道，对其他城市的轨道交通乘客及社会大众将产生一定影响。

2. 传播要点

广州地铁是深受市民信赖的"安全地铁"。在全球38家大型地铁公司中，广州地铁公司多项主要运营指标保持行业领先，其中10年平均伤亡率、连续4年车站犯罪事件发生率最低，运能利用度、运营服务可靠度、列车正点率行业领先，是国际地铁协会(COMET)认定的"全球最安全地铁"。开通运营以来，社会各界对广州地铁的安全信赖感极高。新冠疫情暴发以来，作为行业领先的"安全地铁"，广州地铁有责任将"防疫安全"纳入地铁出行安全保障当中，对乘客开展防疫知识的科学宣传是其中最为关键的一环。

广州地铁是蕴含本土色彩的"文化地铁"。自开通运营之日起，广州地铁就打上了浓厚的本土文化烙印，无论是粤语播报还是站名里随处可见的"涌""岗"抑或是地铁线路串联起的诸如"陈家祠""纪念堂""公园前"等一连串岭南文化地标，广州地铁早已与本土文化水乳交融。因此，围绕广州地铁开展的各类公关品牌活动，都必须充分考虑本土文化的植入。

广州地铁是拥有大批粉丝的"知识地铁"。在运营、建设、设计过程中,广州地铁始终以乘客利益为本,以市民需求为工作重心,多年来持续向外输出企业品牌形象、文化IP与轨道交通知识,推出地铁文创产品,开设地铁博物馆开展公益科普,努力将市民培育为"地铁迷""地铁粉丝",以更好地促进社会公众从认识地铁到理解地铁再到支持地铁的理念转变。

3. 公关策略

突如其来的新冠疫情让社会一度陷入停摆,有人因疫情痛失亲朋挚爱,有人因疫情失去工作,也有人因疫情有家难回,还有人为尽快平息疫情而通宵达旦……疫情彻底改变了人们的生活。广州地铁立足社会公益视角,围绕"与市民安全同行,为城市凝心聚力"这个主题,践行企业"全程为你"服务理念,于特殊时期抚慰人心、提振信心、传递爱心,在"安全、准点、便捷、人性化"等传统公众认知基础上,为企业赋予"温暖、严谨、活力、接地气"的全新内涵,强化地铁与市民之间的情感联系,提升企业社会美誉度。具体公关策略如下:

(1) 科学宣传,护航地下空间"零感染"

新冠疫情仍在全球范围内肆虐,地铁车厢及车站作为人流密集的密闭空间,若不采取严格的防疫措施,一旦发生疫情,后果不堪设想。需借助特定传播方式,简要且科学地向市民宣传疫情期间搭乘地铁的有关注意事项。

(2) 加油鼓劲,提振广大市民的"精气神"

广州地铁与市民日常生活息息相关,品牌知晓度较高,社会口碑较好,企业形象健康向上。在疫情持续、社会压力陡增的情况下,人们普遍陷入焦虑、无奈的情绪当中。作为广州城市的"记忆空间"与"文化展厅",可主动发声,呼唤社会各界重拾积极、乐观的心态。

(3) 与民同乐,拓宽轨交文化"传播域"

多年来,广州地铁有着举办各类公众开放活动的深厚传统,与民同乐,寓教于乐,拉近了市民与地铁公司之间的距离,也培育了大批热爱轨交事业的"地铁迷"。受疫情影响,目前开展线下公关活动难度较大,利用线上平台打造新型公关活动势在必行。

4. 传播形式

当前的公众信息获取偏好发生了深刻变化:一方面进入了"读屏时代",人们利用手机、平板等电子设备在互联网获取信息成为常态;另一方面进入了"读图时代",图像、视频等视觉类传播元素日益受到公众青睐,以抖音为代表的视频类平台迅速崛起。本项目执行过程中,重点对传播内容进行了视觉呈现提升,尽可能增强其视觉表达效果,以期公众观看后形成记忆点,加深印象。同时,项目主要依托地铁车站及车载PIDS、线网灯箱、官方抖音、微信视频号等动态可视信息渠道进行内容发布,以期实现视觉传播效果的最大化、最优化。

5.传播规划

项目名称	推出时间	主要传播渠道
钟南山院士防疫公益宣传	2020年12月	地铁车站、抖音、微信视频号、公众号、新浪微博等
"广州地铁冷知识"公益科普	2021年4—7月	官方抖音
"广州人,抵赞"[①]公益传播	2021年6—7月	地铁部分车站、抖音、微信视频号等

五、项目执行

1.破解全民"流量密码",邀请钟南山院士开展防疫公益宣传

2021年新年伊始,为提醒乘客做好个人防护,确保地铁出行"零感染",共同打赢疫情防控持久战,广州地铁联合广州呼吸健康研究院(以下简称"广州呼研院"),特别邀请"共和国勋章"获得者、中国工程院院士、著名呼吸病学专家钟南山录制防疫公益宣传视频。片中,钟南山院士向搭乘地铁等公共交通工具出行的乘客发出温馨提醒:"地铁的车站和隧道是一个相对密闭的空间,车站的客流量比较大。疫情防控期间,为了减少人群聚集的风险,请广大市民尽量错峰出行。搭乘地铁时,务必全程佩戴口罩,不要在车厢内饮食,尽量减少交谈,疫情防控要从有效的防护开始。"

实施细节与项目进度见下表:

时间	实施内容
2019年12月	广州地铁工作人员拜访广州呼研院,商洽钟院士录制防疫公益视频事宜,根据呼研院意见撰写初步脚本
2020年1月4日	由广州呼研院负责,钟院士完成视频录制,相关素材转交至广州地铁
2020年1月5—6日	由广州地铁负责,对钟院士视频素材进行编辑处理,增加字幕、背景音和转场特效
2021年1月7日	防疫公益视频在广州地铁官方抖音、微信公众号及新浪微博上发布
2021年1月上旬至今	防疫公益视频在广州地铁全线及车载PIDS(车站及车载乘客信息显示系统)、地铁电视上投放

视频上线一周内,官方抖音播放量超100万次,各类平台转载超200万次。视频发布以来,学习强国广州平台、广州国资官方账号、中国城市轨道交通协会、成都地铁等轨道交通行业兄弟单位新媒体予以跟进转载,产生了较强的社会示范效应。防疫公益视频在广州地铁全线及车载PIDS(乘客信息显示系统)、车站大屏上投放,每日滚动播出约16次。

2.安抚市民"焦虑感",打造"广州人,抵赞"公益传播活动

---

① "抵赞"为粤语词汇,大意为"值得表扬、值得夸奖"。

2021年5月下旬起,广州市出现本土疫情,市内荔湾、海珠等地实行封闭管理,广州地铁部分车站实行"只出不进"或"飞站"通过的应急举措。在新一轮疫情暴发后,市民亟须情绪上的有效疏导、行为上的科学指引。广州地铁联合微信、《新周刊》发起"广州人,抵赞"公益传播活动,利用线下地铁车站广告灯箱、线上腾讯视频号、媒体权威信息平台,发布本土抗疫主题海报,并在市民中征集抗疫情暖心故事,多管齐下,为市民加油打气、提振信心。

六、项目评估及亮点

1. 传播策略方面:线上线下互动,"小故事"讲"大道理"

"广州人,抵赞"公益传播活动采取线上造势与线上用户内容的方式,充分利用线下地铁车站线网广告灯箱资源,在人流密集的公共场所融入公益内容,营造传播氛围,同时采取与互联网企业合作共享资源的方式,引导专业机构、普通市民参与到公益话题创作中来,使公益主题不断深化。在传播内容方面,主推视觉呈现为主的图片、视频类传播素材,契合当前受众接受偏好,并考虑到广州本土文化影响力与市民的认知偏好,采用粤语文案及生活化场景来进行传播内容创作,使"硬题材,软着陆",用"小故事"讲"大道理"。

2. 传播内容方面:立足乘客"兴趣点",推出"地铁冷知识"公益科普

作为市民日常出行的交通首选,疫情期间人流密集的地铁车站管理压力较大,相关防控举措的落实需得到乘客的配合、理解与支持。对社会公众来说,他们所熟悉的地铁其实还有诸多"未解之谜",以科普的形式增进外界对地铁的了解,为冰冷的交通工具赋予人性化的温度,以此来取得市民对特殊时期地铁管理措施的谅解。广州地铁一线员工认真评估乘客日常兴趣点以及地铁知识盲点后,积极探索,自2021年4月起在官方抖音平台推出"地铁冷知识"栏目。"冷知识"背后,是社会公众对地铁行业浓厚的兴趣,虽然"地铁倒车""车站运营结束后做什么"等内容与市民出行本身关系不大,但通过生动有趣的短视频将此类地铁知识科普给公众,一方面能够满足"地铁迷"与热心市民的求知欲,另一方面也以此主动向外界建构更为丰富、更为立体的企业形象,增进公众对轨道交通行业的了解,打造更为亲民的企业公共关系形象。动态收集公众"兴趣点",员工现身科普,定制、生产作品。"地铁冷知识"作品的拍摄与剪辑均由地铁一线员工完成,在官方抖音运营团队审核后发出,选题角度来自员工工作中与公众接触的经验积累,因此作品选题往往能紧抓人们眼球。此外,官方抖音运营团队会动态收集评论区、后台私信里集中出现的、用户想要了解的地铁知识,协调内部员工制作新一期作品。"地铁冷知识"一经推出,便受到抖音平台用户的热捧与好评,出现了多条"千万级""百万级"播放量作品和单条推送上万评论量的情况。

七、项目结语

项目执行期间,广州地铁立足社会公益视角,紧扣疫情常态化防控大背景,以人为本、有的放矢、精准投放,将"与市民安全同行,为城市凝心聚力"贯穿整个传播项目的策划、执行当中,强化了地铁与市民之间的情感联系,于特殊时期抚慰人心、提振信心、传递爱心,既体现了企业的社会责任担当,也为提升企业公众形象迈出了坚实步伐。

在整个项目执行过程中,广州地铁在企业公益传播的方法上也进行了有益探索:

一是公益传播的成功与否在于社会触达面。在"万物皆媒"的融合传播时代,企业开展活动不应局限于特定平台或传播模式,而是要从策划阶段就充分考虑对传播各要素进行有机融合,如线下与线上场景的融合、行业内部与社会外部的融合、本土文化与大众文化的融合,整合跨界传播资源,提升项目社会触达面的广度与深度。

二是公益传播要"精准投放"而非"大水漫灌"。广州地铁的主要受众以广州市民为主,在传播过程中精准切入这一群体的信息接收偏好,使传播效果最大化。

三是公益传播的最终目的是促进企业与公众关系的和谐,因此传播项目的内容、选题、呈现形式需充分考虑受众层面的可看性、实用性及服务性。

思考题

1. 知名度和美誉度之间有何关系?
2. 假设你要新开一家书店,你将如何策划一场公共关系活动?请写一份公关策划书。
3. 如何使公关策划方案更有效地实施?
4. 公共关系效果评估有哪些方法?

第七章

公共关系实务

公共关系学是一门应用性很强的学科,除了对公共关系基本理论进行研究之外,我们还必须对公共关系的具体实务进行考察。"实务"一词来源于英文"Practice",意为实践、应用等。实务是现代公共关系学的一个基本概念,是公共关系学原理和规律的实际运用。公共关系思想来源于社会实践活动,又在实践中不断丰富、发展和完善,形成公共关系的基本理论,并指导公共关系活动有目的地、自觉地进行。我们可以将公共关系实务定义为:社会组织运用传播手段,实现自身与公众的双向沟通,以树立良好形象为目标的公共关系实践活动的总称。本章着重讨论公共关系实务活动中最常见的几种形式:赞助活动、新闻发布会、庆典活动、展览会等。

第一节 赞助活动

赞助活动是社会组织无偿地提供资金或物质支持等一项社会事业或社会活动,以获得一定形象传播效益的公共关系专题活动。这种活动,可以使提供赞助的组织与赞助的项目同步成名,是一种信誉投资和感情投资行为,是一种有效的公共关系手段。

一、赞助活动的目的

(一)扩大影响

社会组织通过赞助活动,可以吸引新闻媒介的关注,从而使组织成为社会公众的焦点,创造新闻报道的机会。因为赞助活动带有明显的"利他"性质,这比普通的广告更有说服力和影响力。这样,社会组织就可以通过新闻媒介扩大其影响力,提高组织及其产品的知名度和美誉度。通过赞助,社会组织能重复利用它的商标、代表色、特有的印刷工艺手段及其他有形图像刺激公众的感官,以增强人们对其组织标志的识别。比如,菲利浦集团(Philip)曾赞助全国大学生运动会,运动场处处可见 Philip 的商标及其印有 Philip 商标的设施,其代表色蓝色给人统一舒适的感觉,增强了公众对组织标识和名称的识别;加上新闻媒体的连续报道,使社会组织及其商标的名称重复展现在公众面前,并渗透到公众的心理。Philip 集团还与现场观众进行了 Philip 知识游戏互动,并把 Philip 的一些产品作为奖品奖励给现场公众,既帮助公众进一步了解社会组织及其产品,也得到了公众的支持与喜爱。

(二)树立形象

组织通过赞助活动,可以树立自己关心社会、乐于回报社会的良好形象,从而增进与公众之间的感情,并获得他们的有力支持与合作。尤其是赞助社会福利事业和慈善事业,更能获得公众良好的口碑。赞助活动是社会组织向社会表示其承担责任与义务的方式之一,也是与政府、社区搞好关系的有效方式之一。因此,社会组织致力于举办社会公益事业的赞助活动,可以得到政府与社区的支持,获得公众的普遍好感。形象是组织的无形资产,好的形象树立了,自然就能带来巨大的经济效益。比如,农夫山泉推出的"一瓶水、一分钱"的公益活动,即每销售一瓶农夫山泉,农夫山泉公司就代表消费者捐出一分钱用于"阳光工程"。消费者在选择矿泉水时感到自己也能为慈善事业做出一点的贡献,通常都会选择农夫山泉,其公益形象便不自觉地植入消费者心中。

二、赞助活动的类型

(一)赞助体育活动

由于体育活动是广大公众非常感兴趣的一项群体活动,影响面大,感染力强,因此赞助体育活动成为最常见的一种赞助活动。这种赞助一般出于增强广告效果的目的,从世界范围看,体育活动获得赞助的经费是最多的。

赞助体育活动常见的方式有:赞助体育设施的购置、场馆的建立、某些体育活动的开展、某项目运动队的训练等。赞助体育活动一般常以大型体育比赛为主,可以由一个社会组织独立举办,也可以由数个社会组织联合举办。比如,耐克(Nike)、阿迪达斯(Adidas)等运动品牌就因为经常赞助各种体育活动而闻名全球。

(二)赞助文化艺术活动

近年来,社会组织赞助电影、电视、戏剧、音乐会、展览、知识竞赛等文化活动越来越多见了,因为人们生活水平提高了,对文化艺术活动比以前也更关注了,所以赞助文化艺术活动也是一种提高组织知名度和美誉度的有效公共关系策略和途径。

常见的赞助文化活动方式有:赞助广播电视节目的制作、播映;赞助电影的拍摄;赞助报刊开辟新专栏;赞助图书的出版;赞助科学与艺术的研究;赞助文学艺术创作、文艺表演活动;赞助节日庆典与游园活动等。比如,近年来,加多宝赞助的"中国好声音"几乎让全中国人都记住了加多宝这个品牌。

(三)赞助教育事业

教育事业是一种造福于子孙后代的千秋宏业。任何一个国家,经济要繁荣昌盛,科技要发展,就必须重视教育。随着社会的进步,科学的发展,社会对人们的素质提出了越来越高的要求,教育日益受到社会各界的重视;然而,教育是消耗性智力投资,常常陷于经费困扰之中。赞助教育事业不仅可以在公众面前树立良好的形象,又能和教育界建立良好的关系,为组织的人才招聘和培训创造条件。

赞助教育事业的方式有提供奖学金,兴建校舍,赠送图书资料和教学仪器,资助学校的教研活动和学术科研活动,提供某项科研基金,购买科研设备,赞助学术研讨会,支持希望工程以及协助学校进行职业训练等。比如,香港邵氏集团公司董事长邵逸夫出巨资赞助我国高等教育事业,在各省为一所高校建造一座建筑,并冠以其名。随着各地高校"逸夫楼"的崛起,不仅邵先生的美名传遍全国各地,其赞助也有力地促进了我国高等教育的发展。

社会组织有时还可通过设立专项基金来推进教育事业的发展。如香港"金利来"集团有限公司从1993年起以公司董事局主席曾宪梓先生的名义,设立曾宪梓教育基金会,设立高等师范院校教师奖,使该公司的美名在公众中广泛传扬,有力地促进了我国师范教育事业的发展,树立了良好的社会形象。

(四)赞助社会各种公益事业

社会组织出资参加市政建设,为各种需要社会照顾的人提供物质帮助,义务开展服务活动,是密切社会组织与政府、社区和公众关系的重要途径。这既能体现社会组织的高尚风格,赢得政府公众的依赖和赞誉,也能为社会组织的发展创造良好的外部条件。

赞助社会各种公益事业包括社会公共设施的投入建设、社会的慈善与福利事业等。常见的方式有修建马路、天桥、公园、路标等。比如,宁波雅戈尔集团公司出巨资修路,并将修建的公路命名为"雅戈尔大道",让公众都记住了雅戈尔公司的善举。

三、赞助活动的步骤

(一)赞助调查研究

社会组织要开展赞助活动,进行赞助调研是非常重要的。不论是主动选择其他组织或项目予以赞助,还是接到其他组织或个人的赞助申请,社会组织都应首先进行详细、周密、科学的调查研究。一方面,了解赞助对象的基本情况,包括项目可能对公众产生的影响以及公众对项目的心理反应,来确定组织赞助的方向和政策,分析赞助的成本和可能获得的综合效益,选择更适宜的赞助对象和赞助方式等;另一方面,调查了解本组织的公关目标和经济状况,以此作为制定赞助政策、选择赞助对象、决定赞助金额的基础,以防止各种偏离组织整体目标的现象发生。比如英菲尼迪曾凭借赞助湖南卫视亲子类真人秀《爸爸去哪儿》节目而变得家喻户晓。其实在赞助前,英菲尼迪对目标受众人群做了调研,发现其购买力最强的目标用户处于30—45岁这个阶段,而其中70%以上的人群处在婚育阶段或拥有0—10岁的小孩,所以赞助这样一个亲子节目对自己品牌的推广和销售是极为有效的。总之,赞助项目的确认原则应该是对社会的宏观需要和长期需要有利有益,并且要受到社会大众尤其是新闻媒介关注的项目。企业为了更好地进行赞助,最好成立一个专门的赞助委员会,负责各项赞助事宜。

(二)制定赞助计划

在调查研究的基础上,根据组织总的赞助目标和赞助政策,制定具体翔实的赞助计划。制定具体翔实的赞助计划是确保赞助活动取得预期效果的必然条件。赞助计划一般包括赞助的目的、赞助对象的范围、为达到最佳效果而选择的赞助主题和传播方式、赞助费用的预算、赞助形式、赞助实施的具体步骤和时机等内容。赞助计划是赞助研究和活动的具体化书面形式,一份好的赞助计划可以给实施者提供具体的参考,以控制赞助的进程,节制不必要的浪费,从而更好地达到公关目标。

(三)审核和评定赞助项目

对每一个具体的赞助项目,都应进行逐项审核评定,确定其可行性,比如赞助的具体方式、对象、款项、时机等,都应进行详尽的研究分析,结合该年的赞助计划进行逐项的审核评定,以便制定出此项赞助活动的具体实施计划。比如,英菲尼迪希望通过赞助《爸爸去哪儿》节目,再次成为行业和公众关注的焦点,持续塑造"最感性的豪华汽车品牌"形象,扩大品牌知名度,推出聚焦"亲情"的多维度体验平台,以形成具有影响力的社会热点事件。在其赞助活动实施计划中,包括六大领域的推广:

(1)网络视频：联合《爸爸去哪儿》第二季互联网独家播出平台"爱奇艺"，共同拍摄《重走爸爸路》系列节目。该节目揭秘《爸爸去哪儿》拍摄期间轶事，把当地风土人情呈现于屏幕，为公众前往该地旅行提供便利。

(2)亲子自驾游：结合"爱奇艺"《重走爸爸路》的出行参考，与知名旅游网站"途牛网"合作推出"重走爸爸路"活动，根据《爸爸去哪儿》第二季拍摄地开发定制路线，邀请更多消费者共同考察当地人文风貌，打造充满趣味的体验式旅游。

(3)亲子时尚：与时尚潮牌"NPC"跨界合作，推出限量版NPC"敢·爱"亲子装。

(4)以"I love my baby"和"I love my daddy"为设计元素，温馨诠释亲情，让家庭关系更显亲密。

(5)儿童卡通：携手深圳华强文化科技集团旗下倍受儿童欢迎的动画片《熊出没》，出版由其形象授权的趣味性"小朋友安全出行小贴士"，寓教于乐，关注儿童出行安全与健康成长。

(6)青少年体育：举办以孩子们喜闻乐见的体育运动为载体的"敢爱爸爸夏令营"，邀请英菲尼迪车主与他们的孩子共同参与。活动包括花样滑冰、冰球、篮球和足球等体育项目，让孩子们在体育竞技中体会"敢"的挑战和勇气以及"爱"的陪伴与呵护。

(四)具体实施赞助

在实施过程中，组织委派的公共关系人员应负责赞助方案的各项具体实施活动，对整个赞助活动的各个环节，应分派具体人员负责落实，互相配合，以免某些环节出现失误。在实施的过程中，公关人员应充分运用各种有效的公共关系技巧，处理好与新闻媒介和目标公众间的关系，扩大其社会影响。赞助活动本身是为了扩大社会组织的影响，因此在赞助实施过程中，要尽量利用多种传播方式与途径，扩大组织的影响。如利用大众媒介广泛宣传报道，利用场地广告、车辆广告、路牌广告、工作人员统一的工作服等来进行宣传，强化效果。比如，英菲尼迪在赞助活动中充分利用节目中明星的影响力，邀请第一季的星爸林志颖和第二季的星爸陆毅、黄磊以及节目导演等多次出席英菲尼迪品牌活动，有效深化英菲尼迪与《爸爸去哪儿》的合作关系；及时迎合消费者的阅读习惯及偏好，在整个传播过程中根据传播环境及传播热点的变化，灵活调整并持续创新传播节奏及内容：

(1)除保持在传统媒体平台上的传播声量外，广泛使用网络媒体和新媒体平台，并采用图片、文字、视频等相结合的多元化形式，保证传播的时效性及内容的多样性。

(2)除行业媒体外，有效启用生活类、娱乐类、亲子类等类型的媒体，形成整合传播，最大化传播给受众。

(五)检测赞助效果

赞助活动是组织重大的公共关系实务活动,因此在活动结束时,应进行效果检测与评价。第一,应广泛调查、收集各方面的看法,如公众、传播媒介、受赞助组织对此次赞助的评价与反响。第二,将赞助效果与原计划对照,分析哪些预定目标达到了、哪些未达到、为什么。第三,要总结此次赞助活动的经验与教训,找出不足之处,为以后的赞助研究提供参考。比如,英菲尼迪"敢爱爸爸夏令营"吸引了全国范围内近 8 000 人参与。与此同时,与"途牛网"合作的"重走爸爸路"系列活动在全国盛大启动,邀请全国 96 组英菲尼迪车主家庭参与重温国内 6 站节目的拍摄地。此外,在"爱奇艺"播出的《重走爸爸路》系列视频随节目播出后陆续上线,网络播放量高达 2 千万人次。不仅如此,英菲尼迪与时尚品牌 NPC 联合出品的"爸爸去哪儿"主题亲子装也开通线下售卖渠道,在各经销商店一度热销;与《熊出没》合作制作的"小朋友安全出行小贴士"开展一系列线下活动,得到节目内外家庭及孩子们的一致喜爱。最终,这场以亲民方式打造的"敢爱亲情季"掀起了一场全民参与的亲子体验热潮。两度赞助《爸爸去哪儿》节目让越来越多的消费者认识、了解并喜爱英菲尼迪品牌。这一案例获得了各界的广泛好评,被誉为公关赞助活动的标杆案例。

四、赞助活动的原则及注意事项

(一)赞助活动的原则

1. 综合效益原则

综合效益包括社会效益和经济效益。组织所赞助的项目应该具有积极的社会意义和广泛的社会影响,赞助的对象必须有可靠及良好的社会背景和社会信誉。同时,组织还应考虑是否能通过本次活动为组织获得可观的经济效益,也就是考虑如何能用最少的钱获得最大的综合效益。

2. 传播效果原则

赞助本身是一种直接提供金钱和物质来进行的传播活动,因此必须讲究传播效果。所赞助的项目应有利于扩大本组织的知名度和美誉度,同时还要分析公众及新闻界对有关赞助项目的关注程度,明确对于赞助所给予的传播补偿方式和条件。

3. 量力而行原则

参与赞助活动必须考虑本组织的承受能力。企业所赞助的款项并非越多越好,而是要考虑企业本身的经济承受能力。如果不考虑实际情况,将会使企业陷入釜底抽薪的被动地位。

4. 最佳时机原则

时机是赞助活动应该考虑的重要因素,如果不加以注意,很可能使赞助活动达不到应有效果。比如,杜邦公司曾宣布拿出100万美元捐助100多个大学和学院,却没有引起新闻媒介和舆论的关注。为什么呢？因为杜邦公司在宣布这一消息的当天,福特公司也宣布向教育和医疗卫生界捐助500万美元。当福特公司的消息公布之后,新闻媒介和公众舆论都立即倒向了福特公司一边。杜邦公司可谓拿100万美元买了个时机选择不当的巨大教训。

(二)赞助活动的注意事项

要使社会组织的赞助活动最大限度地发生公共关系效益,有几点是需要注意的：

第一,要优先赞助社会慈善事业、福利事业、教育事业和公益事业,以及本地区本行业较有影响的活动,如此可以表现组织的社会责任感和义务,从而提高在公众中的形象。对于无法赞助的单位,应坦率诚恳地解释,委婉谢绝,以便把有限的资金用到实处,发挥最大的社会效用。

第二,在赞助活动中要特别注意与媒介之间的关系,扩大其宣传效应,否则可能造成社会组织赞助活动的"单向输出",这对组织来说意味着一种无谓的人力、物力牺牲。

第三,建立严格的财务审计制度。赞助活动在财务上要严格管理,以免资金被挪作他用,或被私人非法侵吞。

案例

自然堂赞助活动：你本来就很美

2019年10月1日,在盛大的国庆阅兵大典上,整齐划一的阅兵方阵化身"眼球收割机",吸引了无数目光,其中英姿飒爽的女兵妆容精致,成为关注焦点。而为女兵打造形象的"国货之光"美妆品牌——自然堂,功不可没。自然堂为女兵提供护肤品、开设美妆课,根据阅兵式的妆容设计要求,专程前往三军仪仗队传授化妆技巧,倾力打造最美女兵,在世界面前展现了中国女兵风采。这些年自然堂凭借一系列独具眼光的赞助活动,展现了其良好的品牌形象,赢得了广泛的社会声誉。

一、赞助国家体育赛事,打造民族品牌形象

2009年自然堂亮相上海世博会,开始走出国门;2012年起自然堂雪域系列连续五年作为博鳌亚洲论坛的伴手礼,被赠送给国内外参会嘉宾,以国货之光身份在世界化妆品领域崭露头角;2012伦敦奥运会、2016里约奥运会、2018雅加达亚运会以及2019韩国世锦赛,自然堂都作为中国跳水队的官方合作伙伴,携手征战奥运,助力运动健将屡创佳绩;2020年1月自然堂成为中国女排的官方供应商,携手中国女排出征东京奥运会,征战世界赛场,在多个中国荣耀的高光时刻留下身影①。自然堂一方面通过赞助大型赛事活动,把品牌推广与官方活动挂钩,为自己打造民族品牌、国货之光的形象;另一方面,在这些活动中自然堂展现了其"抗打"的品牌质量:在艳阳和汗水之下不脱妆,在泳池长时间浸泡维持肌肤稳定,在高强度训练中保持肌肤健康状态……不仅增加了曝光度,且打造了信誉度高、质量出色的品牌形象。

如果说体育精神是振奋一代中国人的民族精神缩影,那么自然堂的成长史则是民族品牌进化过程中最具代表性的切片。21世纪的前10年,宝洁、欧莱雅等跨国集团在中国美妆市场处于垄断地位,跨国集团把持着国内主流销售通道,本土企业命悬一线。在这种情况下,一个新品牌的崛起必须经历幼苗顶翻石头一般的艰辛。自然堂过五关斩六将的崛起与突围,暗合了不屈不挠的民族精神内核,打造了中国民族品牌的坚实形象。

二、赞助极限越野活动,输出男性护肤理念②

一说到自然堂,很多人会不自觉地跟上一句"你本来就很美"。似乎这个组合已经植根于我们的记忆中,如同条件反射。"你本来就很美"表达了对不同的美的尊重与对自然、健康生活模式的追求。以前,自然堂主要聚焦于女性市场。而我国男性护肤品市场规模从2010年的13.10亿元增长至2017年的52.93亿元,年均增速达13.5%,远高于全球的5.8%,潜力可观。于是,自然堂以户外运动的肌肤需求为灵感,取喜马拉雅大地、冰川、植物的能量,开发出适应中国男性肌肤特点、生活方式和审美偏好的产品,满足肌肤在极限挑战下防护、修护的需求,并赞助了"喜马拉雅极限越野跑"活动。喜马拉雅是世界上最伟大的山脉,也是自然堂的品牌源头。在此次活动中,自然堂巧妙地将"喜马拉雅、冰川、自然"等概念与品牌进行连接,向男士输出护肤理念,使差异化的品牌记忆点深入人心;同时表达了环保、健康的生活态度,鼓励人们去挑战、创造,活出自我。

三、赞助生态环保项目,配合国家扶贫攻坚

雪山脚下土地贫瘠,气候恶劣,四季荒芜,曾是地球著名的"贫困地标"。2020年自然堂将这里重新定义为"希望地标",而这份"希望的力量"则来自历时5年的自然堂喜马拉

---

① https://www.sohu.com/a/368378595_597088.
② https://mp.weixin.qq.com/s/TmrStML2gKSlI9G0lyYgWg.

雅种草公益项目。自 2016 年开始,自然堂携手中华环境保护基金会,发起成立"自然堂喜马拉雅环保公益基金",呼吁全社会共同关注喜马拉雅山脉的生态环境。在历时 5 年的公益行动中,自然堂将公益计划巧妙地与自身产品结合,每年 7—8 月将产品销售收入的一部分捐赠给喜马拉雅环保公益基金,以回馈大自然。2017 年是"种草喜马拉雅"公益行动的开启年,此后 4 年自然堂先后建成了 66 万平方米公益草场(2017 年)、开启 100 株龙胆草幼苗生态栽培示范项目(2018 年)、种下 100 万平方米的绿麦草(2019 年)。2020 年 7 月自然堂再次将公益升级,以"生态+农牧"的绿色扶贫模式,为守护品牌源头喜马拉雅当地的生态环境和脱贫攻坚贡献力量。2020 年是全面实现小康社会决胜之年,自然堂累计捐赠 1 000 万元,绿麦草 266 万平方米,为当地带来可观的经济效益[①]。自然堂持续数年赞助喜马拉雅山生态环保项目,用"生态+精准扶贫"的创新公益模式反哺大自然的馈赠,赢得公众赞誉。

[思考]

作为赞助方,自然堂如何进行更好的传播,以提升品牌影响力?

第二节 新闻发布会

新闻发布会又称记者招待会,是社会组织为公布重大新闻或解释重要方针政策而邀请记者参加的一种公共关系专题活动。它是社会组织传播信息、吸引媒体的客观报道、搞好新闻媒介关系行之有效的途径和手段。

一、新闻发布会的特点

1. 权威性强

社会组织以新闻发布会的形式发布组织信息,其形式比较正规、隆重,而且规格比较高,有极强的权威性。

2. 针对性强

新闻发布会上,答问是活动的主要形式。在活动中,记者可以就自己感兴趣的方面和角度进行提问,问题针对性较强。同时,在提问中,记者们还可以相互启发,能更深入地挖掘信息。

3. 新闻价值高

新闻发布会的信息,一般都具有较高的新闻价值,值得新闻媒介和广大公众广泛宣传。社会组织可通过新闻发布会对组织理念进行发表或就公众所关心的问题做出解释和

---

① http://www.ceweekly.cn/2020/1014/316407.shtml.

回应。

4. 难度较大

召开新闻发布会不仅成本高,而且占用组织者和与会记者的时间较长,对组织的发言人和主持人的要求也较高,因此举办新闻发布会与其他专题活动相比,难度较大。

二、新闻发布会的程序

(一)新闻发布会的筹备

召开新闻发布会,筹备工作非常重要,它关系到新闻发布会能否成功召开,能否取得预期效果。因此,在举办新闻发布会之前,必须对此进行周密筹备。

1. 确定会议主题

主题是新闻发布会的核心内容,整个活动就是围绕主题开展。主题又要围绕组织发生的事件和做出的决策来决定。同时要从新闻媒介和公众角度出发,进一步考察主题的重要性,看是否具有广泛传播的新闻价值,能否对公众产生良好的重大影响等。简而言之,就是明确为什么要举办记者招待会、想要达到何种公共关系目的。

2. 确定会议的时间和地点

新闻发布会的时间安排应尽量避开节假日和有重大社会活动的日子,以免记者不能来参加(特殊情况除外,如国庆记者招待会)。周末举行发布会不大适宜;就具体时间而言,一天之内最好安排在上午 10 点和下午 3 点左右,会议时间控制在一个小时左右为宜。新闻发布会地点的选择主要应考虑能否给记者创造各种方便采访的条件。如录像、拍摄的辅助灯光、照明设备、视听设备、幻灯或电影的播放设备,适合记者使用的桌椅、电话机、传真机等,以及交通是否便利,会场是否安静等。总之要符合交通便利、设施齐全、环境良好等原则。

3. 确定邀请的对象

根据会议的主题有选择性地邀请有关记者参加。同时考虑根据消息发布的范围来确定记者的新闻覆盖面和级别,考虑如何选择报纸、杂志、广播、电视等不同新闻媒体的记者。如果事件涉及全国,则要邀请中央新闻单位的记者出席;如果事件发生的范围及影响仅仅限于本市,就只需邀请当地新闻单位的记者出席;如果事件涉及专门业务,则要邀请专业性的报刊和新闻单位内部从事专门报道的记者、编辑出席。不要按照自己的好恶选择媒体,应尽量照顾到各方面新闻机构的记者,对大小媒体的记者都要一视同仁。

4. 挑选新闻发布会的主持人和发言人

由于新闻记者的职业要求和习惯,他们大多会提出一些尖锐、深刻甚至棘手的问题,这对主持人和发言人的素质提出了很高的要求,所以选择合适的主持人和发言人是十分重要的,以免场面尴尬。主持人和发言人必须具有较高的文化修养和专业水平,还要能说会道、思维敏捷、反应迅速。一般由主持人发布重要信息,介绍新闻发布会的主题和单位的基本情况,再由发言人作详细发言。主持人一般都由社会组织公共关系部门的负责人来担任,发言人则由社会组织的高级领导人来担任。如果有几位发言人的话,那么各位发言人应注意在重大问题上口径一致。不论是主持人还是发言人,都是社会组织形象的代表,其外表形象的设计也应下一番功夫,服饰仪表、言谈举止等都应给人以得体真诚的感受。

5. 准备主要发言提纲和辅助材料

应根据会议的主题全面收集有关资料,考虑记者可能提出的问题,以准确、生动的发言稿供发言人参考。为了使与会记者能够对组织发布的消息或所解释的问题给予充分透彻的理解和报道,组织应准备一些与会议主题有关的图片、实物、模型等辅助资料,同时还要写上报道提纲,在会上发给记者作为采访报道的参考。需要注意的是,会前应将会议主题、发言稿和报道提纲在组织内部通报一下,统一口径,以免引起记者的猜疑和场面的混乱。

6. 制定预算计划

新闻发布会的预算计划可按发布会不同的规格和规模去制定。预算时应留有余地,以备急需。一般新闻发布会的预算费用应包括场租费、会场布置费用、印刷品、音响器材、邮费、饮食费、礼品、文书用具、交通费、电话费用等。

7. 其他准备工作

举办发布会的日期和地址选定后,要提前几天把请柬送到应邀者手中,以便记者妥善安排时间;会议召开前一两天应询问落实一下记者出席的情况;安排足够的工作人员和招待人员,避免出现冷落与会记者的不愉快事情发生;准备好音响及辅助材料,如电话、传真、电源及其设备,给记者提供方便;安排好会议记录者、摄影者、录像者,做好会议记录工作,以备宣传、纪念之用;适当准备一些小纪念品、礼品以加深友谊,必要时安排一些小型酒会、便餐或茶会,以密切彼此关系。

(二)新闻发布会的过程

1. 签到

在接待站设签到处,接待最好由组织的一个主要人物出面迎宾,一方面表示出主人的礼貌和会议的郑重,另一方面也可以通过问候沟通感情。

2. 资料

在会议正式开始前,要将准备好的资料有礼貌地分发下去,使记者对会议有一个粗略的了解,以便在主持人发布信息时对会议主题有更进一步的认识和理解。

3. 会议开始

由主持人说明召开会议的目的,所要发布的消息和有关情况的介绍、说明。然后发言人再就信息的内容作详细、生动的讲述。

4. 答问

发言人答记者提问。此过程是新闻发布会最重要的一个部分,发言人应就记者的提问进行认真、清晰的回答,给公众树立一种亲和而真诚的形象。当发布会接近尾声时,主持人应提醒记者"下一个问题是最后一个问题了"。

5. 结束

会议结束时,工作人员应站在门口,以笑脸相送,感谢对方的光临,从而为以后更好的合作打下良好基础。

(三)新闻发布会的后续工作

1. 整理材料,总结经验

尽快整理出新闻发布会的记录材料,从中总结此次招待会在组织、布置、主持和回答问题等工作中的成功和失误,将这些经验编成档案进行保存。

2. 搜集信息,观察效果

大量搜集与会记者在报刊上发表的稿件、文章,并进行归类,检查是否达到了这次会议的预定目标。检查是否有由于组织公关人员工作关系所造成的失误,如有失误,应及时分析原因,设法补救,并引以为鉴。如果是记者本身的疏忽所导致的错误,也不要横加指责,而应立即与新闻机构或记者本人联系,提出更正要求;如果报道的是不利于组织的真实消息,应通过与新闻记者交流,虚心接受批评和意见,并对自己的不足表示歉意,以挽回组织声誉。

三、新闻发布会的注意事项

1. 会议主持人应充分发挥其主持和组织的作用

主持人言谈既要庄重,又要有幽默感,注意活跃整个会议的气氛,引导记者踊跃提问。要切实把握发布会的主题,当记者的提问离主题太远时,应巧妙地将话题引向主题。当会议出现紧张气氛时,应及时缓和气氛,维持发布会的秩序,使发布会及时顺利地进行。同时要掌握好会议时间,避免重复提问,各项议程不要拖拉,不能随便延长会议时间,等等。

2. 发言人的演讲应简明扼要,并尊重对方的知晓权

对记者的提问发言人应简明扼要地回答,不能答非所问、离题太远,所发布的消息应准确无误,发现错误应马上公开更正。对于不愿意发表的东西或机密情报,应解释原因。不要随便打断记者的发言和提问,也不要采取任何动作、表情阻止他们。如遇到实在难以

回答的问题,应首先表示歉意,然后告诉记者如何去获得圆满的答案,或请人代答,绝不能轻率地、漫不经心地说"无可奉告",更不能反唇相讥、嘲弄对方。即使对方提出一些尖刻的问题,也不能激动发怒,应表现出良好的涵养,以客观的事实和冷静的态度予以反驳或澄清。对记者的提问要一视同仁,不能厚此薄彼。

3. 请柬制作应精致郑重

请柬一般要制作精美,以体现对对方的重视以及会议的重要性。请柬发出后,不要随便改变会议地点或时间,以免产生不郑重之感。

4. 组织发布会人员应穿戴整洁、适宜

组织发布会的人员应仪表端庄、精神饱满、统一工作服。给记者发的资料上应写上其姓名和传播机构的名称。会议桌上的铭牌要分清主次依次排好。

5. 一个新闻发布会只确定一个主题

一般来说,同时发布互不相关的几条信息,会分散新闻媒介与公众的注意力,影响主题新闻价值的实现。所以一个新闻发布会最好确定一个主题。

新闻发布会的策划技巧[①]

在美国,公司、政府等机构每年都要召开很多新闻发布会,但这对记者而言却是一件令人心烦、疲倦的事。原因之一是,公司缺乏必要的媒介技巧培训,电视镜头里的公司总裁、总经理或其他发言人缺乏自信,表现极不自然。因而,为了更好地在目标公众心目中制造一个良好的"虚拟世界",改变或形成公众对公司某一方面的看法,很有必要重新审视新闻发布会的策划技巧问题。

一、时机

我们知道,如果想要获得人们持续的信任,那么就不要空喊:"狼来了!"策划新闻发布会时也不要放空炮。

不要让媒介感到参加本来可以由其他形式代替的新闻发布会是浪费时间。爱德曼国际(Elderman Woldwide)公关公司执行副总裁兼总经理嘉斯夫(Joseph B. Mcnamara)认为,是否召开新闻发布会应取决于它是否值得召集各地记者情愿而来。记者得到的不应该只是趣味性的故事,还应包括信息。

适宜召开新闻发布会的时机包括:公司及产品(服务)已成为某类公众关注问题的一部分、公司或其他成员已成为众矢之的、新产品上市、开始聘用某大腕明星做自己的广告

[①] 摘译自《整合营销指南》(*Guide To Integrated Marketing*),作者吉尼特·史密斯(Jeanette Smith)系美国著名公关学者、美国《企业家》杂志主编。

模特(记者有时对广告不感兴趣而是觉得广告模特值得关注)、公司人员重大调整、扩大生产规模、取得最新纪录的销售、扩大生产规模、取得最新纪录的销售业绩等。

不过,上述所谓的"合适时机"也可能成为"不合适时机"。事实上,很多的新闻发布会搞得很枯燥琐碎,令人厌烦。因此,当公司考察是否应举办新闻发布会时,首先应对照下列问题项目检查一下:

(1)一则新闻通稿或声像资料带(附带事件简介、背景材料)是否完全可以提供给记者所需的、媒介受众喜欢的故事?

(2)让记者们亲眼看到或试用某一新产品时,是否可以给一则新闻通稿增加些什么?

(3)公司高层管理者或董事会成员公开露面是否能为公司提高凝聚力或可信度?

(4)能否提供给记者在别处得不到的新闻?

(5)是否存在其他有效向记者传递信息的途径?

(6)公司新闻发言人能否有效传递信息并经受住提问的考验?

(7)与记者面对面的交流是否可以为他们提供一个询问公司其他方面情况而我们又不希望将之公开化的机会,如公司战略等?

二、筹划与准备中的"彩排"

俗话说:有备无患。对组织传播而言,信息必须经过精心处理并使其准确抵达特定公众。信息传播渠道也须精心挑选。所以,绝不打无准备之仗,务必要先期实施培训与排练。

一般来说,搞一两次系统化培训是必要的。这样,你可以预见到发言人是否称职、哪些方面还欠缺。但也不要训练得过多,那样你最后出现在记者、电视面前时就会像一台机械的录音机。具体训练方法如下:

(1)聚集那些平时敢于直言的人,让他们充当"记者"的角色,给他们两类问题:一类是肯定会被问到的,还有一类是你希望不被问到的。让"记者"提问,如必要,重复2—3次。

(2)让通晓技术工艺流程的人员与会,以检查发言人所说是否准确;如涉及法律,那么公司法律顾问也应在召集之列。

(3)反复播放"彩排"录像,让新闻发言人看看自己的表情、体语效果,然后提出改进意见。

(4)专业人士培训。有些公司认为这是浪费时间、金钱,其实是不懂专业培训的价值所在。即使你天真地认为自己永远不会召开新闻发布会,但你必然会遇到类似的情况出现在你的办公室里。如果某件丑闻引来大批记者蜂拥而至,那时就来不及训练了。

三、选择合适的新闻发言人

代表公司形象的新闻发言人对公众认知会产生重大影响。如其表现不佳，公司形象无疑也会令人不满。此外，新闻发布会也是公司要员同媒介打交道的一次好机会，值得珍惜。

新闻发言人的条件一般应包括以下几方面：

(1)有效传播与沟通能力是第一位的要求。涉及知识面、清晰明确的语言表达能力、倾听的能力及反应力、外表，包括身体语言。

(2)执行原定计划并加以灵活调整的能力。

(3)头衔很重要。新闻发言人应该在公司身居要职，代表公司讲话并给人以信任感。

四、确定日期

确定在哪一周的哪一天、哪一天的哪一时刻很重要。爱德曼国际公关公司一般是从锁定目标公众开始的，即首先考察哪一时间是目标公众最容易获知某新闻消息的时间、什么方法最好？

周一一般不好，记者往往忙于检查上周工作；周五也不宜选，因为很多的人正考虑着如何过周末，他们当然不愿傻坐在那里提问或单独访问。周二至周四通常较合适。此外，要确认不会有其他更重要的新闻，避开突发性事件，如地震、龙卷风等。

在某一天的几点钟开始是最困难的一件事。早报、晚报的截稿时间不同。如安排早报记者参加，新闻发布会应在中午、下午；如要在当天晚报或电视晚间新闻报道中，最好安排在上午9:30或10:00—10:30。切忌只为公司考虑而忽略为记者提供方便。

五、邀请

永远不要用电话邀请。带有公司标志的邀请信函表明新闻发布会是很正规的。信件中最好注明会议联系人的全名和个人电话。爱德曼国际公关公司认为这样可以不让记者作提前采访或提前得到新闻发布会的细节。否则，如他们提前透露了一些消息，就会伤害其他记者。

如果媒体离公司不远，就亲自送去。注意不要送得太早，以至于邀请信埋没在文件堆里，但也应给对方留出准备的时间。

还应指出，在填写新闻发布会邀请函时，应考虑一下谁会对本次新闻发布会内容感兴趣。例如，经济新闻只对商业报刊记者有价值，那就只邀请这些人；若是医疗新闻，那就邀请医疗报刊、电视台医疗节目的记者。当然，那些长期报道公司发展的记者要一并邀请。如拿不准，就先向报刊编辑或电视台发信征询。

六、新闻通稿与背景材料

每次发布会都提供新闻通稿和背景介绍,以便记者能在会议涉及的问题之外挖掘新闻事件、报道范围。

新闻通稿最好在开会前发给记者,这意味着当记者一来签到时就能拿到它,这样就可以一边听一边翻看。

爱德曼国际公关公司建议客户不必担心记者在听讲时只浏览到材料的标题——因为专业记者已习惯于边搜索信息边听讲。不过,材料要设计得便于快速阅读,勿冗长拖沓。

公司还要想到提供声像资料给记者。为此,要确保有专业摄影师在场。

背景资料一般应包括:新闻发布会涉及的新闻时间的要点;组织发展简史;技术手册(如果发布会的目的在于推介一种新产品或新机器);发言人个人介绍及照片;其他如通信卡、名片等供记者、编辑日后加以联系。

新闻通稿和背景材料的封面也应加以留意,要打印公司标志,以建立公众认知。

七、房间设置

新闻发布会所用的房间大小主要取决于与会的摄影记者。电视摄影记者比报刊摄影记者所占的空间要大。如果电视摄影机在房间后排,那么公司发言人应在房间前排就座;如只有报刊记者与会,发言人就可以坐在记者中,当有人提问时就可以走到前排。越随意,离记者的空间距离越近,就越容易造出一种友好气氛。

房间大小要多加留心。房子空间大、人员少,给人的印象是新闻发布会内容价值不大。与其这样,还不如在一个小点儿的房间里好;满屋座无虚席,还有一些人站在过道里,给人的印象是肯定有很重要的消息!

不要让新闻发言人坐在镜子、窗户或其他反射光线的背景之前,以防镜头效果受损。

第三节　庆典活动

庆典活动是社会组织为庆祝某一重大事件而举行的一种公共关系专题活动。在特殊的日子里,举行一定规模的隆重而又热烈的庆典活动,对宣传组织、提高组织的知名度具有十分重要的作用,目的在于联络公众、广交朋友、增进友谊、扩大影响。

一、庆典活动的类型

(一)节日庆典

节日庆典包括法定的节日(国庆、元旦、春节等)和某一具体单位的成立纪念日或周年纪念日,如"校庆""厂庆"等。这类庆典活动不仅可以扩大社会影响,同时可以总结前一段时间的工作,并借此机会谋求新闻媒介宣传社会组织形象。

(二)开工、竣工典礼

开工、竣工典礼包括某个新设施奠基、新设施落成、企业开业剪彩、通车竣工典礼,甚至包括社会组织进行转产、迁址和整(装)修结束,以及开设新的分支机构。

开业典礼与纪念活动有所区别,纪念活动指向过去,而开业典礼指向未来,标志着社会组织工作的开端或新的转机。这类庆典活动是社会组织第一次亮相于社会,希望引起公众与社会关注的公共关系专题活动。

(三)其他纪念日

其他纪念日如优质服务日、爱鸟周、质量月、和平年等,往往要举行典礼或仪式,借此联络公众感情,增强公众对组织的认知和理解,提高知名度和美誉度,谋求新闻媒介的报道。

二、庆典活动的程序

在组织举行庆典时,公共关系人员往往是幕后主持和策划者,许多事情须由他们周密策划,才能使活动圆满成功。

(一)调查宣传

社会组织在安排庆典活动前,要针对社会组织本身的性质、特点和对象的情况进行广泛的调查研究,充分了解公众对社会组织的认同程度,大力宣传组织的性质和给公众带来的好处。一般情况下,调查还应包括了解公众对本组织的兴趣所在,以便在选择庆典活动形式时,最大可能地满足大部分公众的心理需求。如果出现公众对组织的性质不甚了解,或者对组织怀有敌意等情况,则应在调查研究的同时,做一些有针对性的公共关系传播活动。社会组织有时认为庆典活动只要重视过程即可,其实不然,很多成功的庆典活动其实在之前就已策划一些活动开始为庆典造势,以引起公众的关心和社会舆论的注意。

例如,某食品饮料公司决定打开冷饮市场,赶在夏季来临之际,统一制作了500个小售货厅运抵某市,并分别安放在事先选定的地点。一天之内,该市主要商业区、居民点、交通要道口与旅游点同时出现了统一别致的小售货厅。这种做法立刻引起了市民的关注与评议。虽然冷饮制品尚未上市,开业典礼还未举行,但这家公司整齐、迅速、富有创意的策划与运作,已经给该市市民留下了深刻的印象。这是准确把握并运用公众期盼心理,形成开业前先声夺人的公关力作,同时也是一次成功的广告宣传与促销活动。另外,还要了解周围环境对社会组织发展的一些不利因素,并且开展有针对性的宣传,激发公众的兴趣点或消除公众的疑虑点。

(二)选择时间

选择最佳时间举办庆典活动容易产生广泛的社会效益。通常经营妇女儿童用品的商场,开业典礼时间宜选择在"三八"妇女节、"六一"儿童节;经营学生用品的商场,开业典礼宜选择在新学期将至之时;以名人姓名命名的基金会,庆典活动宜选择在名人的诞辰纪念日;等等。如日本电通广告公司曾成功举办过一次从旧址迁入新楼的庆典活动。公司选择在其成立 66 周年纪念日这天清晨,2 000 名员工在公司总经理的率领下,举着"谢谢银座各界人士过去的照顾""欢迎驻地各界人士多多赐教"的旗帜,浩浩荡荡地由银座旧址向驻地新楼出发。沿街公众目睹了这一盛况,日本各大报纸和电视台也纷纷报道这一周年纪念日的乔迁之喜,电通广告公司从此闻名遐迩。当然并不是每个活动都能与某个"日""节"相对应,关键在于公关人员的灵活运用和创造,善于选择与社会效应巧妙相融的时机开展庆典活动,以获得公众的广泛关注。

(三)确定形式、规模

一般来说,公关人员应从两个方面来考虑确定庆典活动的形式和规模:一方面考虑社会组织自身的性质、特点和与公众关系的密切程度等因素;另一方面应考虑社会组织自身规模大小、经济实力等条件。一般而言,与公众日常生活密切相关的餐饮、娱乐、服务行业等社会组织的庆典活动,最好选择能使社区公众最大范围地知晓该组织的庆典形式。如果业务性质具有重大意义或具广泛影响的社会组织,策划最好采取具有轰动效应的庆典活动形式。那些规模大、资金实力雄厚的社会组织,则可以采取大规模的豪华方式进行庆典;反之则最好以小巧、简朴取胜。

(四)拟订嘉宾名单

庆典活动的形式、规模一经确定,便要选择并邀请出席庆典活动的嘉宾。庆典活动的主要目的是:向组织协作方进行交流,表示继续友好合作的愿望;获取社区公众和其他组织的信任、理解以及对组织将来工作的支持;向员工与社区公众昭示本组织的实力及沟通意愿。因此,一般选择的嘉宾主要有当地行政官员、上级组织的负责人、该地区或社会的知名人士和"明星"、协作单位的负责人、各类传媒机构的新闻记者、与社会组织性质有关的公众代表、兄弟单位的代表等。邀请嘉宾的方式可以通过电话、发请柬、上门邀请等。不论何种邀请方式,公共关系人员态度要诚恳、言辞要委婉,要力争使各方面的嘉宾都能到场。

(五)其他准备

庆典活动对物质条件的要求比较高,需要社会组织事先周密细致地筹划并分工完成。这些物质准备主要包括:

1. 场地的选择

主要是根据庆典活动的形式、规模、出席人数和一些附加活动等因素选好庆典活动的场所。

2. 设计制作组织标识和宣传品

应该在筹划阶段就提前设计、制作组织标识、招贴画、广告词、主题词、条幅等。因为这些事情往往要受到印制工期的制约。另外在宣传品设计上要突出本组织的公共关系意图、活动的主题、组织标识与代表色。主题词、广告词制作要求新颖、活泼、生动、富有感情。在设计制作组织标识和宣传品等工作中如能导入 CIS 工程,则庆典活动会更加成功。

3. 撰写打印各种文稿

庆典活动一般需要安排演讲、致辞、报告、讲话,应注重讲话的统一设计,否则各个发言人都做内容重复的讲话,会令公众趣味索然。因此,在庆典筹划阶段就应结合公共关系实务活动的目标、主题,设计好迎宾词、介绍词、演讲报告内容,注意简明扼要、突出中心,而且各个发言人所讲内容应各有侧重。这样既能节省时间,又符合来宾的心理。同时,分发给来宾、公众和新闻记者的各种文字材料也应打印装袋,并及时分发到参加人手中,这样就可以利用参与者的人脉关系再进行二次传播,同时也便于记者筛选材料,有选择性地予以报道。

4. 布置会场

布置会场应以隆重、热烈、大方得体为原则。主席台及主宾位置应放在会场前方突出显眼的位置,并根据庆典活动的需要放置桌椅、铺上台布、摆置鲜花和茶具、悬挂横竖条幅或张贴主题词、宣传画,以及安装调试好音响扩音器材、空调等设施设备。

5. 其他必需物品的准备

如剪彩用的彩带、剪刀;奠基、植树用的铁锹;烘托喜庆气氛的唱片、CD 等;收受礼品用的登记簿;赠送客人的纪念品;供大家提意见、建议用的留言台(簿);等等。

(六)编排庆典程序及安排接待事宜

庆典活动程序一般是:宣布活动开始,介绍重要来宾,组织领导人或重要来宾致辞、剪彩或其他活动,结束庆典。活动安排程序应当事先印制好,宾客人手一份,以便了解掌握活动安排。其他活动是指在庆典活动结尾时安排的专项活动。社会组织可以根据业务内容、性质和特点作相应的安排。一般有参观、座谈会、观看表演、宴请招待等。

安排嘉宾或部分有影响力的公众参观本组织,有利于组织形象的传播,可以扩大组织的影响。参观内容可以因社会组织的业务性质不同而异。如企业可以安排参观生产车间、厂容厂貌、产品陈列室、尖端工艺、重点生产设施等;商业、餐饮、娱乐、服务业可以结合开展销售经营业务,或在开张时实行优惠销售、免费服务;教育、文化、科研机构可以参观校舍、研究室、实验室、图书室或教学科研成果展等。安排座谈会既可以向嘉宾、公众宣传本组织的方针及经营理念等内容,又可以与广大公众、上级机构、协作单位、同行代表、新闻记者等建立联系,听取意见、建议,中心议题应当围绕本组织的生存与发展。安排表演可以是有关业务生产的操作性表演,也可以是与业务无关的表演,比如举行文艺表演等来联络感情。宴请招待形式有正式宴会、自助餐招待会或酒会、茶会等。

(七)庆典活动的后续工作

庆典活动之后仍有大量工作要做。主要是:敦促新闻界客观、迅速地报道本组织的情况;收集传播媒体以及公众舆论的有关反映;做好新闻报道剪报资料的存档工作;制作庆典活动的声像资料;写好庆典活动的总结报告,为以后的活动积累经验。

三、庆典活动的注意事项

庆典活动是一种技巧性很强的公共关系实务活动。因此,在策划和实施过程中应当注意以下事项:

1. 注重庆典活动安排的计划性

大型庆典活动一般包括许多方面和许多工作环节,宾客众多、场面宏大,方方面面都要关照周全。因此,为了使活动有计划地顺利完成,一般都要组织一套精干的工作班子,使其能各司其职,有条不紊。该班子可以由三个层次的人员组成:策划管理人员对整个庆典活动进行整体构思和策划,并分工主管各部分、各环节的工作,是智囊人物;实施操作人员主要负责策划阶段的材料准备、文字撰写、摄影印制、美工制作、广告设计、公关游说、迎宾礼仪、主持司仪、摄影摄像、乐队调音等各类具体工作;其他勤杂人员主要根据庆典活动的实际需要,负责司机、厨师、清洁、勤杂、电工、木工等后勤工作,不仅要分工明确,而且必须随机应变,相互配合。当然,最重要的是这个班子要有一个精明强干且能统筹全盘的领导人。为了防止意外情况,最好准备若干备用方案和备用人员,以确保庆典活动的正常进行。

2. 突出庆典活动的创新性和艺术性

庆典活动的策划设计和制作应当体现新的创意,突出活动的艺术性,才能让人记忆深刻。如果是节日庆典,还可根据各自的地理环境、习俗、民间传统、民族风情等特点,举办具有浓郁地方艺术特色的庆典活动。

3. 加强庆典活动的新闻性

新闻媒体对庆典活动的反应是衡量活动成功与否的标尺,因此努力争取新闻媒体广泛宣传报道,使庆典活动本身具有新闻价值极其重要。有些社会组织由于只注意新闻媒体的一般参与,不注重新闻策划,以致社会公众对庆典活动反应平平,不能产生轰动效应,其失败的教训当引以为鉴。

4. 认真做好庆典活动的总结工作

社会组织的公共关系实务活动强调整体性和连续性。庆典活动作为整体公共关系实务活动的一部分,应与其他公共关系活动协调一致,并使其符合社会组织整体效益提高的目的。因此庆典活动结束后,必须认真做好总结工作,使庆典活动的实践过程上升为理性认识,以利于指导社会组织今后开展公共关系实务活动。

案例

购物狂欢 天猫双"十一"庆典

2020年天猫"双十一购物狂欢节"(以下简称"双十一")成交4 982亿元,较2019年同期增长26%,订单创建峰值亦创下历史新高,每秒达58.3万笔。"双十一"期间,智能客服在线服务消费者超21亿次,菜鸟处理订单量突破23.2亿单,30多个淘宝直播间成交额逾亿元人民币。① 在新媒体端,2020天猫晚会(简称猫晚)的全网热搜超300个,微博热搜72个,4次登顶微博热搜榜首,"主话题#双十一狂欢夜"阅读量近100亿次。第三方收视率监测数据显示,2020猫晚占据多项收视数据同时段第一的位置。这些惊人数据印证了天猫晚会的口号——"只有猫晚才能超越猫晚"。这是中国电商持续蓬勃发展之际阿里创造的一个奇迹,借由一场晚会,给虚拟世界的线上购物狂欢创造一个线下的落地实体,再将这个实体以持续的记忆刻画成一个习惯性的群体符号,使之成为固定时间被端上"餐桌"的一道盛宴,其背后的品牌公关不容小觑。

一、多元渠道预热,信息无孔不入

12年来,天猫通过一次次节日操盘,积累了丰富的策划、运营和资源整合经验。2020年10月20日,天猫启动预热宣传,策划推广活动,环环相扣,引来强势围观。从线上互联网精准曝光到线下联合行业顶尖品牌霸场式海报投放,天猫通过媒体互通的方式,全面占

---

① https://www.alibabagroup.com/cn/news/article?news=p201112.

据微博、微信朋友圈、淘宝等各大APP。同时,借助公交站牌、地铁站、影视广告等传播平台,将"双十一"消费观念渗入人们生活的方方面面,营造热闹的节日氛围。天猫还推出各种新玩法,回应急速变化的消费趋势。例如,支付宝首次以数字生活开放平台的身份参与其中,优惠时段史无前例由"单"变"双",售卖期除11月11日外,还新增11月1—3日,旨在为商家提供面向庞大消费者群体的"双"重机会,成就"疫市"下不同的品牌故事。此外,定金预售、奖励红包、品牌秒杀、盖楼分组、收藏福袋、预售津贴等预热活动通过实打实的优惠福利,影响消费者的购买决策。

二、节目跨界融合,互动体验出圈[①]

2020年对于全球人民来说都是不容易的一年,猫晚将主题定为"1起挺你,尽情生活",整场晚会分为"坚定梦想我站你""享受此刻我陪你""突破界限我赞你""拥抱未来我挺你"四个篇章。在"未来已来、无限想象、年轻有品和包容万物"理念的引导下,通过舞蹈、国风、二次元、喜剧、摇滚、魔术、电音、说唱、复古等不同形式进行跨界混搭,将不同元素进行融合,给观众带来了一场全新的视觉盛宴,如:乐华七子化身竹林七贤,与80岁的古琴大师龚一合作《竹影琴声》,将古风与rap相结合;6岁的MiuMiu与100个儿童一起演唱《世界上唯一的花》,郎朗、吉娜四手联弹为其伴奏。集结近百组明星与素人嘉宾,既有上至80岁的工艺大师,也有下至6岁的小朋友,呈现前所未有的多样性、全民性以及年轻化特色,满足观众差异化的需求。全球战疫、直播带货、美好生活等热门话题融入节目之中,贴近观众心理,让猫晚释放出人文情怀与社会价值。

猫晚对互动体验的重视亦无可比拟。2015年猫晚首创网台联动模式,手机"摇一摇"即可参与互动,抢明星游戏的宝箱;2016年互动环节"跨屏抢星衣"运用AR技术,观众坐在屏幕前就能"抢"志玲姐姐"扔出"的风衣;2017年猫晚首次使用AR+VR技术,让卢靖姗等明星瞬间"穿越"到观众家里;2018年"笑脸大作战"实时捕捉明星面部表情;2019年实现跨屏双向互动,观众可以与明星一起参与游戏;2020年首创双直播系统及旋转屏新玩法,以分级导播的方式推行两套转播系统:一套主要面向电视观众,采用最新的国际转播技术,让转播更精确,也更具科技感;另一套是为手机端的用户设立的竖屏直拍系统,利用手机感应陀螺仪和实时人工智能两项技术,按照重力感应的方向播放画面,实现横竖屏无界切换。观众可选择横屏,以"上帝之眼"看舞台全景,或旋转到竖屏,以"迷妹之眼"享受C位明星直拍视角,提升了视听体验。

詹姆斯·凯瑞认为,比起表面上的信息传递,传播更是一个互动、共享、交流的过程,是一种维系社会关系的仪式性活动。就像人们确实每次都会为猫晚的舞美而惊叹,但沉

---

① https://mp.weixin.qq.com/s/HC－_xswOojtWqJqxOrotUw.

浸其中的还是"天涯共此时"的现场参与感。

三、融合公益元素,关注社会议题

每年猫晚公布嘉宾名单,都会在网络上引发不少关注。在 2020 年猫晚嘉宾名单中,最早出现的是两位乡村教师的名字——海南琼中黎族苗族自治县湾岭学校校长包瑞,四川省凉山州美姑县龙门乡千哈村小学校长陈冠。他们是此前马云乡村教师颁奖礼上获奖的教师,多年来一直在基层默默耕耘。猫晚狂欢夜片人孟庆光表示:"之所以把目光对准教育,因为今年猫晚更关注人以及人的精神生活。今年狂欢夜希望达成新目标,即不止于一台晚会,而是在寻求商业和艺术相互平衡的基础上,承担起更多的社会责任。今年是特殊的一年,许多行业尤其是实体经济受到冲击,随着中国经济的逐渐恢复,此次天猫'双十一'更是希望能够助力千万商家、助力全民共建美好生活。"在周深与 13 名乡村师生跨屏"云齐舞"后,两位老师被请上舞台。陈冠说:"视频中孩子们一起跳舞的地方,就是我们学校这学期新建的篮球场,这在大城市孩子看起来略显简陋的运动场,却是我们梦寐以求的。"

将公益元素纳入晚会,2019 猫晚就曾尝试过,41 位艺人为 21 个贫困县脱贫助力,5 144 万人通过猫晚公益直播间围观农货售卖。2020 年是决胜全面小康、决战脱贫攻坚之年,所以 2020 年猫晚的聚焦点之一就是教育扶贫。"这个舞台要把最炫目的一刻留给普普通通的基层代表,留给那些真正为了脱贫、为这个社会的未来做出更大贡献的人。"猫晚设计师蔺志强说:"希望通过晚会呼吁大家更多地关注乡村教师,关注那些在一线默默奉献的普通人。"农业农村部信息中心发布的《2020 全国县域数字农业农村电子商务发展报告》显示,天猫、淘宝的农产品网络零售额约占全国 75% 的市场份额,是县域农产品上行的主要渠道。从物质脱贫到教育脱贫,猫晚的公益助力始终打在社会发展的重要节点上,洞察精准,效果奇佳。

四、利用活动余热,做足收尾工作

4 982 亿元,2020 年天猫"双十一"成交额最终定格于此。结束后,阿里巴巴一句"一天很短,一生很长"刷屏网络。阿里的企业价值不在"双十一"一天,而在中国企业发展的万古长河,所以阿里着力利用活动余热,做足收尾工作。收尾工作往往是一场活动中容易被轻视甚至无视的部分。在"双十一"当天的购物狂欢结束后,淘宝的事后收尾做得十分到位。

首先,淘宝以代金券形式感恩回馈,节前有红包,节后有回礼。节前节后双重"赠予"有效降低了买家花钱太多的罪恶感。

其次是购物后买家最关心的物流问题。菜鸟驿站在全球的合作伙伴纷纷宣布进入天猫"双十一"时间,海陆空全面覆盖的物流组合让货物得以更快地送到消费者手中。11 月

1日开始,铁路"双十一"电商黄金周运输服务启动,复兴号动车组整列装运快件,共计4.2万件包裹奔赴全国各地。"双十一"之后,菜鸟推出的"回箱计划"成为快递行业绿色行动的里程碑。邮政部门表示将充分利用1 800余个营业网点和寄递揽投点,大力推行"绿色包装",杜绝过度包装,避免浪费和污染环境。除了推广使用快递轻装箱和窄胶带,各网点还积极使用更低碳环保的免胶带可循环封装箱,并在全国菜鸟驿站新增1.2万个快递包装回收点。

作为中国商业形态晚会的开创者和引领者,猫晚庆典活动成为超级商业引擎与全民狂欢的文化现象,创造出独特的品牌效应,其背后的原因值得深思。

[思考]

"猫晚"为何逐渐成为购物狂欢前的必备仪式和符号?

第四节 展览会

展览会是一种综合运用各种传播媒介、手段推广产品,宣传组织形象和建立良好公共关系的大型活动。它通过实物、文字、图表来展示成果,图文并茂,给公众以极强的心理震撼,从而加深公众的印象,提高组织和产品在公众心目中的可信度。

一、展览会的类型

1. 按展览会的性质划分,有贸易型展览会和宣传型展览会

贸易展览会主要是商业、企业等行业的实物展示,这种展览会旨在商品促销,做实物广告。展品以商品、产品等实物为主,以文字、图片、图表为辅。宣传展览会是为宣传某一思想、观念、信仰等,其展品以照片、图片、艺术作品、文字、幻灯片、录像资料等为主。

2. 按展览会的内容划分,有综合型展览会和专题型展览会

综合型展览是介绍一个地区或一个组织的全面情况,通常参展项目繁多,内容全面,如广州商品出口交易会。这种展览会通常由专门性的组织机构或单位负责筹办。一般规模较大,展览的范围更大,展期在三个月以上甚至长达一年的,一般可称为博览会。博览会大多都是国际性的,它是世界范围某一领域发展的缩影。比如2010年在上海举行的"世博会"可以说是经济领域的"奥林匹克",是全球经济、科技、文化交流的盛会。专题展览会通常是围绕某一特定专业、某个行业或某项内容而举办的展览,它的内容单一,规模较小,但展示的内容集中而具有深度,如"全国书展""最新电子产品展览会"等。专题展览会通常由企业或行业性社会组织举办。

3. 按展览会的规模划分,有大型展览会、中型展览会、小型展览会和微型展览会

这种大、中、小的划分主要是从展品的数量多少、范围大小来确定的。大、中型展览会

通常由多个社会组织联办,或由某些权威机构主办,其他组织报名参展。小型展览会多是社会组织自己举办,以宣传自己的产品、商品、主张和观点为主。微型展览会是指橱窗展览和流动展览车展览等。这类展览看似简单但技巧性较高,要求更具有吸引力。比如上海淮海路一商店的操作员与"电子狗"同在橱窗内表演,由于介绍电子产品的手法新颖,吸引了众多顾客驻足观看。

4. 按展览会的场地划分,有室内展览会和露天展览会

大多数展览会在室内举办,一般较为隆重,举办时间较长。但某些展览,如花展、汽车等工业展品多在露天展出。室内展览会不受气候的影响,长短皆宜,但布置本身复杂,费用较高。露天展览会则相对简单,费用小,但组织者要注意天气状况,以免影响展览效果。

5. 按展览会持续的时间划分,有长期性展览、周期性展览和一次性展览

长期性展览有比较固定或稳定的内容,如文物展览;周期性展览是定期举行的,一次性展览则是配合某一活动主题临时设计组织的专题性展览。

二、展览会的特点

1. 传播的复合性

展览会是一种复合性的传播方式。所谓复合性传播方式,指的是同时使用多种媒介、手段进行交叉混合的传播方式。展览会通常会同时运用多种传播媒介,包括声音媒介(如讲解、交谈和现场广播)、文字媒介(如印刷的宣传手册、介绍资料),图像媒介(如各种照片、幻灯片和录像)、实物媒介(如产品)等。由于展览会这种复合性传播方式综合了多种传播媒介的优点,生动而直观,具有很强的渲染力和吸引力。

2. 印象的直观性

展览会是一种十分直观、形象、生动的传播方式,一般以展出实物为主,使观众看得见、摸得着,又有专人在当场进行示范、讲解。这种生动的传播方法,吻合公众心理,能够强化公众的记忆,增强产品的可信度。

3. 沟通的双向性

展览会可以给社会组织提供与公众直接双向沟通的机会。一方面,社会组织介绍产品,宣传自己,或者就公众感兴趣的问题展开深入讨论;另一方面,公众通过洽谈、咨询,或者对产品提出意见等方式反馈信息,有利于社会组织和公众之间进行更好的沟通与交流。

4. 新闻的关注性

展览会上一般有许多企业和产品参展,是一种高度集中和高效率的沟通方式。各类展览会尤其是大型综合性展览会,往往会引起各种传播媒介的关注,成为新闻媒体追踪报道的对象。而新闻媒介对展览会和展品的传播,会对公众产生很大的影响力,这就给新企业和新产品提供了一个扩大知名度的好机会。

三、展览会的程序

(一)展览会的准备过程

1. 确定展览会的主题和目的

展览会应该明确主题,明确展览会宣传、主张及宗旨,并以此决定展览会中将使用哪些沟通方法,展览的形式和接待安排等。这是决定展览的内容、形式和对象的前提条件。

2. 策划好方案,组织好班子

展览会组织者可根据展览主题、类型等要求,构思展览会总体布局和规划。设计制作总体设计图与各展区的展品、展板布置小样,待确定后再做成实样。还要精心制作好展览会的会标、主题画、宣传海报、说明书、解说词等。因展览会的社会影响广泛,宣传效果显著,但支出经费较大,因此社会组织必须充分论证举办展览会的必要性和可行性。一旦经过组织决策或有关领导批准,应当及时组织班子,包括领导与管理人员、设计与工作人员、讲解人员、接待与服务人员、后勤供给与保安人员等,以便各司其职,共同搞好展览会工作。

3. 选择展览时间和地点

时间上要考虑展出内容的季节性和周期性,与重大活动时间是否冲突等因素。选择时间大多按社会组织需要而定,有些展览则要顾及季节,如花卉展览、农副产品展览等。选择场地要考虑交通便利,会场空间要能容纳展览内容,最好做到选择的会场环境能与展览主题相得益彰。

4. 邀请重点嘉宾

展览会组织者应重点邀请与展览主题相关的各级各类组织负责人、社会知名人士、专家学者、评论专家等作为展览会开幕式的嘉宾,以提高展览会的地位与声誉。还应重点邀请有关新闻媒介的记者采访、报道展览会,以扩大传播效果与影响。

5. 培训工作人员

展览会工作人员的素质和展览技能的掌握程度,对整个展览效果起着重要作用,因此必须对展览会工作人员,如讲解员、接待员、服务员和保安人员等进行起码的专业知识培训和公关礼仪培训,以满足展览会的要求,使参观者满意。

6. 成立专门的对外新闻发布机构和接待机构

成立专门对外发布新闻的机构和接待机构是必要的,它可以主要负责和新闻界进行联系的一切事宜和服务工作。展览会中有许多具有较高新闻价值的信息资料可供公共关系人员发掘。这项工作应该由专门机构来制定计划和组织实施。如积极为新闻媒介提供具有新闻价值的新闻稿,主动邀请新闻记者进行采访等,以扩大展览会的影响;同时,展览会中有领导和各参展单位的工作人员、参观人员的参加,因此,必须同时做好各项服务工作,以给参观者留下好的印象。

7. 预算展览会费用

对展览会费用进行预算可以节制浪费,尽量把钱用在刀刃上。费用主要包括场地租用费、广告宣传费、交际联络费、设计装修费、交通运输费、水电费、劳务费、保险费以及估算不可预见费。

(二)展览会的实施过程

1. 开幕式

展览会开幕式一般时间不长,但却关系到展览会的传播效果。因为新闻媒体报道展览会活动情况,开幕式总是聚焦点。通常开幕式内容应包括主办者致辞,说明举办展览会的目的、宗旨,向协办组织致谢,向各位嘉宾、与会者表示欢迎与感谢;来宾代表讲话,表示祝贺之意;嘉宾代表、知名人士剪彩等。

2. 观展阶段

观展阶段主要是接待参观者,讲解展品,做好服务咨询工作,并注意利用观展机会向其他组织提出合作意向。为了增强展览会的趣味性、知识性、生动性,组织者可以安排现场演示,相关的知识测验和竞赛、小型节目表演等,也可赠送一些资料、纪念品。参观者进入展览厅最渴望的是对本展览厅有一个全面的了解,服务人员如能面带微笑送上一份图文并茂的资料介绍,观众会感到莫大的满足。讲解人员在解说时,应根据参观者的人员层次、年龄、专业爱好和不同的要求来调整解说的重心、节奏、语言和方式。讲解员一段条理分明、生动具体的解说词,会使展览充满生机,给观众留下深刻的印象。对于一些机械产品,有时需要技术人员亲自动手操作,并在操作过程中进行讲解。必要时还要播放录音、录像以增加展品动感,这样可激发观众的兴趣和购买欲望,达到成交的目的。

(三)展览会的效果检测

对展览会的效果进行检测,了解公众对组织形象的评价和产品的反映,以及对整个展览会形式及过程的看法是一项十分重要的工作。它能为组织积累经验和教训,作为今后开展工作的参考资料。具体检测展览效果的方法有:

1. 举办有奖检测活动

根据展览内容,制作以填空、选择、判断为主的问答题,当场解答,当众发奖。这种方式既是活跃展览会气氛的有效手段,也是检测展览会效果的第一手资料。

2. 设置公众留言簿

组织者可在展览会出口设置公众留言簿,主动征求公众的意见。这些意见可作为检测结果的依据。

3. 召开公众座谈会

组织者可随机请一些公众进行座谈,听取他们对展览会的观后感,或讨论一些技术性、程序性的问题,征求他们对本组织的意见或建议,这是最直接的效果检测法。

4. 借助记者采访

展览会期间,组织者可以邀请一些新闻记者对公众进行采访并做好录音或记录,以便组织在检测效果时参考。

5. 开展问卷调查

闭展时,组织者可安排专人向公众发放调查问卷,或根据签到簿上掌握的公众名单邮寄问卷调查表,甚至选择重点对象登门拜访他们,并请他们填写问卷调查表,以了解展览会的实际效果。

案例

茅台酒的出名之道

茅台酒本来并没有什么名气。有一次,厂家代表带它去参加在印度新德里举办的世界酒类饮料博览会。茅台酒是首次参展,光租展位,就是很大一笔开销。但厂家认为,只要能够提高知名度,还是值得的。

然而,展览的第一天,茅台酒基本无人问津。面对这样的尴尬局面,茅台酒展览工作人员急得团团转。为此,他们决心扭转这种受冷落的状况。于是,第二天的展览开始后,在人流最高峰的时候,工作人员急中生智地拿着一瓶茅台酒走到展厅中央,装着在人流中不小心将它"打翻"在地。顿时,整个大厅充满了茅台的酒香。参观展览的人立即被这从来没有闻到过的香味所吸引,好奇地打听这是什么牌子的酒。茅台展览人员抓住这一机会,向参观者介绍茅台酒。很快,茅台酒展位吸引了大批参观者,随即引起整个展览会的轰动,新闻媒介也闻风而动,纷纷予以报道。结果,茅台酒在本次展览会上获得了金奖,从此身价百倍。

[思考]

茅台酒这种别出心裁的公关给了我们什么启示?组织举行展览会时应注意些什么?

思考题

1. 新闻发布会一般可在什么情况下举行,对组织公关有何影响?
2. 展览会一般有哪些形式?组织在利用展览会公关中应注意什么?

第八章

危机传播管理

危机传播管理(Crisis Communication Management)是指通过科学预测与决策,修订合理的危机应急计划,并在危机发生过程中充分运用科学手段,减少危机给组织与公众带来的影响,进而寻求公众对组织的谅解,以重新树立和维持组织形象的一种管理职能。从危机管理的含义不难看出,危机管理是一个对传播信息进行管理的过程,是一个从危机发生前的信息监测、发生后的传播方案设计、执行过程监控,然后到评估检测的动态管理过程,其目的是消除危机所带来的危害,修复组织形象,重建彼此间共识。

组织遇到大的事故和灾难的时候,往往是检验一个组织能力的最重要时刻。组织在危机中的表现将会影响未来很多年人们对该组织的评价。正如美国公共关系学者诺曼·R. 奥古斯丁所说:"每一次危机既包含导致失败的根源,又孕育着成功的种子。"发现培育以便收获这个潜在的成功机会,就是危机管理的精髓。

第一节 危机的特点与类型

首先,我们要了解危机是什么,它具有什么样的特点和类型,才能更好地处理危机。

一、危机的特点

对社会组织来说,危机是指危及组织利益、形象或生存的突发性或灾难性的事故与事件。它具有以下几个特点:

1. 突发性

突发性是指事件爆发比较突然,往往出乎组织意料之外,特别是外部原因造成的危机,如自然灾害带来的冲击等,往往在组织毫无准备的情况下突然发生,使组织措手不及,一时不能按照正常的规范运行,使组织难以抗拒。比如,新冠疫情、地震、海啸等通常都是突如其来给国家和人民带来灾难性的损失。面对这种突发状况,公关人员既要有应急预案,又要在危机发生之后迅速行动,采取相应措施,防止事态的蔓延和扩大。

2. 普遍性

古希腊一位哲学家说过:"人类的一半活动是在危机当中度过的。"可见,危机是普遍存在的。在复杂的市场经济下,出于动态环境下的组织遭遇危机不可避免,有些危机属自然不可抗力或外人故意破坏,无法预料。有学者认为在中国非典暴发的21世纪之初"风险社会"一词尚停留在中国学者解读贝克和吉登斯的学术文章里,而今政府企业和社会公众普遍且深切地感受到了我们面临的风险挑战前所未有。组织应该正视其普遍性特点,树立正确的危机管理预防意识和良好的防范体系,从而最大限度地降低危机发生的可能性。

3. 严重性

严重性是指危机对公众及组织形象的影响是很大的,有时甚至是灾难性的。因为危机发生时社会组织掌控的信息不足,可能造成谣言四起,无法控制,尤其危机常常会成为社会舆论关注和报道的焦点,处理迟缓或不当,对组织和社会都会造成相当大的损害。对组织,不仅会破坏其正常的生产秩序及组织形象,而且会对组织的未来发展与经营,以及同社会各界的关系带来深远的影响。从社会角度来看,危机不仅会给社会公众带来直接的物质损失、精神损失,也会带来身体或心理的伤害。

二、危机的类型

根据危机产生的原因,可以将危机分为三种类型:

1. 组织行为不当引起的危机

组织行为不当引起的危机是指在社会组织发展过程中,由于组织在指导思想、工作方式、运行机制等组织本身方面的原因引起的公共关系危机。一般来说,这种危机是由于社会组织的决策失误、管理不善、素质低下、公共关系意识淡薄等原因造成的,如:社会组织过度地追求经济利益而不顾公众利益、不顾社会利益,造成毒气泄露、废水污染、食物中毒、产品质量低劣等引起的企业信誉急剧下降;某种政策失误导致舆论谴责;因管理工作不善造成产品质量不合格、资源浪费导致资金危机;领导者公共关系意识淡薄,对外缺乏组织形象意识与公众权益意识,对内缺乏对员工的尊重和平等意识,不能激发员工工作潜能,以致引发各种各样的组织形象危机等。因这类原因导致的公共关系危机完全是组织的责任,最易激起公愤,受到公众对社会舆论的强烈抨击,对组织形象的损害是极其严重的,造成的影响也很恶劣。为求得公众谅解,公共关系活动的难度相应要大些。

2. 突发事件引起的危机

突发事件引起的危机是指由于非预见性、外在因素引起的突然发生的事件，导致组织公共关系形象受损的危机。由于突发事件引起的危机主要有以下几种：

一是有不可抗力导致的危害，如地震、洪水等自然灾害。

二是由外在因素引起的事故，如非人力所为的交通事故、传染病流行等；或是人力所为的如厂区被污染导致无法正常工作；其他竞争对手假冒行骗破坏组织声誉等。

突发事件造成的危机，往往破坏性比较大，常常给组织带来很大的损失，有时甚至导致一个良好的社会组织的生存环境遭到破坏。

3. 失实报道引起的危机

失实报道引起的危机主要是由于新闻部门的报道失实，从而导致公众对组织的误解，使组织形象受损的危机事件。失实报道引起的危机主要有以下几种：

一是失实和不全面的报道，即新闻界不了解事实的全貌和真相，导致报道以偏概全，引起公众误解。

二是曲解事实。由于新科技、新思想或新方法未被广泛知晓，新闻记者凭经验办事，曲解事实，导致危机。

三是报道失误。由于其他组织或人为的有意诬陷或编造，使新闻界被蒙蔽，引起报道的失实，产生危机。

媒体报道失实常常是因为组织没有建立正常有序的沟通渠道。一方面，有的企业一味地追求商业机密，唯恐媒体知晓组织的决策内容，使媒体对组织失去信任；另一方面，有的企业一味地进行信息的单向传播，不重视信息的及时反馈，不与媒介记者沟通，造成媒介的误解等。面对失实报道，企业应该冷静克制，及时与媒体记者进行沟通，澄清真相，请求其予以更正，切不可与其发生正面冲突。

危机事件产生的原因很多，也很复杂，有时可能由某种单一原因诱发，但多数情况下是几种因素综合作用而诱发。在预测和处理危机事件时，组织公关人员不能机械地、简单地寻找原因，而应全面分析，做到有的放矢、对症下药。

第二节 危机传播管理的程序

组织的危机传播管理，首先是对危机进行预警，做好各种风险评判与预估，最大限度减少组织可能面临的损失；其次是对"传播"进行管理，做好与公众的信息交流、意义沟通和价值劝说工作；最后是进行危机后的重建与恢复管理。

一、危机预警管理

危机预警是指组织对危机的诱因和征兆进行事前监测和评判,并据此做出危机警示的管理行为。现代社会组织决策者在竞争中应时刻具有敏锐的危机感和洞察力,分析复杂环境中的声音对企业的发展是凶是吉,预测可能发生的危机,准备应对危机的处理办法。只有具备长远的管理观念,才能在危机真正来临之际沉着应对、妥善处理。对危机最好的管理是平时,即积极建设"危机管理预警系统",防患于未然。危机预警是组织日常风险管理的延续和升级,也是危机管理实战流程的开端和起点。

建立危机预警系统是此阶段的重要工作,即通过对有关对象和组织环境的监测,及时发现危机隐患,帮助决策层迅速采取针对性措施,减少危机可能对组织造成的伤害。公关人员可以通过了解组织在历史上曾产生过的危机、国内外同行或类似组织发生过的危机来分析危机发生的原因和条件,并结合近期社会环境因素的变化进行相关分析,从中判断危机可能发生的预兆。也可进行议题监测、利益相关者监测以及对自身系统的监测,建立多向度评估指标,并进行脆弱度检查,在掌握数据和信息的基础上从大处思考。

做好应急计划是控制潜在危机花费最少、操作最简捷的方法,可以降低组织的隐性成本。应急计划的内容包括:对组织潜在的危机形态进行分类,制订各类危机预防的方针政策及具体的战略和战术;确定与危机相关公众的范围及沟通方法;确立有效的传播沟通网络,并明确具体联系对象;确定危机来临时的"总指挥"和具体人员,明确各自职责等。应急计划可以以小册子、宣传品等形式发给全体员工,并通过培训或学习,使员工不仅具有危机意识,而且对危机的应对办法有足够的了解。组织可以通过让员工研讨典型案例、进行模拟演习等方法来加深对危机的认识,培养临危不乱、处之泰然的能力。如今世界各国开始健全危机预警方案,以便在紧急时刻能顺利应对。公关专家郭惠民教授认为:"我们不妨认定,危机不可公关,这或许才能给危机公关带来生路。这大概就是人们常说的'置之死地而后生'。危机不可公关还有另一层意思,那就是提醒人们不能只重危机后的公关,而轻危机前的公关,危机管理的重心还是在危机预防和预警。"[①]

二、危机传播管理

危机往往突然而至,如果处理得好,会将危机事件对组织的影响和损失控制在最小范围和最低程度,有时甚至获得意想不到的转机;但处理失当,则会造成经济、声誉损失,甚至葬送组织的生命。因此,如何进行危机传播管理举足轻重。

---

① 郭惠民:《危机可否公关》,载于《国际公关》2009年第4期。

(一)了解事实,制定方案

危机发生后,深入现场了解情况是危机处理的第一步。只有确定发生危机的原因,才能对症下药,给公众一个说法,缓和彼此矛盾。这个阶段是关键,组织应迅速成立危机管理小组,制定或审核危机处理方案及其方针和工作程序,即如何对待投诉公众、如何对待媒介、如何联络有关公众、如何具体行动等,尽快遏止危机的扩散。如果组织领导人在危机发生的第一时间能亲赴一线,则会给公众留下一种敢于负责、有能力、有诚意解决危机的形象。

(二)联络媒介,主导舆论

危机突发时,公众的各种议论、舆论的不同报道会造成一定程度的混乱与信息真空,如无权威人士或媒介主导舆论,谣言则会占据上风,引起恐慌。在危机过程中,组织内部人员由于对事件真相的了解程度不一,可能众说纷纭,影响外部公众。因此,组织领导者必须首先让内部员工了解事实,统一口径,确定一名新闻发言人,代表组织对外发布信息,让公众尽快了解事实,杜绝谣言,理智地对事件做出分析判断。当组织需要时间去了解真相时,切不可用"无可奉告"来应对公众,而应诚恳地向公众表达正在查明真相、尽快给出答复的态度。

组织应妥善处理与新闻界的关系。一方面,主动告知事件详细背景材料与最新进展,积极配合传媒报道有关事件,争取媒体对组织行为的理解和支持;另一方面,通过了解传媒报道的公众反响等反馈信息来阻止错误信息的进一步传播。危机管理极为重要的一步在于沟通,沉默往往激怒媒体,使问题更严重。要妥善处理好与新闻媒介的关系,需做好以下几点:

(1)迅速解答记者提问,告之已证实的真相,保证新闻的及时性,主动扮演信息源角色,及时、准确、适度地向媒介提供信息。最好在危机管理小组中专派熟悉媒体工作的成员负责解答记者的疑惑,满足记者与公众的知晓权。

(2)在危机发生的开始,如果组织掌握的信息不够,无法解答记者的提问,组织可尝试用背景材料及现有情况来填补新闻空白;另一方面,协助记者对危机原因进行调查与核实,以显示组织与媒体及公众沟通的诚心。

(3)对失实新闻报道,组织应当及时指出并要求记者更正,切不可谩骂记者,有失风度,恶化彼此关系;对造谣中伤行为,组织可以邀请公正的权威机构出来帮忙,请媒体予以配合。

(4)对大小记者都要公平对待,最好让媒体同步掌握信息。厚此薄彼的行为可能造成众说纷纭,甚至给恶毒者以可乘之机。

(5)尽快公布组织对危机事件采取的一系列对社会负责的行为,增强社会公众对组织的信任度。

(三)安抚受众,缓和对抗

悲剧一旦发生,无论怎么解释也难以弥补人们遭受的创伤。组织要耐心倾听,满足公众的宣泄情绪。受难者必定遭受满腔的委屈、伤心和愤怒,组织应给予同情,耐心听其发泄。然后在法律框架内承担减损和补偿责任,在经济可承受的情况下更多地考虑道义原则。除有形的物质补偿外,还要给利益相关者造成的心理和精神伤害进行救助。一时的抚慰并不难,难能可贵的是长久不忘那些在危机中受伤害、受侮辱的人们。只有以诚恳负责的态度对待公众,才能缓和对抗,获得舆论和公众的理解与支持。

三、危机修复管理

社会组织平息危机,并不意味着危机管理工作的终结。事实上,对整个危机处理过程进行评估检测,总结经验教训,可以从危机中获利,即善用危机带来的契机,寻找新的可能性,为今后工作积累经验。危机过后,最重要的是重建组织形象,以使组织真正渡过难关,走上正常发展之路。危机后组织形象的修复可以从以下几个方面入手:

(一)保持与公众及媒介的持续沟通

危机事件发生后,并不意味着人们已经忘记伤害。组织应主动与公众尤其是危机中的目标公众保持持续性沟通,询问相关情况,加深感情,真正做到精诚所至、金石为开。充分运用媒介进行连续性正面报道,将组织在危机后采取的修复措施及政策调整等告诉公众,重建公众对组织的信任。

(二)增加公益活动、慈善事业等投入

组织可以通过积极支持社区建设,热心社会公益事业、慈善事业,关心社会热点问题等形式,通过积极参与社会活动向公众展示组织具有社会责任感的良好形象。

(三)加强与权威机构、知名人士等的联系

积极参与地方建设,充分配合权威部门的监督、检查。以讲课、座谈等方式邀请社会知名人士为组织出谋划策,获得更好的修复建议,也能体现组织谦虚好学的态度,给组织带来良好的口碑。危机发生后组织还应总结经验教训,出台更完善的应急管理后续方案,并告知公众,增进彼此的关系。

第三节 危机传播管理的原则

当今社会可谓风险丛生,其复杂、严峻程度往往让人猝不及防。在应对危机时,我们应遵循一些普遍原则,才能缓解危机,尽量减少危机带来的损害。

一、危机预警原则

"预则立,不预则废。"居安思危,消灭危机于萌芽状态是危机管理必须重视的原则。危机预警是指组织对危机的诱因和征兆进行事前监测和研判,并做出危机警示的管理行为。由于许多组织只重视危机后的管理,而不重视危机前的预防,每到事发,损失惨重。常怀危机意识,着眼战略全局,加强日常风险管理,是危机管理的首要原则。从国内外理论研究和实践来看,危机预警一般可分为危机监测、危机评估和危机预报三个系统。[1]

危机监测一般包括监测三方面的信息:一是对信息的监测,即监测、追踪危机议题,了解其缘由和变化趋向,为有效设置引导和设置议题提供决策依据;二是对人的监测,即关切利益相关者的认知、态度和行为,根据不同利益相关者的需求给予不同的关切;三是做好必要的危机管理知识、相关素材和文献的知识储备。

危机评估一般包括三个程序:一是对危机的现实情况做全面调查和分析,对破坏性和发展趋向做出预期;二是建立多向度的评估指标,对可能发生的脆弱点和细节做出日常监测和评估,并及时采取措施;三是在对内外部资源进行分析调查的基础上,对于危机可能发生的情况提供可行性预防报告和策略。

危机预报是根据危机评估的结果,对危机的暴发、演进及其危害,向组织内外的利益相关者发出警报,唤起各方注意并采取预防的重要举措。在危机预报中需要注意的是,预报主体尽可能具有权威性和可信性,运用便捷的方式进行传播。在整个危机预警中,如果能遵循与公众之间的双向沟通原则,尽可能让利益相关者参与预警之中,抱持开放、包容的危机意识,就能使危机更快消弭。

二、3T 原则

英国危机公关专家罗杰斯特(M. Regester. Michael)在他的《危机公关》(Crisis Management)[2]一书提出其著名的危机管理 3T 原则,值得借鉴。

---

[1] 可参阅胡百精著:《危机传播管理》(第三版),中国人民大学出版社 2015 年版。
[2] 可参阅 M. Regester. Michael 著,陈向阳、陈宁译:《危机公关》(Crisis Management),复旦大学出版社 1995 年版。

(一)Tell Your Own Tale(以我为主提供情况)

第一个"T"强调组织应牢牢掌握信息发布的主动权,信息的发布渠道和发布人要以"我"为主,尽可能主导舆论,确保信息的真实性和权威性。组织积极主动地发布信息,一方面是为了让自己成为消息来源,抢占危机话语权和解释权,另一方面也是对利益相关者负责,尊重和满足公众的知情权。

(二)Tell It Fast(尽快提供情况)

第二个"T"强调危机发生时组织应该尽快发布信息,以避免让其他舆论占据主流。罗杰斯特说,在危机管理中,最好有一个设备齐全的危机控制中心办公室,这个办公室有充足的通话线路,以方便焦急的当事人亲属和新闻媒介以及其他团体急于给组织打电话。从这一点来看,罗杰斯特非常重视危机预警。一般来说,越快越主动,越慢越被动。然而,有些组织一旦陷入危机就保持沉默,或者干脆躲起来,或者反应迟滞,经常会激怒公众,而给媒体制造了更多的误解和障碍,陷自己于水深火热之中。当然,并非所有的危机处理都是越快越好,在一些特殊情况下,一些关键事实还没有弄清楚之前就贸然发布信息,反而会引起轩然大波,所以需认真研判,审时度势,视情境而定。有时危机情势紧迫、错综复杂,很多情况下原因不明,结论未定,组织无法及时告知结论,在这样的时刻,拿出寻求真相的态度和对公众负责任的承诺则是十分必要的。

(三) Tell It All (提供全部情况)

第三个"T"强调信息发布要全面、真实,而且必须实言相告。经验表明,越是隐瞒真相越会引起更大的怀疑,所以尽可能说真话,提供全部情况,有时反而是平息公众情绪和猜疑的最好方式。对于这一点,学术界和业界存在颇多争议。在一些危机特别是重大灾难性危机中,为了"全部告知"而发布多余的信息往往会增加公众做出选择的困难,导致更大的危机。所以,"能告知的信息全部提供",发布危机利益各方最关心、最有价值的信息才能更好地处理危机。

三、公共利益至上原则

公共利益至上,既是一种理想,也是现实中最明智的选择。尤其在新媒体环境下,漠视公众利益会让组织损伤信任资本,于自身长远发展极为不利。胡百精教授在其著作《危机传播管理》中构建了一个危机传播管理的对话范式:"通过对话于事实层面促进真相查证和利益互惠,于价值层面实现信任重建和意义分享。唯利事实,无涉价值,甚至损害价值的对话策略是失败的;反之,脱离事实根基的价值协商也终归虚幻"①。在众多危机管理研究中,其对"价值"这一范畴的重视具有警世作用。他认为危机处理自始至终存在一个价值排序的问题:在危机决策和实践中对何者优先、何者为重的选择。在危机中,往往面临四组价值要素的排序:得失、是非、公私、善恶。危机管理者往往最关心组织的"得失",以之为重为急;媒体最看重"是非",以查证真相为己任;政府、司法、行业组织、意见领袖、NGO等压力团体则希望明辨"公私";公众则抱持"善恶"之念,希望扬善惩恶。他认为合理的价值排序应当是善恶、公私、是非、得失:一要扬善止恶,努力做出改善诚意;二要对真相负责,实事求是面对媒体及公众;三要捍卫公共利益和公共精神。一般而言,在利益和"物"的层面,大局利益优先于个体和局部利益;在"物"与"人"的关系层面,"人"永远大于"物";在"人"与"人"的关系层面,弱者利益应优先得到照顾。在危机管理中,坚持公众至上、捍卫公共利益的原则,并非是得失之间的零和博弈,反而是增进彼此信任、推动双方共同发展的双赢。

各种各样的组织,总会遇到各种各样的危机。处理好危机有时也是一种契机,但最好处理危机的方式是不让危机发生。就像吕思勉先生在《中国简史》中写道:"现在的研究,是要重常人,重常事的。因为社会正是在这里头变迁的。常人所做的常事是风化,特殊的人所做的事是山崩。不知道风化,当然不知道山崩。若明白了风化,则山崩只是当然的结果。"公共关系亦是如此,危机的发生有时看似是山崩,是偶然,其实无时无刻不在经历风化的必然,只有时时警醒,才是危机传播管理的最好方法。

案例

自然灾害中的政府舆情管理
——以 7.20 河南郑州特大暴雨灾害为例

重大自然灾害事件由于其破坏性、刺激性与敏感性,极易引发网络舆情,造成人心惶惶,影响社会稳定。舆情管理是政府危机管理极为重要的部分。2021年河南郑州在面临特大暴雨灾害时,调动民警、医疗人员、志愿者等各方资源奋力救援,打响了城市保卫战,其在舆情管理中的经验和教训对启发我们如何与市民、专家、媒体等进行良好沟通和配合,有效提高危机管理水平提供了借鉴。

2021年7月17日河南省郑州、漯河、开封、新乡、鹤壁、安阳等地暴发持续性强降水

---

① 可参阅胡百精著:《危机传播管理》(第三版),中国人民大学出版社2015年版,第82页。其理论导入哲学上的事实与价值二分法,从本体论、认识论层面拓展了对危机传播管理诸多问题的思考。

天气。郑州最大小时雨量达到201.9毫米,郑州等19个气象站突破建站以来日雨量极值。暴雨使郑州地铁5号线发生12人遇难的内涝事故以及京广路隧道发生4人遇难的内涝事故。暴雨引发的洪涝和次生灾害造成河南省1 144.78万人受灾,因灾死亡63人,失踪5人,紧急避险转移37.6万人,连日暴雨让河南遭受了巨大损失。

一、舆情

河南地区遭遇极端暴雨在网络上引发了极大关注,7月20～21日两天出现多次舆情高峰,7月20日14时左右话题♯郑州的海来看我了♯登上微博热搜。7月20日晚,随着"郑州地铁5号线一车厢多人被困"事件的出现,舆论对河南暴雨的关注度达到峰值。随后,"K226次列车请求紧急救援""常庄水库泄洪,郑州中牟县通知做好撤离准备""郑州地铁全线停运"等灾害救援和灾情预警信息均有较高热度。根据主流媒体报道及微博平台数据得到的高频词显示,"河南""郑州""暴雨"是出现频率较高的词汇。此外,"救援""应急""防汛""物资"等关键词也是此次传播中出现的高频词。舆论关注点主要在暴雨现场情况、抢险救灾工作、捐款捐物信息和防汛预警信息等方面。

起初舆论对其呈调侃态度,随着暴雨来势凶猛,防汛部门发布等级调整通告,舆论对暴雨的关注点和态度随之变化,负面舆论也逐渐显露,其声音主要集中在城市排水系统、官方灾情预警和应急救援方面。媒体对此跟进报道,对灾难进行后续反思。澎湃新闻发布了《河南暴雨启示录:我们该如何应对超标暴雨》的播客,从灾难预防的角度思考如何应对超标暴雨;第一财经发表《郑州5年海绵城市建设失效了?专家:这个观点失之偏颇》,中国科学报发表《特大暴雨面前,别拿"海绵城市"说事儿》,回应人们对于郑州建设"海绵城市"的质疑;央视新闻发表了题为《灾后重建是不亚于抗灾的大考,必须高效、公正、公开、透明》的评论,提出"灾后重建工作必须做到高效、公正、公开、透明,才能让人信服"。

二、政府舆情管理

(一)告知信息,保障公众知情权

7月20日河南遭遇暴雨袭击后,河南省气象局于当日6时启动Ⅱ级应急响应,河南省防汛防台抗旱指挥部于18时将防汛应急响应级别由Ⅳ级提升为Ⅱ级,国家防汛抗旱总指挥部于20时启动防汛Ⅲ级应急响应,并紧急赶赴现场协助开展抗洪抢险工作。

7月21日凌晨,国家防汛抗旱总指挥部紧急召开专题会议,会商研判雨情汛情形势,进一步部署河南防汛救灾工作,于当日3时启动防汛Ⅱ级应急响应。

7月21日上午,河南省纪委监委印发《关于强化防汛救灾监督执纪工作的紧急通知》,严禁迟报、瞒报、漏报重要汛情灾情信息。

7月21日下午,河南省政府新闻办召开"河南省防汛应急"新闻发布会,发布河南省汛情救灾情况,并就公众关注问题回答记者提问。

截至7月29日,河南省人民政府共召开了八场防汛救灾新闻发布会,及时发布最新汛情和回应救灾情况。

整体来看,在河南暴雨灾害事件发生后,从中央到地方都做出快速部署,各地迅速组织抢险救灾,政府通过各级政务新媒体向公众发布最新信息、表达重视态度。在信息传播方面,政府没有刻意回避,通过新闻发布会及时公布受灾地区的救援和伤亡情况,保障公众的知情权,在声势浩大的网络舆情中获取了话语权和舆论主导权。同时《人民日报》官方微博牵头视频直播,通过实时镜头,让大家第一时间、第一视角了解郑州救援的最新进展,缓解了大家焦虑的心情,安抚公众的紧张情绪。澎湃新闻客户端第一时间开通"河南暴雨·寻找失联者"的求助信息通道,人民日报新媒体开通了"河南暴雨紧急求助通道",主流媒介与政府共同努力,力图排难解惑,稳定民心。

(二)及时辟谣,疏导公众情绪

自然灾害因为关系到自身安危,公众往往处于高度敏感状态。而谣言因危言耸听,极易点燃公众的焦虑情绪,在社交媒介形成病毒式传播,加速舆情发酵。比如郑州常庄水库爆破、决堤的谣言就在各个微信群被疯狂转发。

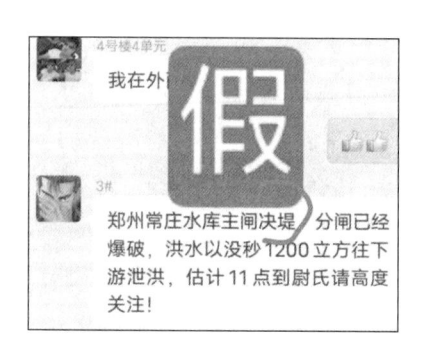

面对谣言,记者先后咨询了郑州市河道工程管理处和郑州市水利局相关人士,告知常庄水库并不存在爆破、决堤的问题。河南省公安厅当天运用官方微博、微信公众号等平台进行辟谣,称该信息经核实属不实信息。随后,政府还发动其他社交媒体以及舆论领袖进行转发,协助辟谣,缓解了公众的恐慌和不安,规避了可能因此给政府带来的公关危机。

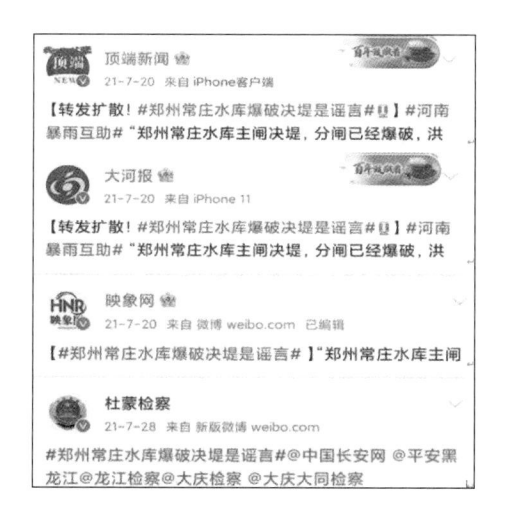

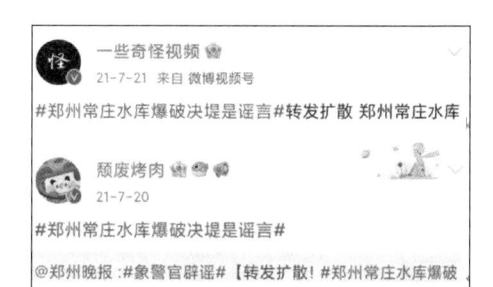

面对其他(如"郑州市政府宣布即刻进入特大自然灾难一级战备状态""暴雨后自来水严重不达标,暴雨会进入自来水管,不能喝""荥阳海洋馆被冲破,海洋馆鲨鱼逃出来")谣言时,政府不仅及时查证,用事实对谣言给予回应,还专门汇总"河南暴雨辟谣信息",将谣言传播形式、辟谣主体、网络热度以及核实结果,通过官方媒体和社交媒体共同辟谣,让大家明辨真假消息,及时遏制了谣言的扩散和传播,安抚了公众情绪。

网络谣言	谣言传播形式	辟谣主体	网络热度	备　注
郑州进入特大自然灾难一级战备状态	文字传播	郑州发布官方渠道	8768讨论,6399.8万阅读	经核实为不实消息。
常庄水库决堤	视频传播	水利部门	1.8万讨论,1124.4万阅读	正常泄洪,水库不存在爆破、决堤的问题
郑州被冲走女子去世	视频传播	自媒体渠道	106讨论,8.4万阅读	女子已在老乡们的帮助下获救!
郑州海洋馆的鲨鱼跑出来了	视频、图文	新闻工作者	458讨论,83.8万阅读	网传视频实际发生地点在国外,上传时间为去年,视频中翻腾的"座头鲸"是艺术合成。

(三)转移视线,传递人文关怀

在危机发生时,媒体的镜头亦对准了那些充满正能量、有温度、有担当的故事和人物,如高效救援的消防员、迅速出动的武警官兵、自发协助的平民百姓、社会各界捐款捐物等。

这些报道一方面可以转移公众视线,给予民众安全感和抚慰感,在紧张的舆论气氛中传递温暖的力量,动员社会力量共同抗灾;另一方面能唤起大众情感认同,引导社会舆论,体现人文关怀,树立政府高效率、有作为、敢担当的良好形象。

(四)忽视负面声音,未能充分回应

在此次河南暴雨应对过程中,政府工作存在预警工作落实不到位、被困人员救援不及时等问题,引发网民不满情绪。尤其是在郑州地铁被困事件中,有相当一部分网民指责郑州地铁方面存在重大失误,后期搜救过程中的消极态度再次引发舆论强烈不满,将愤怒情绪转移到政府身上,质疑政府有包庇之嫌。市民还提出城市建设"重面子、轻里子"的一些做法造成了此次灾害的加剧,对管理者的风险意识薄弱、城市预警与响应联动机制不健全等也提出了质疑,但管理者对这些质疑回应不够及时,也不够充分。

三、政府舆情管理经验分析

(一)倾听群众声音,建立危机公关和信息发布机制

沟通是政府进行危机管理很重要的一部分。管理者重视与社会公众进行信息交流,随时互动反馈,了解民意,则可以更好地集聚民智、发挥民力、赢得民心。危机沟通要重点关注危机信息发布、舆情监控引导、谣言控制疏导,并处理好政府、媒体、公众之间的关系。此次河南水灾中,政府能够第一时间采取相应措施,查证辟谣,防止谣言扩散,稳定民心,可圈可点。然而应对舆论危机不应只是偶然举措,应从公共利益出发建立一套危机公关和信息发布机制,及时诚恳地公开信息,获得公众的理解。

首先,政府可以通过官方微博、政府门户网站、电子广告、网络论坛等平台及时、准确、

快速、高效地发布权威信息，争取话语主动权。

其次，政府应积极建立网络舆情监测体系，把握好舆情走向，重视舆论领袖的作用，积极做好网络舆论的引导，避免谣言的传播。

最后，在危机事件发生的第一时间，政府部门要按照应急预警的设置组建危机管理团队，不同部门各司其职，并确定统一对外发布信息的发言人。

（二）重视公众情绪管理，强化舆情管理意识

公共危机因为具有高度不确定性，很容易滋生谣言，造成民众情绪恐慌。谣言在传播过程中会形成一个链条并裹挟着传递者的想象，链条越长，初始信息被扭曲的可能性就越大。这就要求管理者必须重视公众情绪管理，强化危机舆情管理意识，在不同阶段采取侧重点不同的行动策略。

首先，时刻关注公众情绪变化，一旦发现谣言就及时通过权威媒体抢占信息高地，将真相公之于众，减轻公众焦虑情绪，谨防次生舆情发生。

其次，对造谣者进行追责和处理。由于灾后各种信息汇集，民众的担忧极易助推网络谣言蔓延，政府应加大谣言监管力度，及时辟谣，并严肃处理相关责任人。针对某些自媒体恶意炒作、部分企业灾难营销、少数网络舆论领袖发言不当等要及时处理，并公之于众。

最后，正视负面声音，疏导公众情绪。随着救灾救援工作的结束，问责、追责成为舆论关注焦点，需防止人祸论调持续在社交平台上发酵，引发民众对政府的敌视情绪。可联合主流媒体对抢险救灾中的正能量人物、事迹进行跟踪报道，疏导民众情绪，加强舆论引导。

（三）做好灾后问责工作，重构话语秩序

危机中的管理固然重要，但如何在灾后进行后续问责和灾后恢复工作，对能否重构政府与民众共同体，重建信任亦非常重要。2022年1月，国务院常务会议听取了河南郑州"7·20"特大暴雨灾害调查情况的汇报，并审议通过了河南郑州"7·20"特大暴雨灾害调查报告。国务院调查组认定，河南郑州"7·20"特大暴雨灾害是一场因极端暴雨导致严重城市内涝、河流洪水、山洪滑坡等多灾并发，造成重大人员伤亡和财产损失的特别重大自然灾害；郑州市委市政府及有关区县（市）、部门和单位风险意识不强，对这场特大灾害认识准备不足、防范组织不力、应急处置不当，存在失职渎职行为，特别是发生了地铁、隧道等本不应该发生的伤亡事件。郑州市及有关区县（市）党委、政府主要负责人对此负有领导责任，其他有关负责人和相关部门、单位负责人负有领导责任或直接责任。政府相关部门对此次事件中的缺位失职情况进行了全面调查，及时公布了处理结果，做好了灾后问责、追责工作，有力回应了舆论关注，维护了政府公信力。

［思考］

在危机管理中，应如何看待谣言与负面声音？如何进行沟通、引导舆论？

思考题

1. 危机有哪些类型？如何进行预警？
2. 危机管理应遵循哪些基本原则？
3. 在危机发生时，组织可以如何运用新媒体与公众进行沟通？
4. 危机发生后，组织形象修复有哪些方式？

第九章

公共关系礼仪

礼仪是人们在长期的社会交往活动中形成的以相互尊重为基本内核的行为规范与准则,具体表现为礼貌、礼节、仪表和仪式等。礼仪不仅体现着时代的特色,而且反映着一个国家、一个民族的文明程度和精神面貌。

公共关系礼仪是公共关系人员在处理公众关系时所应具有的行为规范。公共关系礼仪既是公共关系人员所必要的修养,也是公共关系人员最基本的公共关系手段。

第一节 日常交往礼仪

公共关系人员每天都在与各种各样的公众打交道,良好的礼仪修养既代表了其个人的内在素质修养,也代表了一个组织的整体素质,可以说是组织的"形象代言人"。因此,公关人员应注意日常交往中的礼仪。

一、见面时的礼仪

(一)称呼礼仪

我国一贯通用的称呼是"同志",前面冠以姓氏或名字。近些年来,随着国际交往的日益频繁,称呼也变得更丰富多样了。一般情况下,对已婚女子称"夫人",对未婚女子称"小姐",在不了解对方婚姻情况下称对方为"女士"。对男子一般称"先生",有职衔者称职衔。在军队里一般在职务前冠以姓氏,如"陈政委""毛司令"等;在医生、律师、老师等职业前面冠以姓氏,如"宋医生""王律师""张老师"等。对长辈、初次见面或相交未深者,多用"您"

而不用"你",以示尊敬,而熟人见面常用"你",以示亲切。

在称呼礼仪中应注意以下几个方面:

第一,注意对方角色及场合的变化。比如一对儿时好友,其中一个当了部长,另一个去拜访他的时候毫无顾忌地称呼其小时候的浑名,必定让对方极为不悦。若在私下交谈场合也许还能稍显亲切,但在公众场合不注意对方角色的变化,一味想以昵称来拉近距离的话,只会造成双方的尴尬和不快,以致事与愿违。

第二,要注意性别差异。一般而言,女人最忌讳称呼自己"老",而男人则以拥有"老"的头衔而自得。称一个中年男子为"老刘",他多半会很高兴,但若称呼一中年女性为"老刘",她可能就会恼怒。

第三,不使用带贬义的称呼语。有一些称呼语通常带贬义,如"老太婆""老头儿"等。另外,用"卖票的""戴眼镜的"等"的"字结构作为称呼语也是极为不礼貌的。

第四,称呼要先后有序。在与很多人打招呼时,要注意先后有序,一般来说,要先长后幼,先上后下,先女后男。

第五,不要随便称呼别人的绰号,尤其不可称呼显示别人弱点或生理缺陷的绰号。

(二)介绍礼仪

介绍是交往中结识朋友不可缺少的环节。它包括自我介绍、为他人介绍和被他人介绍。

如果在社交场合希望认识某人,自我介绍是不可避免的。但介绍时一则要注意时机的选择,不要在别人交谈或进餐时打断他人,这是不礼貌的;二则要注意介绍的时间长度,一般来说不宜过长,半分钟之内完成是比较理想的。当然,时间虽短,必要的内容不能遗漏。在商务交往中,自我介绍的内容包括姓名、工作单位、职务等,然后辅以名片,一般言语比较严肃;在其他非正式场合,则可以运用一些幽默的手法来介绍自己的性格、爱好等,给人留下深刻的印象。自我介绍时,注意应面带微笑、声音明朗、吐字清晰,眼睛要注视对方,如果面对很多人时,目光则采取环视的方式,给对方留下诚恳而落落大方的印象。

在社交场合,你所认识的人,他们彼此若不认识,就有必要为他人做介绍。介绍的顺序遵循"长者优先""女士优先"的原则,即"受尊敬的一方有优先了解对方的权利"。比如将男士介绍给女士;将职位低的人介绍给职位高的人;将年纪轻的人介绍给年长者;将未婚者介绍给已婚者;等等。由于在实际活动中,被介绍人往往具有多重身份,要求公关人员进行灵活的把握。在为他人做介绍的时候可以把他人一些必要的相关信息加以说明,以使大家明白被介绍人的身份,但涉及个人隐私的信息切忌在公开场合宣扬。听介绍的人,最重要的是记住被介绍人的名字,迅速而熟练地记住别人的名字是赢得他人喜爱的一种技巧。

在他人为自己做介绍的时候,除年长者和女士外,被介绍人一般应起立示意,以示礼貌和尊重,在宴会桌、谈判桌上,一般不要起立,只点头微笑示意即可。如果遇到介绍人将你的信息陈述有误时,应微笑地加以澄清,不应粗暴地打断,致对方于尴尬境地。

(三)握手礼仪

握手是社交场合中,相互见面和离别时,以及在相互介绍时表示热情、礼貌和致意的常见礼节,也是一种国际通用的礼节。在公关沟通中,握手应把握好四个要素:姿势、顺序、力度和时间。

握手的姿势是两足立正,上身稍向前倾,离对方约一步,右臂自然平伸,四指并齐,拇指张开与对方相握,可稍微抖动几下,然后松开手,恢复原状。用左手握手或者同时与两个人握手是严重失礼的。握手时双目要凝视对方,微笑致意,注意不要左顾右盼,或者边吃东西边握手。握手时尽量避免给对方湿或冷的手。握手时要脱下手套,摘下帽子;女士装饰性手套和装饰性帽子可以不摘;戴军帽的军人或其他戴制服帽的工作人员,握手时可以不摘帽,但要先行敬礼后再握手。在我国,人们常常习惯右手握住对方的手以后,左手也加上去,用双手握手的方式来表达强烈的感情。目前,这种方式为越来越多的外国朋友熟悉、理解和运用,但不适宜于异性之间。

握手的顺序一般遵循"把先伸手的权利让给尊者长者"的原则,男性应等女性先伸手,然后立即回握;上下级之间、长幼之间则应由上级、长辈先伸手然后再回握;在主客之间,则一律由主人向客人先伸手,否则就是对客人的怠慢。

握手的力度视具体情境而定,亲密者久别重逢、球场上欢呼胜利等情况下,握手力度较大,一般的礼节性握手则不宜用力过猛。男子与女子握手不能握得太紧,以免给对方造成被侵犯的感觉。当然也不能过于松松垮垮,有轻视对方的感觉。

握手的时间长短因人而异。关系亲密的老朋友或关系亲近的人可以双手长时间握在一起,否则会使对方发窘,尤其切忌握住异性的手持久不放。而匆匆一握即松开,又会让人觉得遭到冷遇,所以握手时间一般应控制在3—4秒为宜。

(四)名片礼仪

名片递交也是自我介绍的一种方式。现代社会讲究效率,使用名片可以迅速而全面地了解对方信息,以便沟通。递交名片一般应由地位低的先把名片交给地位高的,年轻的先给年长的。递交时要起立,双手持名片左右端,上身呈十五度鞠躬状,郑重将名片文字正向方向递给对方,以便对方阅读,并可附带说声:"请多多关照!"或者"请多联系!"等话语。

而收取的一方也应该双手接收,同时道一声:"谢谢!"。然后认真地看一遍,最好是当面复述一下对方的名字和头衔,有看不懂的字或看不清的地方可以向对方请教,这是对对方的尊重。接到名片之后,应该将之放到自己的钱包或者名片夹中,绝不能不看一眼就随意把它塞到口袋。装名片的夹子,最好不要放在臀部口袋内,这是对别人的不尊重。一般来说,在接受了对方名片后,应回赠本人的名片,若手头上没有名片,应向对方表示歉意。

二、交谈中的礼仪

交谈主要包括面谈、电话交谈和函件交谈。

(一)面谈礼仪

面谈是各种交谈中最直接而能给对方留下最深刻印象的方式。因为面谈可以通过说话者的声音、语调、语气、表情,包括服饰以及体态语来全面了解对方的意图。

如何给对方留下良好的第一印象是十分重要的。首先,得体的服饰服装的款式、色调等是一个人文化修养的表现,也是人精神面貌的外在体现,是一种对对方的尊重。善于恰当运用服饰语言的人,往往可以在不动声色中赢得公众的好感。TPO原则是国际公认的着装原则。"T"(Time),是指交际活动的日期、季节、时代等时间因素;"P"(Place),是指交际活动的地点、场所等地点因素;"O"(Object),是指交际活动的事因、目的、交际者等情境因素。在公关沟通中,穿着打扮要根据以上这些因素构成的具体情境去选择确定。比如,穿着休闲装去参加金额巨大的商业谈判,不仅是对对方的不尊重,而且也会让对方产生不信任感。人们往往喜爱从服饰上去判断一个组织的管理水平、工作效率、员工效率、精神面貌等。因此,公关人员的一条领带、一枚胸花都是组织形象的一个组成细胞。但若与普通百姓去进行沟通,则无须穿得西装革履,以免拉大彼此的距离,造成对方的反感。英国戴安娜王妃生前对于服饰打扮的精当与精心使她不仅常常成为时尚的代言人,受到众人的追捧,而且她懂得根据不同环境变换合适的着装,给世人留下了高雅而亲切的形象。

服饰语包括服装的色彩、款式、质地、饰物和随身用品、面部化妆、发式造型等。套装是最为规范的职业女性装,颜色多为深色,如黑色、灰色、暗红色等,适宜于一些较为严肃的场合;如果去参加晚宴或晚会,则可穿西式晚礼服或中式旗袍。适合正式场合的饰物可以选择黄金、铂金和珍珠质地的,最好以少而精致为准则,手提包、手套、眼镜、围巾等配饰要和服装相配,尽量风格一致。化妆是女性在出席正式场合时自尊、自爱和尊重他人的表示。在商务谈判或交流中,妆容以淡雅为宜,但在晚宴或晚会上则可以把妆化得浓一些。女士在公众场合化妆和补妆都是失礼的举动,应该去化妆室进行。女士可使用香水,但味道不宜过于浓烈。在发型方面如果不是处于特殊需要,尽量不要选取过于夸张的样式和颜色。

男性公关人员在一般性会见、访问等场合可以穿成套西装,颜色以深色为宜,衣料的质地很重要,穿在身上要合体。西装的外部衣袋和裤子背后的口袋都不应该放东西,皮夹、笔记本、钢笔、名片等可放在外套内侧的口袋或者放在随身携带的公文包里。西装里面的衬衫一般可选择与西装有些对比的颜色,衬衫的衣袖比西装衣袖长 1—1.5 厘米为宜。领带是男装最重要的配饰,不仅要求质地好,而且颜色与风格应与外套统一,并与环境相适应。打完结的领带长度以到裤腰为准。另外,皮鞋的搭配也是很重要的,在正式的场合尽量选择非休闲的皮鞋,颜色也应与西装协调。男士的修饰一般很简单,整洁干净就可以了。比如胡子要刮干净、头发不要油腻、指甲要修剪干净等。其实,人的魅力除了得体的着装和配饰外,更主要的来自个人的谈吐、举止和品性。

举止是公关人员风度的重要组成部分。它包括站姿、坐姿、走姿、面部表情等。站姿的基本要求是头端正、肩平、挺胸、收腹,在正式的场合双膝应该挺直并有意识地靠拢。走姿的基本要求是背脊和腹部伸展放松,脚跟首先着地,行走时移动的支点应该是腰部而不是胸部。女士一般穿着高跟鞋,步幅以 30 厘米左右为宜,男士的步幅则应为 40—50 厘米。坐姿的基本要求是腰背挺直,手臂自然放松,双腿并拢。落座时,女士一般可以采取双腿并拢垂直式、双腿斜放式、双腿上下叠放式、双腿交叉式等。男士通常是双腿垂直,脚跟、双膝和双腿保持适当距离。要注意在与人谈话时,不要收缩双肩、陷塌腰部,不可抖动双腿。

微笑是公关沟通中最为重要的表情语,友好而真诚的微笑,可以缩短人与人之间的心理距离。在面谈中保持自然的微笑可以让对方感觉到自己的善意和诚意,但也要注意适时和适度。如果对方讲到悲伤之处就不宜微笑,而对方讲到某一好笑的事情也不应该肆无忌惮地大笑,除非是在非正式场合与亲密的朋友在一起。

在会谈中,倾听也是非常重要的,它不仅包括留心听对方的谈话,也包括留心听自己的话语。公关人员应该懂得倾听的技巧,首先,要注意将眼光注视着对方的眼睛,表示出对对方所谈论的内容的兴趣,如果对方所谈的问题与自己的想法产生共鸣或值得肯定时,应不时地表示赞同;如果有不同意见也不应随意打断对方的谈话,而是应该先保持沉默听其讲完,然后再礼貌地表示自己不同的意见,与对方交流自己的看法。在面谈中要注意克服一些自身的不良动作,比如无意识地挤眼睛、舔嘴唇、吐舌头、翻白眼、吸鼻子等,会使对方对你的印象大打折扣。

(二)电话礼仪

电话是现代社会日常生活中不可缺少的通信联系工具。公关人员通过电话进行信息交流已是日常工作中的一项重要内容。打电话应注意几点:

第一,时间要讲究。什么时候打电话,打多长时间,都要讲究。一般来说,就餐或就寝时间打电话都是失礼的。要尽量避免把公务电话打到家里去,同样,私人电话也尽量不要打到单位去。因为打电话是占用他人时间的一种行为,所以要尽量选择别人方便接电话的时候,并且打电话应尽可能言简意赅,如果需要比较长时间才能说清楚的问题,则可以在对方同意的情况下进行预约面谈。

第二,迅速进入实质性谈话。公务电话不适宜进行寒暄,最好直接进入实质性谈话,比如要找什么单位什么对象,在对方接电话时就可以礼貌地询问,而接电话者也应该主动迅速给予对方实质性回答。打电话时应注意留意关键信息,并迅速地将对方所讲的重要信息,比如日期、地点等信息,记下来并与对方核对。在通话时应不时发出"好""是的""对"之类的应答声,以表示自己正在认真听。有客人在的时候,应先征得客人的同意再去接电话,但应注意不应抛下客人而与通话者窃窃私语半天。

第三,面带微笑,语言亲切。打电话时应面带微笑,虽然对方看不到你的表情,但研究表明,面带微笑时所带的语气和语调往往是热情、亲切的,而表情淡漠的接听者其语气也是冷淡的。在电话中,声音的掌控相对面谈更显得重要,既不要有气无力,让对方感觉你心不在焉,也不要震耳欲聋,让对方听了害怕。在讲话的时候,不要一边看报纸或一边吃东西与对方交谈,如果有事情的话可以请对方稍等,但不宜时间过长,以免怠慢对方。

第四,结束通话或打错电话时应不忘礼貌。通话结束时,要互致"再见"。若是与长辈、上级或贵宾打电话,一般应等对方先放下听筒,自己再放下听筒。如果拨错了电话,一言不发把电话挂了是很不礼貌的行为,应该有礼貌地说声"对不起",然后轻轻挂断电话。

(三)信函礼仪

日常生活中,除了面对面的交谈之外,还有书面性的交际往来,因而公关书面语礼仪的措辞艺术以及如何与对方进行友好交流的信函,也是不可忽视的。信函包括一般书信和公务信函两大类,前者指私人信函,后者即为组织与个人、组织与组织之间进行协调沟通、处理事务的信件,如函件、公文、简报、新闻稿、请柬等。限于篇幅,我们在这里不便一一列举,只简单讲述一下最常用的请柬与新闻稿应注意的要素。

1. 请柬

公关请柬是为邀请相关组织或个人光临某项重大活动时送出的书面通知,是公关活动中一种非常庄重而精炼的文书,某些社交活动也可用请柬。但是一般的聚会或会议,或活动性质很严肃、郑重,但参加人员不是作为客人参加的,则无须用请柬。一般的书信是由于双方相距两地不便直接交谈或不宜直接交谈而被采用的交往方式。请柬不同,即使被邀请者近在咫尺,如果需要,也应送请柬,这主要是表示对被邀请者的尊重,也表明邀请者对此项活动的重视。请柬往往要呈送给政府官员、组织领导或知名专家学者,因此它在措辞与格式上都有一定的讲究。

请柬由封面和内页两部分组成。封面要写明"请柬"两字,可采用图案装饰、烫金等方式,以示重视。内页主要包括以下内容:第一是称谓。抬头顶格写被邀请者(个人或单位)名称,并接着写其职务或适当的称呼(如先生、女士等)。第二是正文。在称呼的下行写正文,写明活动的名称、内容、时间、地点,宴会请柬则写明宴请形式。有的请柬还需写明同时邀请了哪些人出席,以便被邀请者酌定是否应邀入席。正文结尾一般写"请届时光临"或"敬请大驾光临""恭候光临"以示期望被邀者应邀出席。第三是结语。在正文写完之后应另起一行写结语:"此致""敬礼"或"顺致崇高敬意"等,以表示礼貌。第四是落款。落款处署名并写明发出邀请的日期。请柬的措辞应做到文雅、热情、恭敬,告之事项明确具体。

请 柬

尊敬的孙校长:

2022届毕业班全体同学定于6月5日下午在阶梯教室举行演讲比赛,题目是:做跨世纪的人才。特邀请您出席指导。敬请届时光临!

　　此致

敬礼!

2021级毕业班演讲比赛联合筹备组
2022年6月1日

2. 新闻稿

在公关活动中,新闻稿的撰写是一项经常性的基本工作,新闻稿写作的优劣直接影响着组织能否通过新闻媒体来获得有利于自己的宣传。如何使那些为组织进行正面宣传的新闻稿或宣传材料得以顺利在媒体上发表,美国学者弗雷泽·P. 西泰尔(Fraser P. Seitel)在其《公共关系实务》中给公关人员提供了一些有益的启发:

第一,备好并送上文字稿,不要在电话中"口授"机宜。新闻记者们常常为截稿期限而困扰。越靠近截稿时间,他们就越忙,通常傍晚是为隔天的早报而忙,而早上则是为晚报而忙。由此看来,组织最好是用邮寄或派专人送达的方式,将新闻稿送过去,而不要在电话里唠叨个没完。另外,组织一般没有必要再打电话过去"确认对方是否已经拿到了新闻稿",因为如果新闻记者有什么不明白的地方,他们自己会打电话过来询问的。

第二,将新闻稿直接送给指定编辑。报社内部分为不同新闻类型的部门,将新闻稿直接送给指定编辑,也许有较大的刊登机会。小型报社里,一个人可能要负责处理所有的财经新闻;而在大型报社里,光是财经新闻部门可能就有好几位分别负责银行、化工、石油、电子及其他不同行业的编辑。公关人员应该弄清楚是谁负责自己所在产业的新闻报道,以便进一步锁定目标,将新闻稿直接送交到指定人士手中。

第三,了解记者喜欢的联系方式。这些联系方式包括电子邮件、一般信件、传真和留言等。记者在此时就成了你的"客户",你应该尽量按照他们喜欢的获取新闻事实的方式,将新闻稿发送过去。

第四,切莫纠缠不休。报社对于他们所报道的新闻有完全的自主权,他们不希望报纸的内容受到他人的约束。即使是报社的大型广告客户,往往也不会得到报社的吹捧性宣传。如果为了一个特定的新闻事件而对新闻编辑纠缠不放,或是过分抱怨编辑没有对此事给予应有的关注,都是极其错误的做法。

第五,谨慎授予独家报道权。新闻记者喜欢推出"独家新闻"或"特别追踪报道"等为自己赢得声誉。因此,公关人员可能承诺将独家报道权赋予某家报纸,这一承诺意味着给予了该报刊或新闻机构一个抢先报道新闻的机会。尽管这种独家报道的承诺有利于新闻刊发的机会,但也同时带来了疏远其他报刊的风险。所以,独家报道权应该慎用。

第六,培养良好的关系。公关人员在与新闻记者的交往中,应亲自打电话与记者、编辑联系。如果通过秘书来处理与新闻记者的关系,可能导致原本不错的关系日渐疏远。与新闻记者相识越深,他就越会理解和关照你所属的组织。要注意,新闻稿最基本的原则就是真实,一旦公关人员提供的新闻稿有虚假成分,造成舆论谴责,就很难再得到媒体的支持。

组织在对其产品进行说明和宣传时,往往首选新闻稿。因为在所有的公关文稿中,没有什么其他手段比新闻稿更好、更清晰、更有说服力的了。因此,如何写好新闻稿是公关人员必须掌握的基本技能。

首先,新闻稿应具有客观性。真实是新闻的灵魂,任何夸大其词的写法都是不允许的,即使它可能欺骗公众一时,却可能因为一朝败露而臭名昭著。所以,新闻稿应让事实本身说话,始终保持客观叙述的态度,让读者根据自己的看法来对事实做出判断。

其次,新闻稿必须具有新闻价值。新闻媒体不会随意发表组织提供的任何信息,只有认为有新闻价值的文章,才有可能被采用。如果新闻稿不具备独特性和冲击力等新闻亮点,就会被编辑置之不理。

再次,新闻稿的格式与语言都应该规范。如果一篇新闻稿具有新闻价值并可能会吸引编辑的兴趣,就一定要采用清晰明了的风格精心撰写。首先在导语中直截了当地说出事实,回答5个W,即When(何时)、Where(何地)、Who(何人)、What(何事)、Why(什么原因);然后在主体中按事实的重要性递减顺序进行详细阐述,这也是我们常说的新闻稿中"倒金字塔"的方式,即把最重要的事实放在最前面;最后再将次要的和无关紧要的事实材料一一置后展开,犹如重心在上的"倒金字塔"。这种方式一则符合读者阅读心理,能将读者最想知道的事实先告诉他;二则便于编辑在组版时,若版面不够,可自下而上删除无损消息大意的事实。新闻稿的语言运用也应当具体、明快和简洁,尽量少用或不用形容词和副词,提供准确的事实材料,少用长句,做到通俗易懂,只要事实表达明白无误,就应把多余的词语删掉。

第二节 涉外交往礼仪

随着改革开放和经济的迅猛发展,我国众多组织已经走出国门,参与到全球经济的运行之中。如何在国际舞台上塑造与维护良好的组织形象,是我国发展国际公关的一项重要任务。

一、涉外接待中的礼仪

(一)礼宾次序

礼宾次序是指国际交往中对出席活动的国家、团体、各国人士的位次按某些惯例进行排列的先后次序。礼宾次序安排不当或不符合国际惯例,会引起不必要的误会,甚至影响国家关系。确定礼宾次序的依据通常有三个方面:

1. 按照外宾的身份与职务的高低顺序排列

在国际交往中,根据职务,按国家元首、副元首、政府总理、副总理、部长、副部长等顺序排列。各国提供的正式名单或正式通知是确定职务的依据。

2. 按字母顺序排列

在国际性会议、多边谈判、国际体育比赛等多边活动中,可按参加国国名字母顺序排列礼宾次序,通常情况按英文字母排列。在国际性会议中,公布参加会议者名单、悬挂各国国旗以及官员座位安排均按各国国名的英文名字的头一个字母的顺序排列。

3. 按通知代表团组成日期的先后顺序排列

在一些国家举行的多边活动中,东道主对同等身份的外国代表团可按派遣国通知代表团组成的日期排列,或按代表团抵达活动地点的时间先后排列,或按派遣国决定应邀派遣代表团参加该活动的答复时间先后排列。

(二)迎送外宾的礼仪

对前来访问、洽谈业务、参加会议的外国客人,应了解他们的身份和地位,安排与客人身份、职务相当的人员前去迎接。若由于某些原因,相应身份的人不便前去迎接,应从礼貌出发,向来访者做出解释,由其副职出面负责迎送。应该注意的是,迎送队伍中应配备懂对方语言的翻译,以利于双方的交流。

对外国来访者,应设法了解对方所乘车次或航班次,安排与客人职务相当的人员前往客人抵达地点,等候客人的到来。应注意切记不要弄错客人到达的时间和地点,也不要迟到,否则将给双方的会面带来不可弥补的不愉快,影响双方关系的顺利发展。

客人抵达之后,应热情地迎上去,行见面礼并相互介绍。见面礼以握手最为常见,拥抱、吻面也有。可以根据来宾所属国家、民族的习惯进行致意。拥抱礼多行于官方或民间的迎送宾朋或祝贺或感谢等场合。一般两人对立,右臂偏上,右手扶对方左后肩;左臂偏下,扶对方右后腰,双方先向左相互拥抱,然后反向向右拥抱,再次向左拥抱后,礼毕。另外,迎接时可安排献花,必须用美丽、鲜艳的鲜花。献花可在双方握手之后由少年儿童或女性进行献花。

迎送车辆应该事先准备好,主要迎送人员应陪同乘车把客人送往预定好的宾馆或饭店。在陪同乘车时,应请客人坐右侧位置。因为公务接待有专职司机驾车,这时副驾驶的后座就是最"礼貌"的座位,既安全,又方便,到达酒店时,后排右座门正好对着大厅正门,服务生过来开门,只开右座车门。另外,公务接待时,副驾驶席被称为"随员座",一般是翻译、秘书的位置,让客人坐在这里非常不礼貌。最"礼貌"座位依次排序:最尊贵的座位是后排右座;其次后排左座;后排中座;副驾驶座位最末。到达宾馆,迎送人员应为客人办理好手续,引领客人进入房间,向客人介绍住处的服务、设施,并将活动计划和日程安排交给客人,把准备好的地图或旅游等介绍材料交给外国客人,以方便客人作安排。考虑客人旅途劳累,接待人员应在安置好客人之后,尽快离开。

送别外宾与迎接外宾的规格相同,送行人员应前往宾客住宿处,用车送外宾至机场(车站、码头),行完握手或拥抱礼之后,可说:"祝一路顺风""欢迎有机会再来做客"等。目送飞机起飞(列车开动,轮船离开码头)再离开。

(三)悬挂国旗的礼仪

国旗是一个主权国家的标志和象征,在一个主权国家领土上,一般不得随意悬挂他国国旗。在国际交往中,形成了悬挂国旗的一些惯例,为各国所公认。

一般在室外悬挂国旗,应日出升旗,日落降旗。升旗时,在国歌的奏鸣中,参与升旗的人应该服装整齐,并立正脱帽,对国旗行注目礼。国旗不能倒挂。需降半旗致哀时,应先将国旗升至杆顶,再下降至离杆顶相当于杆长的1/3处,有的国家是在国旗上挂黑纱以示致哀。

一个国家的元首、政府首脑在他国领土上访问,在其住所及交通工具上悬挂本国国旗是一种外交特权。而作为东道主国,在接待来访的外国元首、政府首脑时,在贵宾下榻的宾馆、乘坐的汽车上悬挂对方的国旗是一种礼遇。同时悬挂双方国旗时,以右为上,左为下;客在右,主在左。在汽车上挂国旗,以驾驶员为准分左右。

二、国际宴会及舞会礼仪

(一)宴会

在接到宴会邀请后,被邀者应尽早回复,遇到特殊原因不能出席时,应向主人表示歉意。出席宴会时若迟到会被视为是轻视他人的不礼貌行为,一般提前 5 分钟到达宴会地点比较适宜。

注意席间的礼节是十分重要的。首先是餐具的使用。中餐的餐具主要是碗筷,西餐则是刀、叉、盘子。刀叉的使用是左手持叉,右手持刀。进餐时的刀叉使用次序是从自己前面最外侧开始用。每道菜吃完后,将刀叉并拢平排放盘内,刀锋向内,叉齿向下放在刀的左侧。如未吃完,或还需要添食物,可将刀叉放在碟子上,摆成叉状或八字状,侍者就会为你添食物。其次是取餐和进餐。上菜时,应从盘中每样都取一点,第一次不要取得太多,避免将你的食盘堆得高高的。若主人为你夹你不喜欢的菜肴,不宜拒绝,应致谢意,放在旁边的碟子里即可。进餐时,要闭嘴咀嚼,不要舔嘴唇或发出声音。喝汤不要啜,如果汤很烫,应等冷了再喝。不要让杯盘碰撞发出声音。吃完鱼的上面,不可把鱼翻过来,而是先把鱼刺剔掉,再吃下面的一半。吃鸡、龙虾时,经主人示意,可以用手撕开吃。切带骨头或硬壳的肉食,叉子一定要把肉叉牢,刀紧贴叉边下切。吃剩的骨头或渣滓应放在碟子里,不可随便乱放,也不可扔在餐桌下。吃完一道菜后,如果不想再吃,将刀叉并排放在盘内,以示吃完。再次是祝酒。请客人喝酒,应先和主要客人碰杯,然后向其他人举杯示意,不用一一碰杯。碰杯时不能交叉碰杯,而应逐一碰杯。别人为你敬酒时,不要轻易拒绝。但要注意不要喝酒过量,应控制在本人酒量的 1/3 以内,以免失态。

(二)舞会

舞会是一种常见的涉外礼仪活动,也是公关人员与外宾建立友好关系的好机会。

参加舞会者首先要注意自己的仪表与服饰。男士可穿西服、衬衣,头发要梳理整齐。女士可穿晚礼服,还可擦一些香水,注意不要在舞会前吃葱、蒜等刺激性气味的食品。

舞会上要注意语言的文明,男士若邀请女士跳舞,可以礼貌地说:"可以请您跳一支舞吗?"在征得对方同意后,便可一起步入舞池。女士无故拒绝男士的邀请是不礼貌的,而如果实在不愿意与某人共舞或其他原因不想接受邀请的话,可说:"对不起,我累了,想休息一下。"邀请者在这种情况下不宜再继续纠缠,而被邀请的女士则千万不要刚拒绝一位男士的邀请,又马上与另一位男士跳舞,这是极不礼貌的。

跳舞时要注意挺胸收腹,身体正直。男士的左手握着女士的右手,不要握得太紧,轻松自如就可以了。男士的右手搁在女士的腰部,手法要轻,女士的左手则轻轻搭在男士的右肩上,头部微微上仰,身体偏向男士右方,视线从男士的右肩上穿过正视前方,不要左顾右盼,也不要把重心依附在对方身上。

一曲完毕后,男士要向女士致谢,并陪送回原处,然后双方互道"谢谢"。

三、国际馈赠礼仪

礼尚往来是中华民族的传统美德。由于各国文化的差异,加上社会、宗教的影响,馈赠不同物品在各个国家有着不同的意义。送礼得当能加深彼此间感情,否则将适得其反,因此,送礼应当慎重。

首先,要考虑对方的习俗。如日本人不喜欢饰有狐狸图案的礼品,因为在日本,狐狸是贪婪的象征。日本人注重礼品的包装,认为其与礼品同样重要,礼物还可以多次转送。在阿拉伯国家,已明令禁酒,所以酒类不能充作礼品,而在欧美国家,一瓶葡萄酒就是很好的礼物;法国人讨厌别人送菊花,因为在法国,只有葬礼上才用菊花;在英国,受礼人不欣赏有送礼人公司标记的礼品。我们在赠送礼品时,要重视这些差异。一般来说,在选择礼品时,可以挑选一些物美价廉,具有一定纪念意义、民族特色或具有艺术价值的小艺术品、小纪念品、食品、花束、书籍、画册等。

其次,礼品价值不宜过重。古语说:"礼轻情意重。"实际上,国外许多国家也坚持这个原则。如在欧美国家,礼物过重会被认为是贿赂,对此除了贪心者,一般人是不会接受的。送礼时,不要说"礼不好,请笑纳"等客套话,否则会产生贬低对方的感觉。西方人接受礼品时,喜欢当面打开,原封不动地放在一旁会让人认为你对他的礼品毫无兴趣。拒绝接受礼品一般是不允许的,除非有特殊原因,态度应委婉而坚决。当面给一群人中的一个送礼是很不礼貌的。

再次,是送礼的场合和方式,这一点各国也有差异。对英国人最好是在请人用完晚餐或看完戏之后进行,对法国人则在下次重逢之时为宜。不过有一点各国是一致的,即在初次见面就以礼相赠有失妥当,甚至可能被认为是贿赂。对于阿拉伯人就是如此,在阿拉伯国家不要直接向妇女赠送礼品,一定要通过她们的丈夫或父亲。

最后,是送礼的禁忌。在图案方面,英国人不喜欢山羊图案,山羊被认为是不正经男人的象征;瑞士人忌讳猫头鹰图案,认为那是死人的象征;蝙蝠在美国被认为是凶神的象征;仙鹤在法国是蠢汉和淫妇的代称;黑猫在匈牙利人眼里也是不祥之物。在礼品上,最好不要使用对方所忌讳的图案。在数字方面,13这个数字在欧美国家是给人带来凶兆的数字,因此,送对方礼品千万不要与13有关。9被日本人忌讳,在赠礼时,若你赠送数字为9的礼物,会让对方以为你把他看成强盗。在颜色方面,埃及人忌黄色,认为是不幸之色;比利时人忌蓝色,认为不吉利;而日本人则忌绿色,认为绿色象征不祥。因此,在礼品的包装上应注意尽量不要触犯对方的禁忌。对法国人和德国人来说,红玫瑰是情人间的礼仪,不能作为礼品。加拿大人认为百合花是死亡之花,送礼不送百合花。不要给日本人送荷花,送玻璃、陶瓷等易碎物品。

各国、各民族和地区由于具有不同的文化背景、礼仪传统和行为习惯,在礼俗方面存在很大的差异,公关人员应多了解各国风俗习惯,尊重当地的民情、风俗,这不仅有利于自己扩大社交面、拓宽视野,而且有助于与国际公众建立良好的关系,树立组织的国际形象,增强组织的国际公关效应。

思考题

1. 公关人员为什么要注重礼仪?
2. 在握手礼仪中应该注意些什么?
3. 什么叫"倒金字塔"式?新闻稿的写作中为什么要采用"倒金字塔"式的方法?
4. 在与外宾进行交往中,应注意哪些方面的礼仪?

第十章

公共关系机构与人员

随着社会的发展,公共关系职业化特点日益显著。现代社会需要有专门从事公共关系工作的机构,并相应提出了对公共关系人员素质的要求。本章主要介绍公关部、公关公司、公关社团三种机构的工作模式及特点,公关人员应具备的素质以及公关人员的培养与考核等。

第一节 公共关系机构的设置

根据公共关系实践的历史和我国的现状,可将公共关系机构分为三类,即公共关系部、公共关系公司和公共关系社团。

一、公共关系部

公共关系部是组织内部为开展公关工作而设立的专门职能部门。由于组织的规模大小不同、组织目标和条件不同,组织内的公关机构有单独设置的,有合署办公的,有的称为公共关系办公室、公关科,有的称为公共信息部、公共事务部、公关广告部或社区关系部等。公共关系部的目标、人员的组成、活动的内容和方式都要受到组织的领导和制约。

(一)公共关系部的工作与地位

社会组织内的公共关系机构主要从事对内关系、对外关系和专业制作三方面的工作。

对内关系主要包括协调领导与员工关系、部门与部门关系、股东关系,以及本部门与组织内其他部门之间的关系。处理这些关系主要运用员工调查、年度报告、双向沟通等各种方法手段,增强员工与股东的归属感、自豪感,调动内部工作人员的积极性,团结进取。

对外关系主要包括处理与顾客、社区、政府、新闻媒介等单位和部门的关系,以巩固和改善组织与外界各方面的关系,为组织树立良好的对外形象。

专业制作指公关工作需要掌握的专门的技术方法,如新闻发布、广告制作、组织专题活动、礼宾接待、编辑出版等技术。

富兰克林·杰弗金斯的《实用公共关系学》一书共列举公共关系机构的工作26项,这26个项目正好可用从A到Z26个英文字母来标数,故它们被称为"公共关系的A到Z",可以给我们一些启发:

A. 写作并向报刊发布新闻、照片和特写,发布前编好报刊的名单;

B. 组织记者招待会,接待参加访问;

C. 为媒介提供信息;

D. 为管理部门安排接见报刊、广播和电视记者的访问;

E. 为摄影师做情况介绍,保存照片资料;

F. 编辑出版供员工阅读的杂志或报纸,组织其他形式的内部通信、诸如录像带、幻灯片、墙报等;

G. 编辑、出版以经销商、用户、顾客为对象的对外刊物;

H. 编写并提供各种资料,诸如培训资料、企业的历史、年度报告、新员工须知,以及供学校用的教育招贴等;

I. 制作视听工具,诸如纪录片、同步幻灯片、录像带,包括分发、编目、放映以及维护工作;

J. 组织有关公共关系的展览会、陈列品包括提供交通工具;

K. 制造并维护企业识别标志,诸如商标、配色图案、专用印刷品的风格以及车辆的标志等;

L. 主办有关公共关系的活动;

M. 组织参观工厂等活动,并提供各种方便;

N. 参加董事会和生产、市场营销和其他主要负责人的会议;

O. 出席销售和经销商品的会议;

P. 代表企业出席行业性的会议;

Q. 负责同公共关系顾问联系;

R. 训练公共关系员工;

S. 进行意见调查或其他调研活动;

T. 监督广告——和广告专业单位联系(如果广告工作也由公关部门管理);

U. 和政治家和公职人员联系;

Ⅴ. 在新厂房或办公楼落成举行开幕前,接待来宾和新闻界;

Ⅵ. 安排官员和国外人士的来访、参观;

Ⅹ. 举办纪念活动,如百年纪念或获奖纪念等;

Ⅹ. 从剪报、广播、电视或其外界的报告中获得反馈,进行组织整理;

Ⅻ. 分析反馈,评估预定目标的实现结果。

从上述公共关系的细致工作中,我们可以看出公共关系部在组织内是占有举足轻重的地位的。

首先,公共关系部是组织的"耳目"。公共关系部通过了解内部公众对组织的意见和建议,了解社会政治、经济、文化的现状以及变化,并预测其未来趋势,了解外部公众对本组织方针、政策、行为的反映,采集各种有利于组织生存和发展的信息,建立广泛的社会联系和通畅的信息网络系统,发挥着组织"耳目"的作用。

其次,公共关系部是组织的"智囊团"。公共关系部虽然不是最后的决策部门,但可以在采集、整理、分析信息的基础上,提供可供选择的决策方案,预测组织行为将产生的社会影响,协助决策者分析和权衡各种方案的利弊得失,督促和提醒决策者及时修正会导致不良结果的政策与行动。因此,它不是一般的管理部门,而是组织的"智囊团",为更好地维护组织信誉和形象提供更科学、更创新的决策意见。

最后,公共关系部是组织的"外交使者"。公共关系部门是组织的宣传、外交部。一个组织要获得公众的了解、理解和信任,取得公众的支持与合作,需要不断地向公众宣传组织的政策,解释组织的行为。而组织与外界交往密切,对外联络和应酬交际就不可避免。如何处理好与外界关系,是公关部门的又一重大工作。同时,由于各种原因,组织与外界也不可避免地发生摩擦,公共关系部门作为组织的对外机构就应该担负起协调各种关系,缓解各种矛盾和摩擦的润滑任务。

一般认为,公共关系部是组织内重要而又独特的部门,介于决策层和各个职能部门之间,介于各管理、执行部门与基层人员之间,扮演着一种"边缘"和"中介"的角色。公共关系部在组织内的地位取决于组织的自身状况和公众的特点,以及组织的上层领导对待公共关系的认识与态度。

但我国多数组织没有专门的公关部门,大量的公关工作由其他部门分而管之,造成各职能部门各自为政,使有的事务重复进行,而有的却无法安排落实;有的组织其公关工作的开展只限于低层次的接待和宣传工作,没有介入决策和管理。这些都是我国公共关系工作需要改进的地方。

(二)公共关系部的宏观模式

公共关系机构总是有一定的设置模式,为叙述方便,可以把公共关系机构在组织内的

地位称为公共关系机构设置的宏观模式,公共关系机构的内部结构称为公共关系机构设置的微观模式。宏观模式一般分为几种类型:

1. 直属型

公共关系机构的负责人由组织的最高决策人担任或兼任,公关部门的领导人直接参与决策,可以从宏观的高度去把握信息与事务。这种模式充分显示了公共关系机构在组织中的重要地位,但领导者亲自负责公共关系实务活动,容易分散精力,故除非小型企业或者十分必要的条件下,一般企业不采用这种模式。

2. 并列型

公共关系机构的负责人与其他职能部门的负责人地位平等,享有相当的权力,在对外关系中亦可充当最高决策人的全权代表。并列型是我国企业比较普遍应用的一种模式。

3. 附属型

把公共关系机构附属于组织中的某个职能部门,这种设置模式往往使公关工作偏重于某种职能,而不能全面发挥公共关系作用。附属型模式在非营利组织中应用普遍。

不管哪种类型的设置,公关部门都需要与其他各部门分工合作,处理好与各部门的关系,才能充分实施公关计划,共同努力实现组织目标。比如公关部门需要发展良好的员工关系,就需要取得工会、人事部门的支持;向公众宣传组织的形象,推销产品及服务,就离不开广告、宣传部门的配合;而要实现公关计划,需要一定的费用,在编制预算时,既要征求财务部门的意见,又要与财务部门通力合作,求得他们对公关工作的理解和支持。总之,公关部门与组织内部其他职能部门之间应该相互促进、相互协作。

(三)公共关系部的微观模式

公共关系部的微观模式是指公共关系部的内部设置情况。根据社会组织的规模大小,一般可以分为大、中、小三种不同模式。

1. 大型社会组织的公共关系机构

大型社会组织一般是指那些拥有几家中大型社会组织的联合体。这种社会组织的公共关系机构设置一般比较复杂,一般可分为四个层次:公共关系机构负责人、主要的关系部门和职能部门、各业务科和各作业股。其总负责人一般由专门的公共关系副总经理或副董事担任,然后再由几个负责人分管公共关系不同方面的工作。

2. 中型社会组织的公共关系机构

中型社会组织工作的分工不如大型社会组织具体、细致,有的部门合在一起了,一般有2~3个层次:公共关系机构负责人、各职能部门和各业务科。

3. 小型社会组织的公共关系机构

小型社会组织的公共关系机构比较简单,一般分为两个层次:公共关系机构负责人和具体办事人员。

具体的社会组织会根据各自不同的需要进行自己内部公关部门的设置,但无论哪一种设置,公关部门都需要完成对外关系、对内关系和专业制作至少三方面的工作。

(四)公共关系部的设置原则

作为组织的一般机构,设置公共关系部必须根据社会环境和组织自身的需要统筹考虑,不仅需要遵循组织内一般组织机构的专业性、精简性、有效性、整体协调性等原则,还应注意遵循下面几条原则:

1. 正规性

无论是从机构的职能上还是公关人员的工作素质上,都要保证它的正规性。公共关系部是专门开展公共关系工作的组织机构,它的每一项工作都涉及组织的声誉和影响,因此,在组织上和工作内容上都要保证其正规性。公共关系机构必须集中力量去做与实现组织公共关系目标有关的事情,而不能成为其他职能部门的附庸机构。如果把与公关工作无关的事务性工作交给公关部门,不仅会削弱公关部门的专门性,而且会分散其精力,影响其正常工作;另一方面,要求公共关系专职人员职能化、专职化,具有较强的公关意识和公关素质,具有较强的道德修养,受过相当的训练。如果只一味看人员外表而将不具备公关素质的人员安排在公关部,不仅会造成公关部门的无能,甚至会败坏公关工作的名声。

2. 针对性

要根据不同组织的自身特性和面对的不同公众及工作任务的客观性来设置。不能按照某一模式生搬硬套,这样才能使机构富有特色,更加有效和实用。比如:大型营利性企业要考虑各类顾客、用户,公共关系工作量大,可在公共关系部内再设置各种下设机构,分工可细致一些;一些小型企业和非营利组织,公关任务不大,就不一定要配备专职摄影师和美工人员。

3. 服务性

公共关系部纵然在组织中占有重要的位置,但它毕竟不是领导部门,也不是直接的经营管理部门,所以在指导思想上,要明确其服务的性质,既接受组织最高领导的领导,并对其负责,又努力使下情上传,反映员工意见,达到双向沟通。如果不明确公关部门服务的性质,可能造成公关部门以其独特性地位来干涉其他工作部门的工作与决策,偏离正确的轨道。

4. 经济性

在设置公共关系部时,要力求减少机构内部层次,以加快信息流通的速度,提高工作效率。能够在最短的时间内,用最少的人力去完成任务,要让公共关系部发挥真正的作用,对组织产生有利的影响。如果只是从公关人员数目的多少着眼,形同虚设,也是不经济的。

二、公共关系公司

公共关系公司是由受过专门训练,并具有专业特长的公共关系专家和职业人员组成,为社会各类组织提供有偿公共关系服务的服务性商业机构。它主要从事公共关系咨询或受理委托为客户开展公共关系活动。有的被称为公共关系顾问公司、公共关系咨询公司或公共关系事务所。

公共关系公司是随着公共关系作为一种职业的出现而产生和发展起来的。现代公共关系之父艾维·李于1903年首创了具有公共关系公司性质的"宣传顾问事务所",专门为企业或其他社会组织机构提供传播和宣传服务,以及协助它们与公众和新闻界之间建立和保持一种日常联系。1920年随着美国社会需要和现代公共关系职业化的发展,美国人N. W. 艾尔正式开办了公共关系公司。我国自从1985年成立中国环球公共关系公司后,已涌现出了许多公共关系公司。随着商品经济的发达和市场竞争的日益激烈,不少大、中型社会组织相继设立了自己的公共关系部门,但很多小型组织因条件限制无力建立专门的公关部门,遂求助于专门的公共关系公司,代为策划公关活动,解决公关问题。而那些设置公关部门的组织在开展一些高层次的公关活动时,为取得更好的效果也常求助于公共关系公司,公共关系公司作为一个行业应运而生。

斯科特·卡特李普在《有效公共关系》一书中列出了一些组织包括那些内部设有公共关系部的组织聘用外部顾问的六个原因:

(1)管理者缺乏制定公共关系活动方案的经验,同时也缺乏指导实施这一方案的经验;

(2)总部远离信息与金融中心;

(3)企业近期内要签订大量合同;

(4)外部咨询公司可以派出经验丰富的专家;

(5)企业内部的公共关系部门可能不具备提供综合性服务的能力;

(6)有关政策方面的关键性问题需要外部人员具有一定超脱性的独立判断。

由此我们可以看出公共关系公司的确具有与组织内部的公共关系部门不同的一些职业优势与特点。

(一)公共关系公司的职业特点

1. 权威性

因为公共关系公司一般由一批受过专门训练的、有扎实理论水平和丰富实践经验的专门人才组成,所以他们见多识广,专业熟练,提出的建议和方案通常更具有说服力和权威性,容易受到决策者的高度重视。

2. 全面性

因为公共关系公司一般都拥有先进的信息收集储存系统,有长期建立起来的一套比较健全的信息沟通网络,同新闻记者、政府部门、社会各界知名人士都有良好的关系,有成套的先进的专门制作设备和工具。这就使得客户能更充分地利用有关信息,作为决策的依据。

3. 客观性

公关公司由于处在组织之外,与委托办理业务的组织单位没有直接的利害冲突,不必担心会得罪领导或被打击报复,故能更为客观、全面地分析问题,坦率地指出组织的问题所在,可以不带偏见、成见和感情色彩。其"局外人"的身份决定其可以从外部冷静地观察问题,实事求是地分析问题,对问题做出客观的估价。而正因其与组织的无利害性,故建议更容易被决策者所接纳,而组织内的公共关系人员即使能提出和公关公司顾问相类似的建议和方案,也可能涉及自身利益而不一定被领导所接受、重视。

4. 经济性

组织委托公共关系公司承担一些大的公共关系活动,固然要花一笔钱。但遇到大型的公关活动若请有丰富经验的专家制作,又可借用别人的沟通网络和关系,以及他人的声名与权威,可以避免很多浪费和无效劳动,效果可能比本组织内部的公关部门自己动手制作要好得多,更有长期效果。对于小型社会组织并不需要经常进行公关活动,所以委托公关公司比设置公关部门可能更为经济有效。其实,有许多工商企业在准备专门的公共关系活动时,为了追求更佳效果,且更节省费用,宁愿花钱来聘请公共关系公司。

但是,公共关系公司同样也有不利的地方。对于组织内部的公共关系和组织内部情况的了解,公共关系公司远远比不上组织内的公关部,所以有时不能详细了解实际情况来开展工作;而对于新的方法和面孔介入组织内部,组织内部人员的对抗心理是不可避免的,公关活动难免受到一些内部部门的阻碍。所以,公共关系公司应努力争取各个职能部门的理解与支持,能发挥长期的持久的作用。

(二)公共关系公司的业务内容

公关公司在与委托人达成协议之后,可根据客户的要求进行各种公共关系活动。其业务内容主要包括以下几个方面:

1. 专项业务服务

专项业务服务是指公共关系公司以各种专业人才、技术和设备,为客户提供单项的公共关系专门技能服务,如:为委托人专门设计制作广告,或为客户组织各种专题活动,或专门制作声像资料,或为委托人作形象调查等。这类服务公司规模一般不大,制作往往能独树一帜、富有特色。专项业务服务还包括专为特定行业提供公关服务。

2. 综合业务服务

综合业务服务是指公共关系公司为委托人提供综合性服务,该类型公司业务范围广泛,经济实力雄厚,人力集中、齐全,能够满足不同委托人的不同公共关系业务需要,如:为客户收集、汇编信息情报;或为客户提供咨询服务,进行公关策划;或为客户策划新闻传播,撰写新闻稿;或组织新闻发布会;或协助客户推广产品;或为客户编制印刷文字、宣传资料和纪念品,制作影片;等等。如美国博雅国际公共关系公司,其服务的项目涉及收集信息、广告设计、制作电视新闻、咨询等。

3. 培训服务

公共关系公司可以利用自己业务水平上的优势,采取多种方式为委托人的公关人员进行职业培训服务。如开设各种短期培训班,派公共关系专家组织指导工作,安排组织一些公共关系人员来公共关系公司实习等。

业务服务公司时间一般来说有长期和短期两种,有短期内完成某项公共关系工作,如举办一次新闻发布会;有长期进行综合性的公共关系服务,负责客户的全部公关工作,期限一年至数年。

(三)组织挑选公共关系公司的标准

组织或企业在委托某公共关系公司代理实施公共关系实务之前,要考虑以下因素,以使物有所值。

1. 公司的信誉如何

委托方要了解公共关系公司的可信赖程度、它的知名度、它提供服务的质量、它所承担公共关系实务的业绩、它在公共关系界的权威性。看公司是否尽力为客户着想,是否具有职业道德操守。公共关系公司在代理委托单位的业务过程中,时常要了解一些委托单位的机密,所以选择公共关系公司时一定要考虑该公司的信誉,以免泄露商机。

2. 公司的人员素质是否专业

要考察该公司从业人员是否受过专门训练,个人专业技术水平如何,能否最大限度地满足客户的要求,在时间上能否保证按时完成工作等。公司人员的素质是否专业决定了公共关系活动的成败。

3. 收费标准是否合理

在了解公司的信誉、素质和实力之后,要考虑它的收费标准是否合适。一般公共关系公司常用的收费方式有三种:项目收费,主要包括项目劳务费、行政管理费、咨询服务费、项目活动费;计时收费,按参加项目人员的工资水平、项目的难易程度,可用时间来衡量订出收费标准；项目成果分成，公共关系公司和项目委托人共同承担风险，共同受益，当项目最终取得经济效益时，双方按照一定的比例来分成。任何一个社会组织都希望花最少的钱，取得最好的公关效果。经过比较，组织可选择最为合理经济的公共关系公司。

三、公共关系社团

公共关系社团泛指为实现组织目标而自发组织起来的从事公共关系理论研究和实务活动的群体团体。主要包括公共关系协会、学会、研究会、俱乐部、联谊会等。这是一类非营利性的群众性社会组织，是一种志同道合的团体，具有较强的学术性特点。参加公关社团的成员有共同的愿望、意向或爱好，通过联络、交流活动，推动公关事业的发展。

(一)公共关系社团的特征

公共关系社团作为非营利性的群众组织或团体，其自身的性质决定了它具有以下特征：

1. 人员组成的广泛性

公共关系社团的成员，由热心于公共关系事业的各行各业人士组成，既包括其所在的企业、新闻、科技、文教、法律、党政机关等单位的人士，又包括社团所属行业中有代表性的单位，具有行业分布的广泛性和人员构成多层次、职业差异性等特点。来自各方的人通过公共关系社团组织可以广泛地沟通信息，交流认识，互相合作。

2. 组织的松散性

因为公共关系社团都是由具有共同兴趣爱好的人而聚在一起的，所以流动性较大，组织机构相对松散，其组织结构、责权关系等不够明确具体。

3. 工作内容的服务性

公共关系社团集中了一批有理论、有实践的专家、学者和实际工作者，利用这一优势可为社会公众提供及时、实用、优质的服务。为社会公众服务是公共关系社团的宗旨，服务的好坏是社团生命力所在。通过服务，既可满足社会公众对公共关系的需求，又可提高公共关系社团的知名度和美誉度。

4. 非营利性

公共关系社团不同于公共关系公司，它不是经济实体，不以营利为目的，国家原则上不给公共关系社团人员编制，不拨经费，其经费主要来自主管机构拨款、会费收入、所属经济实体的收入、服务活动的收入以及社会赞助等。

(二)公共关系社团的类型

1. 协会型社团

公共关系协会是公共关系社团中最广泛也最为常用的一种形式,有区域性的,有行业性的,还有纯职业性的。如中国国际公共关系协会、中国公共关系协会、英国公共关系协会。公共关系协会是从事公共关系研究与实践的工作机构,主要目标在于促进公共关系事业的发展,提高公共关系的职业标准等。

2. 学术型社团

公共关系学会或公共关系研究会是纯学术性的群众组织,参加者应该是从事公共关系理论及学术研究的人士。中心工作是从学术或理论的角度去探求公共关系的意义及其运行的理论机制,阐述公共关系的发展模式和作用机制等。学术型社团往往成为联络社会各界公关理论工作者和实际工作者的活动中心,开展学术研究和交流活动,并参与或服务于各类组织公共关系活动。

3. 联谊型社团

这种类型的公共关系社团形式松散,一般没有固定的活动形式,没有严格的会员条例,如公共关系俱乐部、公共关系沙龙、公共关系同学会、大学生公关联谊会等。这种社团是一些群众性自发团体,或大或小,主要作用是在成员之间沟通信息、联络感情,对普及公共关系知识和推广公共关系起着一定的作用。

4. 媒介型社团

这是指通过创办报纸、刊物等传播媒介,并以此为依托组建起来的公共关系社团。这类社团的职能是直接利用各种媒介,来探讨公共关系理论,普及公共关系知识,交流公共关系经验,传播公共关系信息,树立公共关系形象。

(三)公共关系社团的活动内容

1. 联络交流

每一个社团都有自己的会员,各成员可以通过社团彼此之间进行沟通和联系,把社团当成"会员之家"。同时社团之间也可以建立横向联系,形成网络系统,建立合作关系。彼此之间可以共享信息资源,共同讨论各种有关公共关系理论与实践的问题。同时,公共关系社团有义务向公众宣传和介绍公共关系的基本知识,并且向会员和公众提供公共关系技巧和管理方面深造的机会。

2. 制定规范

制定、宣传公共关系从业职业道德、行为准则并检查执行情况是社团的一项基础性工作,这也是衡量公共关系社团正规化的重要标准。世界各国的公共关系社团都十分重视会员的道德行为。美国、英国等国家的公共关系协会都制定了明确的公共关系人员职业道德准则。

3. 专业培训

公共关系社团将专业培训作为一项经常性的工作,有的公共关系社团本身就是一种培训学校。英国公共关系协会经常举行 CAM(即英国的传播、广告及市场营销教育基金会)证书和文凭两个层次的考核。

4. 编辑出版物

编辑出版公共关系方面的书籍、报刊,是宣传公共关系知识的重要手段。如编印《公共关系》《公关世界》《公共关系年鉴》《公共关系简报》等。

第二节 公共关系人员的素质要求及考核

一、公关人员的素质要求

公共关系作为一个新行业,走职业化道路是发展的必然趋势。随着我国社会主义市场经济体制的逐步建立和改革开放事业的不断深入,公共关系职业化的程度将进一步提高,社会将需要越来越多的合格的公共关系从业人员。有人认为:三流的推销员推销产品,二流的推销员推销公司,一流的推销员推销自己。可见,公共关系人员自身的素质如何在很大程度上影响着公共关系工作是否能有效地开展,塑造组织形象的目标是否能顺利地实现。而因为种种原因,人们对公关人员总有种种误解,认为只要是长相出众,擅长交际,能够钻营的就是公关好手。其实,真正的公关人员并非如此,他们需要具备的素质是多方面的。

通常说的人员素质是指一个人的学识、才华、品德、风格等方面的基本素质,它是一个"质"的"动态"的概念。作为一名公共关系人员的素质,是指在实现组织与公众的联系中,运用各种传播手段增强组织机构的生存能力和在公众心目中建立良好形象过程中,个人的意识、品质、学识、能力、情操、仪表、风度等的综合。它包括个人的内在因素和外在因素,这些因素既受其本人心理发展的先天生理条件的制约,更受到后天接受教育和社会环境的影响。因此,人的素质不是一成不变地固定在一个水平上,而是处在不断的变化和发展中。

(一)强烈的公关意识

公共关系意识属于现代经营管理思想、观念和原则,是公共关系实践在人们思维中的反映。它作为公共关系实践活动的反映不是一种表层的被动反映,而是实践为理论所概括且演化为公共关系原理、规律、原则的一种深层的能动反映。它一旦形成,就会成为制约人们公共关系行为的一种力量,引导着一切公共关系行为。这是因为,良好的公共关系意识能促使公共关系人员的行动永远处在自觉化的状态,使公共关系人员对环境变化的反应和协调有一种能动的创造性的机制。公共关系意识是一种综合性的职业意识,是公共关系人员应该具备的基本素质的核心。它包括以下几个方面的内容:

1. **塑造形象意识**

塑造形象意识是公共关系意识的核心。在公共关系全部活动中,都必须紧密围绕着塑造组织形象这一根本性的目的。现代企业都十分重视企业形象,因为良好的企业形象,是一个企业的无形资产和无价之宝。我们从国内外学者给公共关系学下的定义也可以发现,公共关系工作的一个重要目的就是塑造组织的良好形象。所以,一名合格的公关人员必须清醒地认识本组织的知名度和美誉度对组织自身生存与发展的价值。一方面,从自身做起,在与公众交往时其言语、行为、谈吐都应体现一个公关人员良好的礼仪。比如,世上闻名遐迩的旅馆都把微笑作为开展业务的"法宝"。希尔顿旅馆董事长要求旅馆的员工千万不能把愁云摆在脸上,他说:"假若我是顾客,我宁愿住进只有旧地毯,却能处处见到微笑的旅馆,也不愿住进只有一流设备而不见微笑的地方。"公关人员重视微笑能够为公众带来灿烂的心情,这些基本的礼仪是公关人员应当具备的。另一方面,公关人员在处理问题,开展公共关系工作时的角度都要以有利于组织形象为目标。尽管有时个人会因为顾客的刁难而感到委屈,但为了组织的整体形象,应以组织利益为先来处理矛盾;同时,公关人员应重视信誉,有了良好的信誉,才能不断发展。中信公司就是靠信誉在国外筹措资金,靠信誉和国内外及海外朋友广泛合作,从而使公司不断发展壮大。

2. **服务公众意识**

服务意识是重要的公关意识之一,它是指企业组织及其成员为公众服务的态度和观念,包括对公众的情感、服务的积极性、责任心等。具有"服务公众"意识的公共关系人员会时时刻刻把顾客的利益放在绝对重要的位置上,想公众之所想,急公众之所急,也会在服务的深度和广度方面下功夫,进而使顾客对自己产生信任感和亲近感。这样的人,才是真正明确地了解公共关系工作方向的人。形象是为组织的特定公众塑造的,忽视了公众,组织的生存就会受到威胁,形象也就毫无意义。而市场经济时代,商品生产和流通的目的归根结底还是为了满足人民群众不断增长的物质和文化需求。因此,为公众服务是一切社会组织从事公共关系活动的最终目的。服务于公众,就应该本着"真诚互惠"的原则,切不能欺骗公众,而应为公众提供合理的、方便的服务。比如,上海锦江饭店发现客人在住宾馆时因为牙刷、鞋子都是一模一样的,用过之后就分不清是谁用过的,锦江饭店为了公众着想,推出了不同颜色的牙刷和鞋子,以方便客人。虽然只是一个小小的改变,却体现了一心为公众服务的意识。

3. **创新审美意识**

塑造组织良好形象是一个创新审美过程。组织形象既需要相对稳定,又需要发展,发展是为了更好地稳定,这就需要在一切公共关系活动中敢于突破固有的、一般化的形式和内容。只有这样,才能塑造组织独特的形象,使其在竞争中立于不败之地。那种"墨守成规""人云亦云"的公关活动是没有多大效果的。世界各国公关史中,但凡成功的案例,无不具有创新意识,给人以一种美的享受。从艺术角度来进行公关创意直接关系到公关工作效果的成败。在公关策划中,应该有意识地考虑公众的艺术追求,注意研究艺术影响公众的独特方式与作用,融入艺术的魅力,以自身较高的艺术品位和审美情趣来吸引公众,使公关活动具有浓郁的艺术特色,给公众以新奇的艺术享受,从而在潜移默化中影响公众。公关人员只有具有一定的艺术修养和开拓创新意识,才能在公众中树立美的组织形象。

(二)健康的心理素质

公关人员在不同的工作层面上所需要的知识结构、思想方法、工作经验都有所不同,但在品格和心理素质上的要求基本相同,即要具有热情真诚、自信乐观、开放进取等性格。

1. 自信乐观

自信,是对公共关系从业人员心理素质的最基本的要求。一个人有了自信才能很好地与人交往,才能说服他人。由于公关工作往往是带预测性的工作,需要承担一定的风险,自信乐观的人遇到意外的事情,往往能控制自己紧张的心理和急躁情绪,冷静地分析问题,迅速地调整对策和行动,依靠自己的智慧、毅力和耐心,妥善地解决问题。自信乐观的人在挫折面前不会悲观失望,而是把失败当作学习的机会,敢于面对挑战,承受失败的教训,全力以赴地去追求成功。当然,这种自信与乐观的态度不仅来自对自身实力的肯定,而且是建立在周全的调查研究、丰富的公关经验之上的。

2. 热情真诚

公关人员要与各种各样的人接触、交往,只有具有热情、真诚心理个性的人才容易广结人缘,广交朋友,拓展工作渠道。热情真诚的人一般容易理解别人,善于从他人的角度观察问题,同时也容易被他人理解,实现相互间的沟通与合作。公共关系说到底还是处理人与人之间的关系,热情真诚的人一般能友善待人,乐于助人,这是为公众服务的动力,有利于协调组织与公众的关系。而缺乏热情真诚的人,则不容易获得别人的理解和信任,不利于开展工作。公共关系工作是一种需要付出大量智力和体力劳动的艰辛的工作,很多时候都要处理大量繁重琐碎的问题。没有热情的个性,没有对工作全身心的投入,是做不好公关工作的。

3. 开放进取

公关工作是一种开放型工作,从事这种工作的人应具有开放进取的心理。因为公共关系工作是一项创造性很强的工作,需要公关人员具有海纳百川的开放心理,不断接受新事物、新知识、新观念,并在工作中敢于大胆创新,引导公众的消费新潮。具有开放进取心理的人,能宽容、接受各种各样与己不同的思想和风格,并从他人身上学习优点,能与各种类型的人建立良好的关系。公关人员具有开放进取的个性,能不拘小节,承受各种困难,不懈地追求更高的目标,全力以赴地投入工作,这是公关工作非常需要的品性。

(三)合理的能力结构

这里的能力结构包括公关人员应当具有的知识结构和专门的技能结构。一个人缺乏公共关系的专业知识和公共关系工作的技能,即使具备从事公共关系工作的心理素质,也很难得到发挥。而其能力结构是否完整又在很大程度上影响着公共关系工作的水平。

1. 知识结构

公共关系学是一门综合性的边缘交叉学科,有自己相对完整、相对稳定的学科体系,但又与许多学科如管理学类学科、传播学类学科、行为科学类学科等有密切关系。职业公共关系人员为适应公关工作需要,不仅应该了解、掌握公共关系学的基本理论与实务知识,而且对与其关系密切的学科知识也要有所了解,并把它们内化为合理的知识结构。

首先,应掌握公共关系学的基本理论和实务知识。公共关系的基本理论包括公共关系的基本概念、公共关系兴起和发展的历史、公共关系的职能、公共关系的构成要素、公关机构的建构原则和工作内容、公共关系工作的基本程序等。公共关系实务知识包括公关调查研究知识、公关活动策划知识、公关活动实施和评估知识、社交礼仪知识等。

其次,需要了解与公共关系最密切、交叉最多的几大类学科:一是管理学类学科,主要包括企业管理学、市场营销学、行政管理学、决策学等。管理学是以人和组织根本利益为前提而进行的有目的、有意识的控制的学科。公共关系具有管理职能,所以公关人员有必要了解、掌握管理学类学科知识。二是传播学类学科,主要包括传播学、广告学、舆论学、新闻学等,是研究人们如何运用符号进行社会信息交流的学科。公共关系以传播为手段,公关工作需要大量运用人际传播、大众传播技术,所以职业公关人员必须了解和掌握传播学的知识。三是行为科学类学科,主要研究人类行为规律的科学,涉及人的个性、需要、动机、激励等各方面内容。行为科学类学科包括心理学、社会心理学、管理心理学、组织行为学等。公关工作直接面对人,面对社会,要处理组织与公众的关系,必须研究人的心理、态度和行为,所以职业公关人员必须了解、掌握行为科学类学科知识。

不仅如此,公关从业人员还需要掌握专门的行业知识,即指公关人员自己所服务的组织的行业知识。比如有关本组织的业务知识、产品技术知识、生产水平知识和国内外同行业的先进技术和技术水平知识等。只有掌握了这种专门的业务知识,才能在公关活动中取得良好的效果。

需要强调的是,公共关系人员的知识结构应该是一种开放、动态的结构,公关人员应在不断的社会变化中,吸收新的知识,不断丰富自己和发展自己。

2. 技能结构

美国公共关系学者斯科特·卡特李普、艾伦·森特和格伦·布鲁姆在他们所著的经典性公共关系著作《有效公共关系》中,曾将公共关系工作内容概括为十个大类:写作;编辑;与新闻媒介的联络;特殊事件的组织与筹备;演讲;从事创造性劳动;调查;设计方案与提供参考或咨询意见;训练;管理。由此,我们发现,这些工作对公关人员的能力有着很高的要求。当然,这并不意味着每一个公共关系人员都要十全十美,什么能力都具备。因为公关工作一般来说,是一种群体性工作,一个公共关系人员可能只具备其中一种或几种能力。但不可否认的是,一个人若同时具备多种能力,并且将各种能力有机地结合在一起,更能起到中流砥柱的作用。公关工作对公关人员的基本技能要求有:

(1)较强的书面和口头表达能力

能写会说是公关人员的基本功。因为公关工作经常涉及写新闻稿件、活动计划方案、年度报告、工作总结、信函、演讲稿、宣传资料、致辞等,这就要求公关人员有扎实的笔墨功夫。公关人员需要经常与人接触、交往,因而要求有较强的口头表达能力。在谈话时,能清晰、简洁、明了地表达思想,在此基础上进一步追求语言技巧、语言感染力,以便收到吸引人、打动人、说服人的良好效果。

(2)良好的组织协调能力

公关工作往往千头万绪、具体繁杂,任何一项公关活动都要涉及许多人、许多细节。任何一个细节照顾不到,都有可能影响整个活动的效果。这就需要公关人员有较强的组织协调能力,活动前进行周密的计划和安排,活动中保证各个项目按预定目标有条不紊地进行。

(3)良好的社会交往能力

衡量一个公共关系人员能否适应现代社会需求的标准之一,就是看他能否具备与他人交往的能力。公关人员应善于与各种人打交道,懂得各种社交礼仪和礼节,在社交场合能排除一切人为的障碍,善于建立亲密而广泛的人际关系网络。较强的社交能力能使公关人员迅速与人沟通,并赢得公众的好感。首先,公关人员应懂得一定的礼仪知识,在人际交往的场合,要娴熟而灵活地运用各种适宜的礼仪。所谓"适宜",就是"入乡随俗",根据公众对象及不同场合,运用合适的礼仪语言。例如:在宴会上或对待比较陌生的公众,运用讲究的礼仪是适宜的,会使人感到场合的庄重和所受到的尊重;在比较随便的场合,对十分熟悉的公众,过分讲究的礼仪反而使人感到不自然,产生距离感甚至反感。讲究礼仪应重在态度的诚恳、热情和尊重。然后,公关人员应懂得一些心理学知识,以能把握或攻克公众的心理,从而更好地与之沟通。

(4)随机应变能力

公关人员在工作中经常会遇到许多矛盾和冲突,遇到许多偶发事件和突然变故。这就需要公关人员有较强的自我控制能力和随机应变能力,处变不惊,遇事不慌,沉着冷静,机智果断地处理问题。

(四)良好的职业道德

有关公共关系职业道德问题的探讨,可以称得上是公共关系职业发展中的一个热点。几乎在每一次国际性重大公共关系研讨会上都有关于公共关系职业道德的论题。国际公共关系协会为推动公共关系职业化进程,自1973年开始出版和发行该协会"金皮书",其中第一号"金皮书"就是《公共关系实践的标准与道德》,至1993年该协会出版的9本"金皮书"中,有关公共关系职业道德问题的有两本,另一本是1991年出版的第八号"金皮书",即《公共关系活动中的道德问题》。长期以来,各国和国际公共关系组织为公共关系职业道德的系统化、正规化、制度化做出了巨大的努力,其主要成果便是作为公共关系职业化一大标志的众多"职业准则"的诞生。在众多公共关系组织制定的职业准则中,要数《国际公共关系道德准则》影响最大。很多国家的公共关系组织都采用该准则,或以此作为范例稍做变动,以适应本国的需要。

《国际公共关系道德准则》由国际公共关系协会名誉会员、法国人卢亚恩·马特拉特起草,于1965年5月12日在雅典召开的国际公共关系协会大会上通过,所以又称《雅典准则》。1968年4月17日国际公共关系协会德黑兰会议对该文件进行了修改。《国际公共关系道德准则》有如下条款:

应该努力做到:

(1)为建设应有的道德、文化条件,保证人类可以享受《联合国人权宣言》所规定的诸种不可剥夺的权利做贡献。

(2)建立各种传播网络与渠道以促进基本信息自由流通,使社会的每一成员都有被告知感,从而产生归属感、责任感与社会合一感。

(3)牢记由于职业与公众的密切关系,个人的行为——即使是私人方面的——也会对事业的声誉产生影响。

(4)在自己的职业活动中尊重《联合国人权宣言》的道德原则与规定。

(5)尊重并维护人类的尊严,确认各人均有自己做判断的权利。

(6)促使为真正进行思想交流所必需的道德、心理、智能条件的形成,确认参与的各方面都有申诉情况与表达意见的权利。

应该保证做到:

(7)在任何时候、任何场面,自己的行为都应赢得有关方面的信赖。

(8)任何场合,自己均应在行动中表现出对他所服务的机构和公众双方的正当权益的尊重。

(9)忠于职守,避免使用含糊可能引起误解的语言,对目前及以往的客户或雇主都始终忠诚如一。

应该避免:

(10)因某种需要而违背真理。

(11)传播没有确凿依据的信息。

(12)不参与任何冒险行动或承揽不道德、不忠实、有损于人类尊严与诚实的业务。

(13)不使用任何操纵性方法与技术来引发对方无法以其意志控制因而也无法对之负责的潜意识动机。

综上可见,公关人员必须对公共关系工作尽心尽责,能充分履行本职工作的社会责任、经济责任和道德责任,不能违背国家和政府的法纪和规章制度,不能泄露组织的机密或做有损于组织形象、信誉的事。在对待公众时应该诚实、诚恳,不能弄虚作假,投机取巧。那种借公关之名营私舞弊、损公肥私、贪污受贿的行径都是不道德的且必须坚决摒弃的。公共关系事业是高尚的事业,献身于这一事业的公共关系人员应该为人正直,处事公道,与群体合作互相尊重,以诚相待。

二、公关人员的考核

公共关系事业的迅速发展,对从事公关业的公关人员提出了越来越高的要求。为了确保公关人员队伍思想素质和业务素质,充分发挥公关人员在组织的现代化管理中的重要作用,必须对从事公关工作的人员进行公共关系专业资格的培训和考核。

目前,世界各国公共关系从业人员的考核工作尚缺乏国际通用的考核模式,但多数是由公共关系专业组织负责主持。比如在美国,是由美国公共关系协会组织公关从业人员的任职资格考试;在英国,是由英国公共关系协会参与主持 CAM 考试。CAM 考试共分两个等级:第一等级要考核 6 门课程,包括公共关系、广告、市场营销、媒介、促销与直销、调研与行为研究。第二等级要考核 8 门课程,包括管理与战略、公共关系管理、公共关系实务、消费品广告、工业产品广告、国际广告、促销管理、促销实务。凡通过第一等级考试的公关人员、广告和市场营销人员便可获得 CAM 传播学习证书。凡通过第二等级考试者,可获得相关专业的 CAM 文凭。

在我国,1999 年 5 月,劳动和社会保障部正式出版了《国家职业分类大典》,首次将公共关系人员列入大典的一类,标志着国家已经正式承认公关人员这一职业。与此同时,国家资格工作委员会、公共关系专业委员会组织了一批专家学者,按照国家劳动和社会保障部的要求,编写了第一本公关职业培训教材《公关员》。该教材分为基础知识、沟通协调、信息传播、调整与评估、专题活动、危机管理、公关管理与咨询七个部分,包括了初、中、高三级公关员的工作内容、技能和相关的知识要求。

1999年12月,全国公关员职业资格考试以广东省为试点,在广州举行。考试分知识考试和技能考试两部分,全部以闭卷形式进行,满分为200分,两部分分别达到60分为及格。凡及格者将获得由国家劳动和社会保障部颁发的政府公关员职业资格证书。此证为国家唯一合法和承认的公关员职业资格证书,只有持有公关员职业资格证书者才能上岗。2000年11月,我国首次公关员正式考试在全国范围内全面展开,引起较大反响。公关界不少人士认为,这一举动有助于促进中国公共关系从业人员任职资格的规范化,对于提高中国公共关系从业人员的职业素质,优化现有公共关系队伍,有着十分积极的作用。随着我国公关员职业资格考试制度的正式实施,我国的公关业进入了一个新的历史阶段。

思考题

1. 公共关系部在社会组织中的地位和作用是什么?
2. 试比较组织内部的公关部与组织外部的公关公司各有何优点和缺点。
3. 公共关系社团有哪些活动内容?
4. 一个优秀的公关人员应具备哪些素质?

参考资料

一、著作

1. [美]弗雷泽·西泰尔(Fraser P. Seitel)著:《公共关系实务》(第 14 版),张晓云译,清华大学出版社 2020 年版。
2. [美]詹姆斯·格鲁尼格(James E. Grunig)等著:《卓越公共关系与传播管理》,卫五名译,郭惠民审读,北京大学出版社 2016 年版。
3. [美]乔·瓦伊塔尔(Joe Vitale)著:《每一分钟诞生一位顾客》,胡百精等译,中国传媒大学出版社 2014 年版。
4. [美]雷·埃尔顿·赫伯特(Ray Eldon Hiebert)著:《取悦公众》,胡百精等译,中国传媒大学出版社 2014 年版。
5. [美]爱德华·L. 伯内斯(Edward L. Bernays)著:《舆论的结晶》,胡百精等译,中国传媒大学出版社 2014 年版。
6. 胡百精、宫贺著:《公共关系学教程》,高等教育出版社 2022 年版。
7. 刘晓程著:《对话的智慧:公共关系与策略传播研究》,民族出版社 2022 年版。
8. 周安华著:《公共关系:理论、实务与技巧》(第 7 版),中国人民大学出版社 2022 年版。
9. 居延安著:《简明公共关系学》,复旦大学出版社 2021 年版。
10. 陈先红著:《公共关系学的想象》,社会科学文献出版社 2021 年版。
11. 何修猛著:《现代公共关系学》(第四版),复旦大学出版社 2020 年版。
12. 陈先红著:《中国公共关系学》,中国传媒大学出版社 2018 年版。
13. 唐钧著:《新媒体时代的应急管理与危机公关》,中国人民大学出版社 2018 年版。
14. 宫贺著:《公共关系学的文化想象:身份、仪式与修辞》,社会科学文献出版社 2017 年版。
15. 李付庆著:《公共关系学》,南京大学出版社 2017 年版。
16. 王丽莉、孙成著:《现代公共关系理论与实践探索》,新华出版社 2015 年版。
17. 胡百精著:《危机传播管理》,中国人民大学出版社 2014 年版。
18. 吴友富编:《公共关系评论》,复旦大学出版社 2014 年版。

19. 张雷著：《公共关系学派》，浙江大学出版社 2013 年版。

20. 张云著：《公关心理学教程》，首都经济贸易大学出版社 2013 年版。

21. 马志强著：《现代公共关系概论》，上海交通大学出版社 2012 年版。

二、论文

1. 陈先红、李颖异：《公私并置 追求共赢：中国公共关系实践的公共性表征》，《国际新闻界》2022 年第 7 期。

2. 陈先红：《全球公共关系：提升中国国际传播能力的理论方法》，《现代传播》2022 年第 6 期。

3. 黄懿慧：《风险沟通：打造专家——公众共通话语体系》，《青年记者》2022 年第 3 期。

4. 陈先红、秦冬雪：《2020 年西方公共关系学术前沿》，《新闻与传播评论》2021 年第 6 期。

5. 宫贺：《独白与对话之间：重新理解"卷入"的概念边界与操作维度》，《新闻与传播研究》2021 年第 10 期。

6. 侯迎忠、杜明曦：《突发公共危机中地方政府新闻发布的对话公关实践》，《新闻与传播评论》2021 年第 5 期。

7. 刘晓程、汪宁宁：《超越悖论：再论对话公关"何以可能"》，《新闻大学》2021 年第 9 期。

8. 郭惠民：《国际传播能力建设与构建人类命运共同体》，《传媒评论》2021 年第 7 期。

9. 陈先红：《中国组织——公众对话情境下的积极公共关系理论建构》，《新闻界》2020 年第 5 期。

10. 杨旎：《融媒体时代的政府公共关系：分析政府信任的第三条路径》，《中国行政管理》2019 年第 12 期。

11. 王昀：《游离在传统与转型之间：公共关系的社交媒体实践及其新闻业想象》，《新闻与传播评论》2019 年第 6 期。

12. 刘晓程：《专业化与学科化共生：改革开放 40 年中国公共关系学发展的回顾与展望》，《南昌大学学报》2019 年第 3 期。

13. 胡百精、来永玲：《关系测量与关系管理：公共关系流派的知识谱系及其批判》，《当代传播》2019 年第 3 期。

14. 郭惠民：《中国公共关系：创造未来比预测未来更重要》，《中国青年报》2018 年 11 月 12 日。

15. 张迪、周晓辉、高涵：《影响央企新媒体策略使用的因素分析：卓越公共关系理论视角》,《国际新闻界》2018 年第 11 期。

16. 邵华冬、李晓宇、郑萌、齐彦丽:《公关战略传播视域下的中央企业海外传播研究》,《辽宁大学学报》(哲学社会科学版)2018 年第 4 期。

17. 高萍、查李楠:《成都市政府公共关系构建城市软实力分析》,《现代传播》2018 年第 3 期。

18. 赵新利:《改革开放以来中国特色公共关系的发展》,《青年记者》2018 年第 1 期。

19. 万展豪、王远舟:《公共传播视野下组织形象建构的"公共性"原则》,《传媒》2018 年第 4 期。

20. 胡百精、高歌:《修辞、对话与认同:修辞流派对公共关系研究的弥合与拓展》,《现代传播》2018 年第 2 期。

21. 邱鸿峰、陈思妤、孙雪霏:《社交媒体时代公关与新闻的场域关系变迁》,《新闻界》2017 年第 12 期。

22. 王娟、陈培婵:《中国现实语境下的公关伦理实践之困》,《现代传播》2017 年第 12 期。

23. 胡百精、高歌:《公共关系对公众的想象》,《新闻大学》2017 年第 12 期。

24. 董天策、郭毅、梁辰曦、何旭:《"媒介事件"的概念建构及其流变》,《新闻与传播研究》2017 年第 10 期。

25. 秦晓庆:《网络媒体时代企业危机公关的策略》,《青年记者》2017 年第 3 期。

26. 陈先红、张凌:《大数据时代中国公共关系领域的战略转向——基于扎根理论的探索性分析》,《国际新闻界》2017 年第 6 期。

27. 姚曦、李娜:《认同的力量:网络社群的公共关系价值探析》,《南昌大学学报》(人文社会科学版)2017 年第 3 期。

28. 黄懿慧、吕琛:《卓越公共关系理论研究三十年回顾与展望》,《国际新闻界》2017 年第 5 期。

29. 王笑圆:《社交媒体时代政务传播的公关对话新范式》,《青年记者》2017 年第 3 期。

30. 徐小婷:《新媒体环境下政府话语体系的构建与形象传播》,《现代传播》2017 年第 5 期。

后　记

　　偶遇公关,得益于张敏健老师的引领,让我对这门关注人类沟通与对话的艺术产生了浓厚的兴趣,没想到这一兴趣会深深影响着我人生的走向。

　　之后,我报考了上海外国语大学吴友富教授的博士,得以从国际关系、公共外交等更开阔的视野去领悟公关之道。之后,我又进入复旦大学新闻学院博士后流动站,跟随孟建教授进行学术研究。孟老师鼓励我要运用自己不同学科的知识背景,在公共关系学这一研究领域充分汇流激荡,实现学术研究上的"临界突破"。在写作过程中,我亦有幸得到国际关系学院郭惠民教授的教导。郭老师是中国第一位公派赴英国访学的公关学者,也是最早翻译并引介欧美公关著作的"摆渡人"。他曾在中国首任驻美大使柴泽民以及其他资深外交官身边工作,见证并参与了中国开展国际公关交流与合作的历史。他常常跟我说大视野决定大境界,大境界才有大思想、大智慧,才有大作为。公关人仅有知识是不够的,要有思想。拥有知识只是拥有place,拥有思想才能拥有space。感恩前辈们的学术造诣和爱国情怀,让我在写作过程中常思常想、不敢懈怠。

　　在阅读大量相关文献时,有一位作者的书和文字颠覆了传统的写作模式和风格,可谓"诗无敌,思不群",文字汪洋恣意,思考博古通今。因为敬佩与好奇,我辗转寻到了这位卓尔不群的作者——中国人民大学胡百精教授。他认为公关为对话而生:在事实层面,人们通过对话促进利益的创造和互惠;在价值层面,人们通过对话分享道德、审美和信念,同时对话本身也是一种值得追求的价值目标——让个体与他者相遇,构筑共同体,美好人生乃是利益与意义的共同丰裕。胡老挺像电影《少年派的奇幻漂流》中的那只老虎,总是用他深不可测的学识警醒我们前行。华扬联众数字技术股份公司CIO、清华大学国家形象传播研究中心潘建新先生被称为真老顽童,他总是毫不吝惜地分享公关实务案例和背后的故事,让我在理想与现实间学习如何平衡。张庆园、王迪、桂晓筠、马志强、李卫等老师亦常常分享他们在公关教学和研究中的宝贵经验。他们的深情厚谊,我铭记心底。

　　感谢我的挚友苏莉、方芳、顾秦秦,让我体验到在沟通中被看见、被懂得是一种怎样的幸福。感谢我的学生冯欣、陆思繁为新版搜集案例资料,让我看到年轻人的勃勃生机和活跃思想。感谢我的家人对我的支持与爱护,让我安心写作。

　　特别感谢上海财经大学出版社刘光本老师为本书出版付出的辛劳。感谢每一位读者赋予我机会表达。路漫漫,常求索。疏漏之处,请各位专家和读者批评赐正。愿彼此对话,共同增益。

曾琳智

2022 年 12 月于上海